权威·前沿·原创

皮书系列为
"十二五""十三五""十四五"时期国家重点出版物出版专项规划项目

BLUE BOOK

智库成果出版与传播平台

老龄蓝皮书
BLUE BOOK OF AGEING

中国老龄产业发展报告（2021~2022）

CHINA REPORT OF THE DEVELOPMENT ON AGEING INDUSTRY (2021-2022)

主　编／党俊武　王莉莉
副主编／杨晓奇　张秋霞

社会科学文献出版社
SOCIAL SCIENCES ACADEMIC PRESS (CHINA)

图书在版编目(CIP)数据

中国老龄产业发展报告.2021-2022/党俊武,王莉莉主编.--北京：社会科学文献出版社,2023.3
（老龄蓝皮书）
ISBN 978-7-5228-1018-8

Ⅰ.①中… Ⅱ.①党… ②王… Ⅲ.①老龄产业-研究报告-中国-2021-2022 Ⅳ.①D669.6

中国版本图书馆 CIP 数据核字（2022）第 205592 号

老龄蓝皮书
中国老龄产业发展报告（2021~2022）

主　　编／党俊武　王莉莉
副 主 编／杨晓奇　张秋霞

出 版 人／王利民
组稿编辑／邓泳红
责任编辑／桂　芳
责任印制／王京美

出　　版／社会科学文献出版社·皮书出版分社（010）59367127
　　　　　地址：北京市北三环中路甲29号院华龙大厦　邮编：100029
　　　　　网址：www.ssap.com.cn
发　　行／社会科学文献出版社（010）59367028
印　　装／天津千鹤文化传播有限公司

规　　格／开　本：787mm×1092mm　1/16
　　　　　印　张：16　字　数：241千字
版　　次／2023年3月第1版　2023年3月第1次印刷
书　　号／ISBN 978-7-5228-1018-8
定　　价／158.00元

读者服务电话：4008918866

▲ 版权所有 翻印必究

主要编撰者简介

党俊武 博士，中国老龄科学研究中心副主任、研究员，全国老龄工作委员会第一届专家委员会委员、《老龄科学研究》杂志主编、经济学博士。主要研究领域：老龄社会、老龄战略、老龄事业、老龄产业和老龄科学。曾参与《中共中央、国务院关于加强老龄工作的决定》、《中国老龄事业发展"十一五"规划》、《中国老龄事业的发展》（白皮书）等重要文件的起草工作。参与起草全国老龄工作委员会第二至第九次全体会议、第一至第三次全国老龄工作会议主报告。参与《老年人权益保障法》修订工作。参与"中国人口老龄化发展趋势百年预测""国家应对人口老龄化战略研究""第四次中国城乡老年人生活状况抽样调查""国家积极应对人口老龄化中长期规划"等多项科研项目，出版专著《老龄经济》《老龄社会引论》《探索应对老龄社会之道》《老龄社会的革命》《超老龄社会的来临》，获得首届中国老年学学术奖，发表学术论文60余篇，接受新华社、《人民日报》、《光明日报》、中央电视台、北京电视台、人民网、新华网等主流媒体采访，是我国老龄科学研究领域的资深专家。

王莉莉 博士，中国老龄科学研究中心研究员，老龄产业研究室主任。主要研究领域：老龄产业、老龄服务、老龄政策。长期从事老龄问题研究，先后主持、参与科技部国家重点科研专项、国家社科基金、省部级课题40余项，公开发表学术论文70余篇，编著、专著、译著多部，先后荣获"2015年全国民政政策理论研究"优秀成果三等奖、第六届"优秀皮书报告奖"三等奖、2018年全国老龄办政策理论研究一等奖、2019年中国老龄协会政策理论研究二等奖，第八届人口科学优秀成果奖（报告类二等奖），撰写的报告《我国老龄产业发展趋势、问题与对策建议》获中央政治局委员、国务院副总理孙春兰同志重要批示，并转发国家发改委、国家卫健委、民政部、全国老龄办等相关部门，研究成果对推动相关领域的研究与实践发展有着积极作用。

杨晓奇　博士，中国老龄科学研究中心老龄经济与产业研究所副所长，研究员。主要研究领域：老龄经济、老龄政策。作为执笔人参与了《"十四五"国家老龄事业发展与养老服务体系规划》编制，担任《中国老龄产业发展及指标体系研究》副主编。先后主持国家发改委、国家卫健委、民政部、教育部等部委及地方政府重大课题10余项，参与编写《中国老龄事业发展报告（2013）》《中国老龄产业发展报告（2014）》《中国城乡老年人生活状况调查报告（2018）》等报告，荣获第六届"优秀皮书报告奖"三等奖，公开发表论文30余篇。

张秋霞　硕士，中国老龄科学研究中心老龄社会与文化研究所副研究员，统计师，社会工作师。主要研究领域：老龄心理学和社会性别平等。近年来，主持和参与老龄心理等相关领域的国家重点研发项目、部委级项目10余项，参与编写《中国老龄事业发展报告（2013）》《中国老年人生活质量发展报告（2019）》《文化养老》等多部老龄科研书籍，发表老龄科研论文近30篇。

摘　要

随着我国人口老龄化快速发展，在全球经济形势日益复杂和国内全面深化改革迈入"三期叠加"的背景下，人口老龄化给经济社会发展带来的影响全面而深刻，是未来相当长历史时期内我国必须面对的基本国情。党的十八大以来，党中央高度重视老龄工作，将积极应对人口老龄化作为国家战略，坚持双轮驱动，充分发挥市场在资源配置中的决定性作用，不断推动老龄事业和产业快速发展。大力发展老龄产业，不仅是保障民生、增进福祉的现实需要，更是落实积极应对人口老龄化国家战略、构建新发展格局、建设全国统一大市场和实现共同富裕的重要内容。党的十八大以来，在一系列政策的扶持和引导下，我国老龄产业快速发展，产品和服务内容极大丰富，很好地满足了老年人及其家庭的晚年生活需求。但与快速发展的人口老龄化进程相比，我国老龄产业发展较晚，政策、制度和市场环境相对滞后，特别是在中长期发展方面，还缺乏顶层设计，对于未来一段时期内老龄产业的发展阶段、发展目标、发展路径以及重点发展内容还不够明确，在一定程度上制约了老龄产业的快速发展。

本书重点围绕我国老龄产业的中长期发展，详细分析了老龄金融产业、老龄制造产业、老龄健康产业、老龄服务产业、老龄宜居产业、老龄文化产业等几个主要的老龄产业板块在未来不同阶段的重大需求，并根据目前的发展现状以及发展趋势，提出了不同阶段相关产业的发展目标与重点发展内容，认为未来老龄产业的重大发展需求包括日常生活、适老化产品与康复辅具、商务服务、健康管理服务、慢病管理、医疗卫生、长期照护、康复护理、安宁疗护、适老化环境、文化娱乐、老龄金融等产品和服务。同时，根据目前老龄产业的主要发展现状，提出了老龄产业在发展中面临的突出问题，包括经济下行压力加大以及国内外形势更加严峻等新问题，并在政策建议的基础上，提出了中长期我国老龄产业的发展目标、指导思想、发展建议、保障措施，以及老龄制造产业科技创新、老龄健康产业拓展、老龄服务产业质量提升、老龄产业金融支持体系构建、老龄文化产业繁荣、适老化环境改善、老龄产业品牌打造、老龄产业布局优化、老龄产业人才培养等重大工程。

关键词： 老龄产业　中长期发展　老龄社会

目 录

Ⅰ 总报告

B.1 中国老龄产业中长期发展趋势与路径 …………………… 王莉莉 / 001
  一 研究背景 ……………………………………………………… / 002
  二 老龄产业中长期重大需求研究 ……………………………… / 006
  三 现阶段老龄产业发展的重大机遇、问题和有利条件 …… / 016
  四 老龄产业中长期发展主要目标 ……………………………… / 021
  五 我国老龄产业中长期发展主要建议 ………………………… / 025

Ⅱ 行业报告

B.2 老龄金融产业中长期发展研究 …………………………… 杨晓奇 / 035
B.3 老龄制造产业中长期发展研究 ………………… 魏彦彦 段宏莉 / 053
B.4 老龄健康产业中长期发展研究 …………………………… 张秋霞 / 074
B.5 老龄服务产业中长期发展研究 ……… 王莉莉 肖文印 李清和 / 103
B.6 老龄宜居产业中长期发展研究 …………………………… 曲嘉瑶 / 131
B.7 老龄文化产业中长期发展研究 ………………… 李 晶 肖文印 / 153

Ⅲ 专题报告

B.8 老龄产业政策中长期发展研究 …………………………… 杨晓奇 / 182
B.9 老龄产业中长期发展的研究进展 …… 刘妮娜 刘笑菲 朱茜茜 / 202

Abstract …………………………………………………………………… / 233
Contents …………………………………………………………………… / 235

总报告
General Report

B.1
中国老龄产业中长期发展趋势与路径

王莉莉*

摘　要： 加快老龄产业发展是落实积极应对人口老龄化国家战略、构建新发展格局、建设现代生产体系、实现共同富裕、促进人民福祉的重要内容。本报告分析了未来中长期我国老龄产业在老龄健康、老龄用品与制造、老龄服务、老龄宜居、老龄金融、老龄文化等方面的主要需求，提出了我国老龄产业发展的重要机遇和有利条件，以及在顶层设计、内生性动力、市场环境、研发创新、体制机制等方面存在的问题，提出了未来中长期老龄产业的发展目标、保障措施以及老龄健康产业拓展、老龄制造产业科技创新、老龄服务产业质量提升、老龄文化产业繁荣、老龄产业金融支持等10个重大工程。

关键词： 老龄化　老龄产业　中长期发展

---

* 王莉莉，博士，中国老龄科学研究中心研究员，老龄产业研究室主任，研究方向为老龄产业、老龄服务、老龄政策。

一 研究背景

(一) 加快老龄产业发展是落实积极应对人口老龄化国家战略的重要内容

世界卫生组织在2002年第二届世界老龄大会上提出"积极老龄化",党的十九届五中全会在"十四五"规划建议中也提出"实施积极应对人口老龄化国家战略",这标志着积极应对人口老龄化既是国际战略又是国家战略。随着我国人口老龄化快速发展,在全球经济形势日益复杂和国内全面深化改革迈入"三期叠加"的背景下,人口老龄化引发的经济、社会、文化等诸多问题不断显现。党的十八大以来,党中央高度重视老龄工作,做出了一系列战略部署,包括《"十三五"国家老龄事业发展和养老体系建设规划》《关于全面放开养老服务市场提升养老服务质量的若干意见》《关于推进养老服务发展的意见》《"十四五"国家老龄事业发展和养老服务体系规划》等。此外,一些涉及具体领域如老龄健康、老龄服务、老龄文化、年龄友好环境的政策也在逐步形成,如《"十三五"健康老龄化规划》《"十四五"健康老龄化规划》《关于制定和实施老年人照顾服务项目的意见》《关于深入推进医养结合发展的若干意见》《关于建立完善老年健康服务体系的指导意见》《关于加快发展康复辅助器具产业的若干意见》《老年教育发展规划(2016-2020年)》《关于推进老年宜居环境建设的指导意见》等,为促进老龄产业的健康发展营造了良好的政策环境。[①] 实施积极应对人口老龄化的国家战略,必须双轮驱动,既要大力发展老龄事业,也要大力发展老龄产业,为人们提供丰富产品和多元化服务。因此,发展老龄产业,既是应对人口老龄化的重要主攻方向,也是落实积极应对人口老龄化国家战略的必然选择。

---

① 原新:《积极应对人口老龄化是新时代的国家战略》,《人口研究》2018年第3期。

（二）加快老龄产业发展是构建新发展格局的必然要求

2021年底，我国60周岁以上老年人口已达2.67亿，占总人口的18.90%，老年人口数量居全球之首，伴随老年人口特别是新一代老年人口的增多，新的消费空间正在生成。研究表明，2020年全国老年人口消费潜力估计为43724亿元，占GDP的5.25%，而这一数字在2050年时将会达到406907亿元，占GDP的比重将攀升至12.20%。[①] 近年来，我国老年人口整体消费结构类型趋向多样化，服务购买等消费支出比重持续上升，消费结构不断优化，尤其是新进入的老年人口更有消费升级的趋势[②]。据此预测，老龄产业未来蕴含着巨大的消费市场潜力。我国目前正在进入中国式现代化的重要发展期，高质量发展成为主基调，国内市场主导国民经济循环特征更加明显，需求潜力不断释放。其中，开发老龄产业将成为未来宏观经济的重要方向和任务。《中共中央关于制定国民经济和社会发展第十四个五年规划和二〇三五年远景目标的建议》明确提出发展以银发经济为先导的老龄产业，这意味着老龄产业不仅是我国未来新发展格局中重要的经济模块，也是适应年轻社会要求的经济体转型升级为适应老龄社会要求的经济体的关键，对未来经济格局的影响是深远的。

（三）加快老龄产业发展是建设全国统一大市场的重要战略任务

2022年3月，中共中央、国务院下发了《关于加快建设全国统一大市场的意见》（以下简称《意见》），提出要"加快建设高效规范、公平竞争、充分开放的全国统一大市场"。这是在目前经济下行压力不断增大、国内外形势更加严峻的现实背景下，为了进一步激发市场、扩大消费、挖掘经济增长内在潜力、进一步促进经济持续健康稳定发展的重要举措。《意见》

[①] 李军、刘生龙：《中国老年人消费支出、需求及消费潜力研究（2018~2050）》，载党俊武、王莉莉主编《中国老龄产业发展及指标体系研究》，社会科学文献出版社，2021。

[②] 杨凡、潘越、黄映娇：《中国老年人消费结构及消费升级的影响因素》，《人口研究》2020年第5期。

中的许多具体举措对解决目前老龄产业发展中的现实问题都具有重要意义。《意见》提出的"健全城乡统一的土地和劳动力市场""促进劳动力、人才跨地区顺畅流动"等都是目前老龄产业发展中面临的现实问题，即土地成本和人才队伍不足的问题。同时，《意见》提出"健全商品质量体系""完善标准和计量体系""全面提升消费服务质量"，更是对老龄产业的健康发展具有重要意义。老龄产业涉及领域多、行业多，服务质量、服务标准与服务监管问题一直是提高老龄产业整体质量的关键，也是老龄产业未来提质增效、专业化品牌化发展的关键。《意见》明确了要"围绕住房、教育培训、医疗卫生、养老托育等重点民生领域，推动形成公开的消费者权益保护事项清单，完善纠纷协商处理办法"，涉及老龄产业的各细分板块，其中涉及的宜居、教育、健康、服务等行业，也是目前老龄产业中的优先重点领域。总体来说，老龄产业不仅蕴含巨大消费潜力，而且富含新的经济结构创新空间，需要通过全国统一大市场提升相关要素资源的全国性配置效率，实现巨大潜能变现的目标，为打造适应老龄社会要求的新经济产业体系奠定基础。同时，全国统一大市场的建设也必须对标老龄社会新的需求结构，并建构相应的产业供给体系，实现供需两端各要素高效流动，提升整个宏观经济的发展活力。

（四）加快老龄产业发展是建设现代产业体系和高质量发展的必然选择

《中华人民共和国国民经济和社会发展第十四个五年规划和2035年远景目标纲要》提出要加快发展现代产业体系，特别提出要促进服务业繁荣发展，明确要求"加快发展健康、养老、托育、文化、旅游、体育、物业等服务业，加强公益性、基础性服务业供给，扩大覆盖全生命周期的各类服务供给"。老龄产业横跨一、二、三产业，涉及制造、服务、信息、科技等多个产业领域，特别是随着老龄社会的快速发展，日益庞大的老年人群对健康、养老、文化、旅游、体育等行业的需求不断凸显，随着老龄社会中产业结构的不断调整与优化，覆盖全生命周期的产品和服务供给市场将日益繁荣，老龄社会的到来不仅给产业供给市场带来了重大机遇，更对产业结构的调整带来深刻影响。现代产业体系的建设，不仅是产业转型升级、提质增效的必然选择，更是全面建设社会主义现代化国家的现实需要。一方面，现代产业体系的建设给老龄产业的快速发展带来了重要机遇，制造强国战略的实施、新兴产业的发展壮大、服务业的繁荣发展等都将带动和促进老龄产业不同行业领域的加快发展；另一方面，老龄社会所带来的潜在消费市场，也将为现代产业体系的构建带来日益巨大的消费潜力，进一步促进现代产业高质量发展。

（五）加快老龄产业发展是实现共同富裕、保民生增福祉的题中应有之义

党的十九届五中全会上，党中央和国务院对共同富裕做出了重大部署，提出将"全体人民共同富裕取得更为明显的实质性进展"作为2035年的远景目标。共同富裕不仅仅是物质上的共同富裕，更是共享社会经济发展成果的共同富裕。同时，共同富裕不是年轻社会条件下的共同富裕，而是老龄社会条件下的共同富裕。加快推进老龄产业发展、丰富老龄产业市场、打造相应的产品和服务体系，正是满足老龄社会条件下全体人民的新的结构性需求的市场支撑。一方面，在实现共同富裕的过程中进一步提高各年龄段人群的整体收入水平，倡导人们年轻时做好老年期健康、技能、资源和金融等全方位准备，老年期继续从事力所能及的有偿劳动，通过金融工具实现财富保值增值，不断缩小城乡与地区差异，切实提高人们的支付能力。另一方面，则需要通过提高产品和服务的供给能力，来切实保障各类人群尤其是中老年人群的各种老龄服务与产品需求。从目前的发展趋势来看，快速发展的人口老龄化已经成为未来较长时期内我国的一个基本国情，单纯依靠政府和家庭已经很难满足日益庞大的中老年群体的各种需求，必须在夯实政府社会保障和基本养老服务保障的基础上，在继续发挥家庭养老作用的基础上，充分发挥市场在资源配置中的决定性作用，促进越来越多的家庭跻身中等收入阶层，实现老龄社会条件下共同富裕的战略目标，确保全体公民老年期美好生活有

坚实的经济基础。最后，加快老龄产业发展也是共同富裕背景下保障民生、增进福祉的现实需要。如果说以养老、医疗、长期照护、社会保障为核心的老龄事业是满足人们全生命周期基本需求的制度性保障，那么，老龄产业则承担着满足人们全生命过程，特别是老年期生活中提高型需求的市场保障。因此，发展老龄产业，不仅是未来经济发展的重要主攻方向，也是推进以民生保障为核心的社会事业发展的根本支撑。

二 老龄产业中长期重大需求研究

（一）第一阶段（2021~2035年）

1. 老龄健康方面中长期需求

（1）健康管理需求。根据身体健康状况的不同，老年人群中失能、失智、残疾、80岁以上高龄老人占有很大比例。这一老年群体尤其需要健康管理服务，具体表现在健康跟踪、定期体检、健康咨询、疾病预防、就医服务等长期且必要的需求上。健康管理服务市场可以包含健康体检、健康咨询、疾病预防、就医服务等多项内容。从目前的健康管理服务市场来看，健康体检和诊疗服务发展较快。民营体检行业已经获得快速发展，且增速迅猛。民营体检行业作为专业体检机构可以提供更加系统化、专业化、人性化和全流程的服务，在价格和客户体验等方面具有比较强的优势，市场发展相当迅速。从诊疗服务市场来看，目前仍以国内市场为主，且以公办医疗机构为主，民营医院作为有益的补充，近年来在政策的引导下，也获得了快速的发展。此外，伴随着诊疗服务的还有发展较快的帮助就医服务，特别是在海外市场方面，近年来也得到了迅速发展。未来，随着中国老年人群规模的日益扩大以及"健康中国"战略的实施，以疾病预防、健康管理、健康教育、营养膳食、健康体检等为主要内容的健康管理市场需求将逐步释放，并催生巨大的市场机遇。

（2）慢病管理需求。据统计，我国约有1.8亿老年人患有慢性病，其中 2/3 以上的老年人患有 1 种以上慢性病，有超过 1/3 的老年人同时患有 2 种及以上慢性病①。目前，我国的疾病谱已经从急性高死亡率疾病转型为低死亡率的慢性疾病，而针对老年人口慢性病的跟踪管理工作的手段却没有技术更新，服务缺口越来越大，对慢病管理服务的需求逐渐提高。我国老年人患病率排在前 3 位的慢性病依次为高血压、关节炎或风湿病、胃部或消化系统疾病，做好单一慢性病的长期检测和护理，预防共病的产生是慢病管理服务的意义所在。从目前看，我国的慢病管理服务需求还不明显，服务供给也还处于市场化的初级阶段。一方面，医保支付对慢病管理的支付支持有限；另一方面，专业的慢病管理机构尚没有培育形成。但随着我国疾病谱系和健康服务模式的转变，未来我国的慢病管理需求和市场将会进一步提升，特别是在慢病管理、防治、诊后管理等方面，将会有进一步的发展。

（3）医疗卫生需求。不同于健康管理、慢病管理和长期照护，医疗卫生服务是以医疗机构为主体的服务。老年人群对于医疗资源需求大，对医疗资源要求高，几乎每一位老年人每年都会在医疗机构中产生消费，第四次国家卫生服务调查显示，老年人两周患病率为 43.2%，而全人群为 18.9%。此外，城乡老年人消费支出中超过 20% 的支出花费在医疗服务上，花费金额超过 3000 元/年。从目前老年人的需求结构与支出结构来看，医疗卫生服务依然是刚性需求，医疗卫生费用支出依然是老年人支出结构中的重要内容。未来，随着我国医疗卫生资源的下沉、基层医疗卫生机构的发展，社区医疗保障体系可以提供大部分专业医疗服务，可提升服务体验、取得较好的医疗效果，有助于节省大量有限的医疗资源。②

（4）中医药需求。中医药护理和治疗长期应用在老年人治疗康复和疾病预防上，在老年人群中接受程度高、推广效果好。在《中医药健康服务发展规划（2015－2020 年）》《中医药发展战略规划纲要（2016－2030

---

① 王丽敏、陈志华、张梅等：《中国老年人群慢性病患病状况和疾病负担研究》，《中华流行病学杂志》2019 年第 3 期。
② 马玉琴、董刚、熊林平等：《我国老年医疗卫生服务保障研究：基于医疗卫生服务需求》，《中国卫生经济》2012 年第 7 期。

年)》等一系列利好政策的引导下,加大中医药发展力度,加强中医药健康服务与产业发展的政策导向已经非常明显,从目前的市场发展来看,中医药产品和服务市场拥有庞大的中老年人市场,并且已经有许多知名的中医药产品品牌,中医保健理疗服务也发展迅速。特别是近年,中老年人对中医药的保健与预防需求进一步增加,国家对发展传统医学特别是在中医治未病方面日益重视。未来,中医药产品研发、中医诊疗、中医健康管理、康复理疗等市场将迎来新的发展机遇,特别是对面向中老年人的中医药产品研发、中医+保健+疾病预防+慢病管理等领域更要加强关注。

(5)医养结合需求。医养结合是近年来我国政策着力引导的一个重要方面,国家出台了一系列推动医养结合服务事业和产业发展的政策措施,极大地推动了医疗和养老资源的融合与发展。越来越多的公立和民营医院、护理院开始不断加强对医养结合模式的探索,包括成立专门机构、专门康复区,并将服务延伸至社区、家庭,同时一些基层医疗机构也开始积极探索医养结合的新模式,针对老年人的健康管理、康复训练、慢病预防等开展老龄健康服务。各级政府也大力支持养老机构拓展必要的医疗卫生服务或与医疗机构合作开展医养结合服务。对于老年人来讲,医疗卫生服务必不可少,许多老年人在诊疗期结束后依然需要长期的康复护理服务。同时在漫长的晚年生活中,医疗卫生服务仍是老年人最主要的服务需求,因此,老年人对于医养结合服务,特别是基层的医养结合服务需求将长期存在,并将不断拓展。

(6)安宁疗护服务需求。安宁疗护一般是指以临终患者和家属为中心,为长期处在痛苦和不适之中的老年患者提供身体、心理、精神等方面的照料和人文关怀等服务,以优化其生活体验。2017年,国家发布了3个与安宁疗护相关的指导性文件;2018年,又在《关于促进护理服务业改革与发展的指导意见》中指出需要全面推进安宁疗护工作。无论是从老年患者生存体验的主观意愿还是医疗资源的过度使用来看,临终关怀都将是一个需求增长的市场。随着社会文明的进步,人们越发表现出对于生命的尊重和理解,发展安宁疗护是时代必然趋势、是人文精神的体现。在安宁疗护领域,社会应该营造一个更加敬老爱老和包容的舆论环境。

2. 老龄用品与制造方面中长期需求

（1）老龄衣帽服饰等日常需求。随着老年人内部结构的不断变化，越来越多低龄老年人的需求将日益凸显。相对于高龄老年人来讲，这部分老年人对生活品质的要求较高，且消费水平与消费能力也相对较高，他们在衣食住行等方面的需求层次也随之提高。在衣帽服饰、日常生活用品等方面的需求种类、需求层次都会发生较大的变化，这也是未来老年人用品类需求的重要内容。

（2）老龄保健品需求。老年保健品市场一直是我国老龄健康产业中发展较早且发展较快的领域。随着经济社会的不断发展、人们收入水平与健康意识的不断提高，大家对保健品的认知更加客观，这也为保健品市场环境的发展奠定了基础。从未来趋势来看，老年保健品市场的消费需求将会随着人口老龄化的不断加剧而进一步提高，并且受众群体将进一步扩大。老年群体健康、保健、养生的意识进一步增强，特别是中医药及相关保健品开始备受关注与信任，这使得以中医理论为基础的中医药保健品在未来将迎来一个新的发展机遇。此外，随着国内保健品市场的整体整顿，监管更加严格，市场发展环境不断优化，老年保健品市场的发展将会更加有序，产业品牌也将会进一步崛起。未来，随着老龄化程度的加深，保健行业的市场环境不断规范，行业发展趋势向好，特别是养生/抗衰类产品、老年病术后康复/保健药品/食品、保健器具类等产品的需求将进一步增大。

（3）适老化产品与康复辅具需求。老年人随着年龄增长，视听、体能、记忆、运动等身体机能产生退行性改变，高龄、失能以及慢病患者对于老年生活自理与护理辅具、行动辅具、信息辅具等适老化产品的需求大幅提升。使用康复辅具、更迭适老化辅具技术、建立老年友好城市和社区，是每一个老年人家庭的共同需求。现阶段老年人消费观念逐渐转变，收入水平逐渐提高，潜在消费需求正在转化为购买行为，适老化与老年辅具业也逐渐成为改善晚年生活的刚需行业，正在成为老年消费群体的新增需求点。除了个人和家庭对于老龄辅具的需求外,新建康复养老机构、新建社区养老服务机构、社会公共基础设施建设过程中对适老化的设计规划和安装配套也将有巨大的需求,同时对适老化产品的创新性会提出调整要求。

3. 老龄服务方面中长期需求

(1) 日常生活服务需求。在老年人众多需求中,最广泛和普遍的需求是日常生活服务,大多数老年人的基础需求都集中在社区和家庭中,社区养老与居家养老产业的发展潜力和市场需求巨大。老年人的照护和定期照料是年轻子女面临的一大难题,社区和家庭是集中照料和上门服务的最佳主体,可以满足定期的生活照料、心理慰藉和陪伴需求。此外,活力老人和失能老年人都有着巨大的刚性需求,老年人信任门槛高、消费黏性大,口碑传播的效果在老年人中尤其被放大,依靠社区平台打开老年消费市场,培育、引导、满足老年人群多样性的消费需求,具有巨大的市场空间①。

(2) 投资、就业、维权等服务需求。刚步入老龄时代的低龄老人数量增加,其受教育年限增长,与中高龄老人不同,他们对于社会功能的需求更加全面,尤其是在金融投资、养老医疗、商业保险、再就业、法律咨询、权益维护等方面,拥有和年轻人完全一样的社会需求。作为社会经验财富和历史财富的载体,老年群体中有很大一部分人具有分享工作经验、人生心得的能力,也有实现自我价值、发挥余热的积极性,老年人再就业的社会呼声高,就业需求量大,但就业渠道窄。已退休的老人大多保持着实用主义的消费观念,他们对于储蓄有合理安全投资需求,此类服务在市场上有很大的空缺。作为社会成员之一,老年人在法律、权益保障维护等专业领域的需求也与老年特征有关,子女赡养、婚姻、遗产服务等需求尤为突出,满足老年人商务服务需求是新时代老龄产业发展的任务之一。

(3) 社区、居家服务需求。在自己熟悉的家中和社区中度过晚年生活,是绝大多数老年人的最佳选择。第四次中国老年人生活状况抽样调查数据显

---

① 荆文娜:《10万亿消费市场!老年消费能力超出你想象》,http://www.chinadevelopment.com.cn/news/zj/2021/06/1728846.shtml,2022-4-24。

示，我国选择居家养老的老年人比例依然高达80%以上。党的十八大以来，我国发展社区居家老龄服务事业和产业的步伐明显加快，社区、居家养老服务设施不断优化、服务供给水平明显提高，各种老龄服务资源在社区/居家层面的融合发展更加明显。未来，依托社区居家服务平台，锁定目标群体、分析需求、开发服务，培育、引导、激发、满足老年人的服务需求将成为重要发展趋势。老年人的助餐、助浴、康复护理、日间照料、卫生保健、健康管理、疾病预防、急病诊治等服务需求都可以依托社区居家服务平台进行整合与服务匹配。同时，通过互联网、物联网、云计算、大数据等新技术、新途径来促进居家养老服务转型升级，让老年人足不出户、足不出区就可以"信息无障碍"地获取相关服务，这也将成为未来引导和培育需求的重要内容。

（4）长期照护服务需求。专业康复护理不仅可以提供黄金康复期的医疗建议，更可以帮助老年人和家庭保持积极乐观的心态，从生理和心理两方面提供专业帮助。老年康复护理的类型包括医院、家庭、社区康复等，康复服务主要针对急性或长期的失能、半失能人群，包括短期（3个月以内）的术后黄金康复需求，中期（3~6个月）或长期（6个月及以上）的科学康复、专业照护与护理服务需求。2022年2月发布的《"十四五"国家老龄事业发展和养老服务体系规划》中明确提出，"十四五"时期养老服务床位总量要达到900万张以上，其中护理型床位占比达到55%，目前供需矛盾尤为明显。随着老年人群及其家庭收入增加、养老观念发生转变、家庭规模缩小，将康复地点从家中转移到专业机构成为一些人的选择，也是目前老龄服务市场刚需比较旺盛的部分。随着中国人口平均预期寿命的增长以及高龄老人比例的不断上升，老年人带病余寿期将会不断增长，对长期照护的服务需求也将随之增加。未来，满足失能、半失能以及失智老年人的长期照护服务需求的专业性机构将继续迎来快速发展，并更加注重专业性、品牌化的长期发展。

4. 老龄宜居方面中长期需求

（1）适老化改造需求。适老化环境是为适应老年人身体机能的退化、生活习惯，及提升其社交功能、生活便捷性等，以安全、实用、便捷、智能为目标，规划或改造的居家养老环境或公共空间内老年友好设施。目前，我国的大部分建筑，特别是民用建筑并没有太多适老化的设计，包括许多公共服务设施、社区公共空间等也同样缺乏适老化设计。世界卫生组织于2007年发布了《全球老年友好城市建设指南》，指南中总结了老年人对于硬件和软件环境的八大需求，其中硬件环境中的室外空间和建筑物、交通、住房等是重要内容。相关研究表明，目前我国城市、社区和家庭的规划都忽视了老年人口的实际需求，最常见的出入口无障碍设施全国范围内仍有近20%的缺口，卫生间的无障碍改造仅完成了38.66%[1]，其他更多细节部分的需求缺口更大。老年友好社会环境的建设需要多方面主体共同发力。目前，适老相关法律已经出台；针对老年宜居环境建设的指导意见也由多部门联合出台，各省市也出台了各自地方层面的指导意见来积极应对老年友好城市的建设；落实到每个试点项目的开展上，具体的老龄环境国家标准和地方标准的制定也将逐步完成。未来，对现有住宅、道路、交通、公共服务设施以及公共空间的通用设计和适老化改造将成为重要需求趋势。[2]

（2）适老化环境与服务需求。这里的适老化环境可以从狭义的角度理解，包括老年住宅、老龄服务机构、医养结合服务机构等居住或服务对象主要是中老年人的硬件设施与环境。随着人口老龄化快速发展，老龄社会的来临将在整个规划、设计以及建筑等相关行业产生深远影响，要将年龄友好、全龄友好的理念融入其中。同时，在硬件基础之上的相关适老化的服务需求，包括通用设计、规划、适老化房屋改造、租赁、置换等相关衍生类的服务需求也将会相应凸显。

5. 老龄金融方面中长期需求

近年来，我国金融机构在推动老龄金融发展方面有了一定的探索，开发了一些新的产品，但是从整体上看，这些产品还远远不能满足广大国民对老龄金融的需求。未来30年，我国将逐步迈入高收入国家行列，在共同富裕

---

[1]《1737个市县已系统建设无障碍环境》，《人民日报》2020年10月9日。
[2] 谭文静：《推进适老环境建设主流化刻不容缓》，《老龄科学研究》2018年第1期。

的目标下，中产阶层规模不断扩大，老龄金融发展将迎来一个黄金期。中期来看，到2035年，支持老龄金融产业发展的政策体系将进一步完善；国民老龄金融素质持续提高；私人养老金达到一定规模，在三支柱养老保障体系中起到一定的作用；老龄金融支持老龄产业发展的能力进一步增强。长期来看，到2050年，老龄金融产业非常发达，私人养老金占GDP的比例较高；国民老龄金融素质有极大提高，老龄金融需求将不断增大。

6. 老龄文化方面中长期需求

随着老年人口健康水平提高、基础养老需求得到满足，老年人对更高层次的精神文化、旅游出行、老年教育、体育活动等有了强烈的要求。满足精神层面的需求，对于老年人保持积极乐观的心态和实现自我价值有重要帮助。目前，随着我国低龄老年人口规模的不断增大，老年人对个人生活品质与晚年生活质量的追求不断提高，老龄文化休闲娱乐市场也在不断发展。老年教育、老龄旅游等市场快速发展，特别是老年旅游市场已渐成市场规模，老年人成为许多旅游产业的主体消费力量，市场服务也更趋规范化、适老化、品质化以及多样化。此外，在老年人健身体育市场，随着"健康中国"上升为国家战略，健身体育市场进一步发展，中老年人的健身体育市场也将会有更大的发展机遇。未来，随着我国文化产业的快速发展，老年人的精神文化需求也呈现蓬勃的发展态势。特别是在城市、低龄、健康的老年群体中，健身、养生、旅游、休闲、电子娱乐等方面的需求日益旺盛，并将带动相关产业迅速发展。

7. 老龄信息化、数字化、智能化需求

随着信息社会的快速发展，将物联网、互联网、大数据、云计算、人工智能等新一代的信息技术应用在老龄市场的趋势更加明显，需求进一步扩大。将智能化的各类老龄产品用于老龄产业领域，可以替代人工或者减少一些人力支出，并提高服务效率，更好地满足老年人的需要。同时，利用大数据、智能化信息平台等手段来搜集、丰富、扩充、完善相关老龄产业行业数据，或者将相关信息技术作用于远程医疗、远程照护、监控照护等产业领域，不仅可以提高服务效率，也可以进一步促进技术的转化与进步。因此，运用互联网、物联网和大数据等信息技术推动老龄产业向信息化、智能化方向发展已经成为目前的一个重要趋势。在健康服务平台的搭建、智慧健康服务信息系统开发，以及家庭个人终端健康设备研发上，科技的含量正在进一步提升。在智能穿戴、智慧监测为主的家庭个人终端设备方面，产品和服务创新不断升级，远程监测、远程医疗技术不断进步，各类服务机器人、护理机器人不断出现，智能护理床、智能家居、健康监测平台等智慧健康产品种类越来越多，在很大程度上提高了老龄健康服务的科技含量与服务效率，并正在带动相关产业领域快速发展。

（二）第二阶段（2036~2050年）

1. 产业需求方式将呈现新变化

一是需求群体将逐渐进入"新老年"时代。随着"50后""60后"群体步入老年，老龄健康产业的需求群体将更加低龄化，这部分老年群体的教育程度和收入水平较高，他们对于生活品质的追求与现在的老年人会有明显不同，他们的消费观念、消费意愿将更加主动，消费需求更加多元，消费能力也会相应提高。二是对养老和健康的意识更加主动。新的老年群体会拥有更加积极的老龄观，他们对晚年生活的规划更加主动，提升身体健康素质的意识更加强烈，对于健康管理、疾病预防、养生保健等产品和服务的需求更加明显。三是消费模式更加多元。特别是随着信息化社会的发展，线上消费模式更加普遍，传统的实体线下消费也将进一步受到冲击，老年人线上支付、线上购物、线上消费的趋势更加明显。四是老年人的消费观念向品质型、享受型转变。以往老年人以节俭型消费为主，随着社会的发展以及自身消费能力的提高，新老年群体的消费观念会随之发生变化，对产品和服务的品质要求更高，休闲养生、旅游等享受型的消费逐渐成为消费热点。五是产业受众从老年群体向全龄群体蔓延的趋势更加明显。老龄产业的受众群体将不再局限于老年人，随着"健康中国""积极老龄化"国家战略的实施，老龄产业的受众群体将逐渐从老年人群体向全龄群体蔓延，其衍生的产业需求也将会更加多元化。

2. 产业需求内容将发生新改变

2035 年对于我国来说是一个重要的里程碑，在这一年，社会主义现代化将基本实现。同时，2035 年时我国也将面临更加严峻的老龄社会问题，据预测，2035 年我国将有约 4.12 亿老年人口，占总人口的比例接近 30%[1]，65 周岁以上失能老年人预计将超过 3500 万人，80 岁以上高龄失能老人将超过 1700 万人[2]，届时我国社会将步入超老龄化社会，老年人的需求将极大增长。在我国基本实现社会主义现代化的 2035 年，"70 后""80 后"也将迈入老年生活，老年群体的消费能力和需求将有极大的提升与改变，他们对于更高层次的优质服务会提出进一步的需求和期待。第一，老年人的总消费规模将随着老龄程度的加深而快速增长。老龄消费市场潜力巨大，但目前有效供给不足。第二，老年人非功能性的服务需求开始凸显。在服务本体的主要功能以外，这一批进入老年生活的人群具有较高的受教育程度和收入等，对于服务所提供的附带功能会提出更高要求。精神文化、终身学习、老有所为成为这一阶段老年人追求的内容。世界观、人生观、价值观的更新与重塑，不同文化和理念的交融，综合性、人文性的需求，都对新时期老龄产业的创新提出了新的挑战。第三，快速上升的情感慰藉需求。社会文明在进步的同时带来了智能化的普及和个体意识的增强，随之而来的是老年人对亲情和感情交流的渴望，人工智能为生活体验带来便捷和高效率，但老龄产业的服务对象归根到底是人，其晚年生活除了物质财富需求的满足外，情感、人际交往、心灵碰撞的需求也需要被重视。第四，康复护理需求将迎来新的高峰。届时我国医疗卫生水平大幅提升，人均预期寿命相较当下提高至少 2 岁[3]，疗养康复和护理治疗成为提升晚年生活品质的重要途径，该刚性需求的满足将面临挑战。第五，对优质且多元的老龄产业提出需求。高品

---

[1] 杜鹏、李龙：《新时代中国人口老龄化长期趋势预测》，《中国人民大学学报》2021 年第 1 期。

[2] 王金营、李天然：《中国老年失能年龄模式及未来失能人口预测》，《人口学刊》2020 年第 5 期。

[3] 王广州：《中国人口平均预期寿命预测及其面临的问题研究》，《人口与经济》2021 年第 6 期。

质生活是新一代老年群体老年生活的关键词,老龄体育、终身教育、权益维护、旅游出行、投资贸易等成为这一老年群体的新需求,一个正常年轻社会所产生的消费需求和标准同样会在新一代老年群体中产生。第六,智慧养老与科技助老的需求凸显。新时期养老依托人工智能、5G、大数据等现代化科技手段,通过智慧化手段协助身体机能弱化的老年人日常生活,大大提升其生活效率;同时得益于科技,产业可以更加聚焦于提升服务质量和服务内容,重点提升智能家居、远程防护、平台联动、智能穿戴等具体领域,提升行业产业效率和创新水平,给老龄产业发展带来变革。

三 现阶段老龄产业发展的重大机遇、问题和有利条件

(一)重大机遇

我国自 1999 年进入老龄化社会之后,人口老龄化程度快速加深。截至 2020 年底,全国 60 岁及以上的老年人口数量已经达到 2.64 亿人,在总人口中的比例达到 18.7%。快速发展的人口老龄化,给我们带来了巨大的挑战,但同时也带来了规模庞大的中老年消费群体。相关研究预测,中国老年人口的消费潜力是巨大的。按 2010 年可比价格计算,预计到 2030 年,老年人口消费总金额可达到 119340 亿~155142 亿元,占 GDP 的比重可上升至 8.3%~10.8%;到 2050 年,老年人口消费总金额可达到 406907 亿~691742 亿元,占 GDP 的比重可上升至 12.2%~20.7%。[①] 从经济发展的角度来看,规模日益庞大的老年人口,特别是规模更为庞大的中老年人口,已经成为经济发展中重要的消费群体。未来,继续增加的中老年群体将进一步带动老龄产业的消费需求增长,成为推动我国老龄产业发展的重要力量。

[①] 党俊武、王莉莉主编《中国老龄产业发展及指标体系研究》,社会科学文献出版社,2021。

（二）突出问题

1. 全球突发公共卫生事件给老龄产业发展带来现实挑战

2020年初突发新冠疫情，受到疫情的影响和冲击，目前各国经济都陷入了危机，全球范围内的供应链、产业链大范围断裂，极大地影响了世界经济发展格局，也给中国的内外经济发展环境带来了巨大影响。我国的老龄产业在2012年前后进入快速萌芽阶段，在党的十八大之后迎来了迅速发展，政策不断出台，国内外资本相继涌入，许多相关的国外老龄产业集团进入国内市场，并带动了一大批国内企业发展老龄产业，甚至走向国际市场。但在疫情影响下，我国整体经济发展已经受到较大的冲击，消费市场需求受到影响，许多中小企业运营艰难。目前，我国老龄产业中发展最快、需求最明显、最能带动整个产业发展的就是老龄健康产业和老龄服务产业，这两个产业主要集中在服务行业，受到的冲击是比较大的。中国目前正处于市场化改革的"深水区"，立足新发展阶段、贯彻新发展理念、构建新发展格局面临诸多挑战，结构性调整压力沉重，在这种条件下，老龄产业的发展也会受到一定影响。

2. 老龄产业的顶层设计与政策创新仍需加强

党的十八大以来，党和国家高度重视老龄事业和产业发展，将积极应对人口老龄化上升为国家战略，并出台了一系列政策引导、扶持老龄产业发展。但由于我国人口老龄化发展迅速，老年人口规模庞大，在应对老龄化挑战的制度、政策、环境等方面积累有限，仍然处于边探索边发展的阶段，依然存在许多现实问题。一是仍然缺乏对老龄产业发展规律的精准判断与科学认识。老龄产业纷繁芜杂，涉及产业领域众多，从目前来看，我国的老龄产业还处于发展初期，发展过程中面临的需求不足、供需失衡、市场疲软、运营艰难等问题既是现实问题，也是发展问题。但主要的原因是我们缺少对老龄产业发展规律的科学研究与判断，缺少专项的规划与部署。需要在老龄社会与供给侧结构性改革的背景下，将老龄产业发展和国家产业结构优化与调整整体统筹规划，加快制定老龄产业的中长期发展规划，明确老龄产业的发

展阶段、发展目标、重点任务与优先领域等。二是从指导实践的具体政策措施来看,政策出台有余,落实不足。究其原因,一方面是政策统合不足。以医养结合为例,工作内容不仅涵盖医疗卫生,还涉及医疗保障、医疗服务等业务,不仅涉及卫健、民政等部门,还涉及医保、监管等多个部门,在理念、政策、标准、监管等方面有着明显的部门分割与政策碎片,部门联动与政策融合尚需时日。另一方面则是政策措施原则性要求与引导有余,可落地可操作性不足。近年来,国家大力推动城企联动普惠制养老,但在具体落实过程中,在老龄产业盈利模式尚不清晰的状况下,如何做好普惠与成本之间的平衡,使企业能存活、普惠能普及,依然是企业当前面临的突出问题。

3. 老龄产业发展的内生性动力依然不足

需求是一个产业发展的持续动力。目前,我国老龄产业发展中的一个突出问题就是需求不足,特别是中端市场有效需求不足。目前在老龄产业的发展中,呈现一个非常明显的"哑铃形"模式,即市场供给主要集中在顶端收入群体,政府服务则主要集中在低收入群体,占人口绝大多数的中等收入家庭的养老需求依然不足,仍然主要集中在医疗和看护等刚性需求上,距离理想的"纺锤形"结构依然较远。究其原因,一方面是我们的保障制度依然不足,我们的养老、医疗等社会保障制度仍在完善,还没有构建初步的长期照护保险制度,相关的商业保险体系也处于逐渐发展阶段,老年人的保障性收入较低,劳动收入渠道更窄,收入来源单一,收入水平不高,主要的消费支出除去基本生活开支外,仍然主要是解决看病问题,用于购买商品和服务的支付能力有限,这种制度性问题很难短时间内解决,这也是制约我国老龄产业发展的一个现实问题。另一方面,现有老年人的消费观念整体比较保守,他们花钱购买服务的意识还不强,对产品和服务的购买意愿较低,这都是影响和制约我国老龄产业发展的重要因素。随着老年群体内部的不断更替,新一批进入老年阶段的低龄老年人口在教育程度、消费观念、收入水平和消费意识方面会有一定的提高,但短期内依然难以形成刺激老龄产业快速发展的有效需求,这是目前非常突出的现实问题。

4. 老龄产业的市场环境与供给依然滞后

整体来看，目前老龄产业的发展总体还是以政策引导为主，随着社会力量的不断投入，市场开始向前发展，但总体来看，产业发展的整体市场环境和市场供给依然比较滞后。一是市场竞争依然不充分。由于我国老龄产业发展较晚，且前期主要由政策引导，并且在较长时间内，特别是在老龄服务产业中，一直存在"双轨制"运营状况，老龄产业本身的产业属性还没有完全凸显，福利性与产业性长期并存，这在初级发展阶段可以起到一定的引导和示范作用，但随着产业的发展，这种情况将极大地制约市场的公平竞争。二是金融支持体系尚不健全。我国老龄产业发展较晚，且许多企业的运营模式尚在探索中，金融机构对老龄产业相关企业的风险评估机制尚不成熟，缺乏对老龄产业相关企业进行贷款审批的经验，因此大部分老龄产业企业很难从银行贷款融资，融资手段和渠道少，对于大部分中小企业来讲，融资渠道单一仍是制约其快速发展的重要原因。三是产业运营模式依然不清晰。许多企业从其他行业转入或拓展老龄产业市场时，对自身的战略规划、投资计划、运营模式、人力资源等情况还不能做到精准研判，整个行业还处于一种摸索前进的状态，多数资本还处在积极关注、审慎研究、筹备布局、谨慎发展的阶段，在整体项目规划、产品设计、服务内容、客户服务、质量管理等方面依然没有现成的经验可借鉴或复制。四是市场供给依然不充分。目前主要的产品和服务依然是针对刚需的医疗、康复和照护服务，老龄产业的几个主要板块，如老龄制造产业、老龄文化产业、老龄金融产业、老龄宜居产业等，依然有待开发。以老龄制造产业为例，目前的老龄用品市场中只有康复辅具、老龄护理、老龄保健用品市场比较活跃，老年文化用品、老年日用品市场则相对冷清、发展较慢。另外，行业内部发展无序，市场集中度低。如老龄服务产业中，目前发展较快的是高端的养老服务机构，但绝大多数普通老年人需要的中低端养老机构发展较慢；供养型养老机构发展较快，护理型养老机构发展较慢。五是市场监管依然比较滞后。相关产品和服务的标准、评估与监管体系仍未有效建立，在行业的健康发展和消费者的权益保障等方

面都还存在掣肘。

5. 老龄产业整体研发创新能力不足

一是在老龄用品制造产业发展中，整体研发投入不足。现有产品特别是一些关键技术产品整体滞后于国外技术产品，包括产品种类、适老化设计以及人性化设计等，都还亟须进一步提高研发创新水平。二是在模式创新方面依然存在不足，特别是结合国情创新符合本土文化特点与国情环境的服务模式、运营模式明显不够。现有许多服务理念与服务模式大多借鉴国外，近年来，各地在借鉴国外模式的基础上，创造了一些新的服务与运营模式，包括邻里互助、物业+养老、医养结合、农村幸福院等，但整体来讲，创新模式的适应性与生命力还不足，还需要在结合中国国情与城乡发展特征的基础上，进一步探索能够长期稳定运行的运营模式。

6. 老龄产业管理的体制机制尚未理顺

党中央和国务院高度重视老龄工作，成立了专门的相关组织来推动老龄工作和老龄事业发展，但老龄产业涉及行业领域众多，包括金融、制造、医疗、服务等各个行业，相关管理部门也非常多，包括发改、卫健、民政、工商、税务、土地、工信、建设、教育、文化等各个部门，在理念、标准、监管等方面存在明显的部门分割与政策碎片，特别是涉及企业在发展老龄产业中的具体实践问题时，往往牵涉多个部门，部门间联动机制尚未形成，政策体系间的衔接融合不够完善，协调难度较大，这也在一定程度上给产业的整体快速发展带来了影响。

（三）有利条件

1. 宏观经济发展稳中求进为老龄产业发展创造有利条件

尽管近年来经济下行压力增大，但中国经济长期向好的基本面不会改变。宏观经济的整体要求是稳中求进，为了恢复与促进经济发展，各项政策包括财政政策、货币政策等都会更加稳健灵活，国内国外双循环的重点依然在国内大市场，因此，引导社会力量，充分发挥市场在资源配置中的决定性作用依然是经济发展的重要内容。老龄产业作为老龄社会背景下的重要新兴产业，涉及行业多，潜在需求大，正是中国经济发展新阶段中需要的新兴产业类型，是吸引社会资本、扩大消费需求的重要产业，是促进经济发展的重要产业领域。

2. 全面推动共同富裕将进一步扩大中等收入群体

目前，我国正处于全面推进共同富裕的关键时期。其中，扩大中等收入群体是实现共同富裕的重要内容。中等收入群体不仅具有庞大的投资需求，更重要的是，他们还有巨大的消费潜力。中等收入群体扩大不仅意味着他们收入水平提高、购买能力提高，更重要的是，他们对于生活品质的提高也有着极大的诉求，共同富裕不仅是物质层面的富裕，更是精神、文化、生活等各个方面共享社会发展成果的富裕。因此，中等收入群体的增加，必将极大地促进消费市场的繁荣，并带动、促进老龄产业加快发展。

3. 强大的制度优势为老龄产业健康发展提供重要基石

我国人口老龄化发展速度快、规模大，在市场发展、政策制定方面曾经稍有滞后，但中国具有强大的制度优势，能够在短时间内不断夯实应对人口老龄化的各项政策与制度，将积极应对人口老龄化作为国家战略，出台了一系列着力发展老龄事业和产业的政策、措施。特别是党的十八大以来，党和国家对老龄产业的发展更加重视，不断加大财政投入，加快完善相关政策，积极推动试点先行，着力解决产业发展中出现的痛点、堵点和难点，并不断提高产业发展水平与质量，且成效明显。这是其他任何国家所不具备的制度优势，也是推进老龄产业发展的重要基石。

四 老龄产业中长期发展主要目标

（一）指导思想

我国老龄产业发展的指导思想是以习近平新时代中国特色社会主义思想

为指导，全面贯彻落实党的二十大会议精神，弘扬伟大建党精神，立足新发展阶段，全面贯彻新发展理念，构建新发展格局，以推动高质量发展为主题，以深化供给侧结构性改革为主线，紧扣积极应对人口老龄化国家战略，着眼构建老龄产业发展新格局，优化结构，统筹布局，丰富供给，加快创新，完善管理，推动老龄产业健康有序发展，形成经济发展新的增长点，提高老龄产业在消费结构中的比重，不断满足人民群众日益增长的美好晚年生活需要。

（二）基本原则

扩大内需，释放消费。坚持以国内大循环为主，国内国际双循环相互促进。更加注重满足中老年人的消费需求，不断丰富老龄产业市场供给，优化老龄产业供给结构，提升老龄产业供给质量，不断创新老龄产业发展模式、丰富产业业态、提高产业技术水平、繁荣产品与服务供给，进一步对接需求、释放消费。

适合国情，以人为本。贯彻以人民为中心的发展思想，聚焦老年人及其家庭的产品和服务需求，构建适合中国国情、适应人口老龄化发展趋势的产业体系，进一步优化产品和服务供给，提升产品和服务质量，使老龄产业发展与人口老龄化国情和经济社会发展水平相适应。

市场机制，政府主导。充分发挥市场在资源配置中的决定性作用，突出老龄企业的主体地位，加强产学研用的深度融合，不断提高老龄产品和服务的市场供给能力与市场供给水平。充分发挥政府在产业发展基础性制度体系方面的作用，优化产业结构和产业布局，推动产业健康和规范发展。

改革创新，扩大供给。进一步深化放管服改革，不断优化老龄产业的营商环境，培育老龄产业新的产业业态和产业模式，推动产业多个业态之间的融合发展，推动老龄产业创新发展，打造老龄产业创新发展试点。不断加快老龄产业与事业协调发展，满足老年人及其家庭多层次多样化的产品和服务需求。

统筹规划，有序推进。坚持在促进经济社会发展中积极应对人口老龄化，坚持在解决人口老龄化问题中更好地满足中老年人美好生活需求，统筹老龄产业与老龄事业、老龄产业与其他产业发展的关系，系统谋划，有序推进。

（三）阶段发展目标

老龄产业的总体发展目标是：到2035年，老龄产业发展的政策环境、市场环境、消费环境更为完善，产业创新能力显著提高，产业技术不断进步，初步建立比较完整的供应链和产业体系。老年人及其家庭需要的产品种类极大丰富、服务水平不断提高、市场竞争能力大幅提升，产业组织进一步壮大，产业结构进一步优化，产业布局初步形成，出现一批老龄产业的品牌企业，形成一批老龄产业创新发展示范点。到2050年，老龄产业消费潜力充分释放，形成完善的老龄产业发展制度政策环境，形成完整的老龄产业体系，老龄金融、老龄制造、老龄健康、老龄服务、老龄宜居和老龄文化产业获得极大发展，老年人及其家庭多样化、多层次的老龄产品和服务需求得到极大满足，老龄产业的消费比重明显提升，参与国际合作和竞争优势明显增强，形成经济发展新的增长点。

1. 第一阶段目标（2021~2035年）

政策支持体系进一步完善。老龄产业发展需要的政策体系初步形成。土地、财政、金融、税收、人才等相关产业发展政策不断完善创新，多元化长期照护保障制度有效运行，老龄产业专项产业目录以及各相关行业标准、规范体系等初步建立，老龄产业发展的政策制度环境不断优化。

消费潜能得到明显释放。全社会老龄产业消费的意识普遍提升，消费观念得到正确引导，老年人及其家庭购买老龄产品和服务的意识明显增强，消费水平和能力不断提升，通过消费改善晚年生活的行为得到普及，主动消费的意识增强，消费需求不断增加，消费层次不断提高，由单一的生存型消费转向综合型、改善型消费趋势明显，老龄产业拉动经济发展的作用不断增强。

市场供给水平显著提高。老龄产业的市场细分更加明显，"以需求为导向"的多样化、个性化产品与服务不断涌现，老龄用品种类极大丰富，老龄健康产业、老龄服务产业的内容更加多元，服务的专业性和服务水平进一步提高，老龄金融产品的设计更加精准，适老化产品和适老化改造进一步普及，老年教育、老龄文化产品和休闲娱乐服务种类更加丰富，市场开始不断繁荣。

科技创新能力不断加强。科技助推老龄产业发展的作用明显增强，骨干企业研发试验的经费支出占比不断提高，物联网、云计算、互联网、人工智能和大数据等现代信息技术促进老龄产业转型升级的作用明显增强，远程医疗、智能穿戴、"互联网+"等信息化手段提高老龄产业服务水平和效率的作用不断增强。积极运用新一代信息技术提升老年人消费体验的手段更加多元，"数字鸿沟"问题得到明显缓解。

品牌建设水平不断提高。一批老龄产业的品牌企业开始出现，老龄产业的整体布局和集群化发展趋势明显，逐渐形成以珠三角为中心的老龄制造产业发展区、以长三角为中心的老龄服务产业发展区等。同时，以龙头企业所在区域为中心、辐射带动周边地区与城市老龄产业发展的趋势更加明显。

人才队伍资源更加丰富。老龄产业从业人员队伍建设逐步规范化、常态化，人才教育与培养体系不断完善，职称评审与晋升渠道更加通畅，从业人员专业化素质不断提高，服务水平和服务能力不断提升，老年人力资源得到进一步开发与利用，成为老龄产业人才队伍中的重要部分。

产业营商环境更加友好。老龄产业发展的相关标准、评估与监管体系得以有效建立，产品与服务质量明显提高，评估与监管机制不断完善，消费者权益得到有效保障，市场竞争更加充分，产业发展的市场环境明显优化，全社会老龄意识普遍增强，产业发展的社会环境更加友好。

2. 第二阶段目标（2036~2050年）

2050年，与经济社会发展、积极应对人口老龄化战略相适应的老龄产业发展政策与体系更趋成熟完善，市场成为资源配置的决定性力量，老龄产业的市场主体更加多元、产业布局更加合理、产业结构更加优化，老龄产业的上下游产业得到快速发展并有效衔接，产业链条不断完善成熟，老龄产业集群基本形成，出现一批具有核心竞争力和国内外影响力的知名品牌。市场供给更加充分，老龄产品与服务的种类和数量极大丰富，能很好地满足人民群众日益增长的美好晚年生活需求，科技助推老龄产业发展的作用更加明显，产品与服务的人性化、智能化、便捷化特点更加突出，老龄产业对经济增长、吸纳就业、社会稳定的作用进一步提高，形成经济发展的新动能与增长点。

五 我国老龄产业中长期发展主要建议

（一）发展建议

1. 做好新时代老龄产业发展的战略规划与政策设计

中国目前正处于一个新的发展阶段，立足新发展阶段、贯彻新发展理念、构建新发展格局是目前的主要任务，但随着经济下行压力的增大以及经济结构迫切需要调整，经济社会的发展面临许多新的现实问题。老龄产业在我国作为一个发展较晚且仍然处于发展初期的新兴产业，有广阔的发展空间和潜力，但同时也面临许多发展中的问题和现实环境问题。在这种条件下，想要加快老龄产业的发展，必须做好科学精准的顶层规划。需要通过制定我国老龄产业中长期发展规划，明确老龄产业发展的目标、阶段、任务、步骤与措施，并在此基础上明确阶段性目标和任务，并在政策和制度上进行统筹规划、着力完善。同时，针对老龄产业在发展中需要的各类政策进行逐步完善。包括完善产业组织政策，用以吸引更多社会力量投入老龄产业中来，吸引中小企业、扶持龙头企业；完善产业结构政策，进一步优化产业结构，引导、扶持不同老龄产业板块均衡、整体发展；完善产业发展政策，实施积极的财政政策，支持更多社会力量投入老龄产业；完善产业金融政策，进一步优化老龄产业的投融资环境，并在税收、土地、人才等政策方面继续完善与创新；完善产业布局政策，通过政策引导优化老龄产业的城乡和区域发

展等。

2. 培育、引导、繁荣老龄产业消费市场

要把培育、引导、繁荣老龄产业消费市场作为推动老龄产业健康持续发展的重中之重。一是在实现共同富裕的进程中进一步提高中老年人收入水平。通过进一步改革收入分配制度，不断完善养老保险体系，进一步扩大养老保险覆盖面，逐步实现基本养老保险法定人员全覆盖。加快实现企业职工基本养老保险全国统筹，健全基本养老保险待遇，促进第二、第三支柱养老保险规范发展。稳步实施延迟法定退休年龄政策，逐步形成适合国情的长期护理保险制度框架。完善社会福利制度，开拓老年人再就业渠道等，多渠道拓宽老年人增加收入的途径。从政策、制度上确保老年人的收入水平不断提高，消费购买能力不断提高。二是要着重培育、引导老年人及其家庭形成老龄产品与服务消费意识。鼓励企业搭建诚信可靠的老龄用品线上线下购物平台，在重阳节、中秋节、春节等重大节日期间开展主题购物节活动，通过线上线下联动，集中展示和销售各类老年用品，形成消费热潮和品牌效应，提升老年人的消费体验。打造区域性、全国性、国际性的老龄产业博览会，形成品牌，扩大影响。鼓励商场、超市、批发市场设立老龄用品专区专柜，发展老龄用品租赁市场，开辟老龄用品展示体验场所，引导企业做好体验消费、租赁消费，扩大老年人的消费渠道，提高老年人的消费意愿。三是要进一步完善相关标准、规范，特别是加快老龄产业各类产品和服务的相关标准、规范的研究与制定，加大监管力度，保障老年人的消费权益。

3. 进一步丰富、扩大老龄产业市场供给

一是加快发展老龄健康产业。充分调动社会力量，打造老年人健康教育、预防保健、疾病诊治、康复护理、长期照护、安宁疗护全产业链的老龄健康产业。补齐短板，大力发展老年人健康教育、预防保健、安宁疗护市场。鼓励社会力量进入老龄健康服务市场，举办康复医院、老年病医院、护理院以及中医类专科医院等医疗卫生机构。加快中医现代化进程，大力推进老年病中医药医疗健康服务技术和制剂的研发推广与应用。支持老年人专用保健药品研发生产，不断提高其国内市场占有率和国际竞争力。二是加速提升老龄制造产业。着力创新驱动，支持加强对技术含量较高的老龄用品的基础研究、产品开发、成果转化以及产业化推广，形成"产、学、研、用"紧密结合的产业链条，通过本土化的科研创新，丰富产品种类，降低产品成本与价格，提供更多既能满足老年人需要，又符合老年人消费水平的老龄用品。三是大力推进老龄服务产业发展。支持企业结合自身产业优势，开拓老年餐饮、洗浴、法律、咨询、婚介、再就业等老龄生活、商务服务产业市场。鼓励物业服务企业联合社会服务资源，开发、丰富居家社区老龄服务种类。针对失能、失智等特殊老年群体的服务需求，重点发展专业化、连锁化、品牌化的长期照护服务机构。四是规范发展老龄宜居产业。支持社会力量参与公共基础设施和老旧小区无障碍改造。鼓励企业开发设计适老化产品，加快适老化建筑设计、装修与改造市场发展。规范老龄房地产市场发展，支持企业开发老龄宜居住宅和代际亲情住宅，建设适合中国国情的复合型老龄社区。五是持续推动老龄金融产业。鼓励银行、证券、保险、基金、信托等各类金融机构创新金融产品，多方面满足老年人的金融服务需求。支持商业保险机构发展老年人意外伤害保险、老年人长期护理保险、老年人住房反向抵押养老保险等商业保险。支持商业保险机构以投资新建、参股、并购、租赁、托管等方式，积极投入老龄产业市场领域。鼓励银行业金融机构加大对老龄产业相关企业、机构和项目的信贷支持力度，不断提高金融支持老龄产业发展的动力与水平。六是繁荣丰富老龄文化产业。加大老年人喜闻乐见的图书、报刊以及影视剧、戏剧、广播剧等文艺作品发行力度，鼓励新媒体企业制作传播优秀老年文化作品。鼓励社会力量进入老龄健身休闲产业领域，整合上下游企业资源，形成老龄健身休闲产业生态圈。丰富创新老年旅游产品，推动形成专业化的老年旅游服务品牌。培育壮大老龄文化市场主体，引导支持社会力量兴办老年教育。

4. 加快老龄产业的品牌培育与集群化发展

结合国家经济产业发展政策、地域经济发展特点，根据地方经济产业结构优势，进行老龄产业的整体布局与产业集群化发展。充分发挥京津冀、长三角、珠三角、粤港澳大湾区城市群的辐射带动作用，推进东中西部协同发展。例如以珠三角为中心,形成老龄用品产业的重点发展区域,通过政策扶持与引导,吸引社会资本参与研发、设计、生产、制造、销售全产业链;以长三角为中心,孵化老龄服务产业品牌集聚区等。支持各地充分发挥资源禀赋和优势,打造各具特色的区域老龄产业聚集区。制定地方老龄产业发展规划,促进养老、健康、旅游、健身、文化、休闲、互联网、物业等不同领域深度融合,跨界发展。着力扶持本土企业,打造民族品牌。通过政府购买、政府补贴等扶持手段,支持国内老龄产业企业品牌的发展。以这些龙头企业所在区域为中心,辐射、延伸至其他地区与城市,并带动、集聚相关产业共同发展。

5. 不断提高老龄产业的信息化、数字化、智能化水平

加快物联网、云计算、大数据、人工智能等新一代信息技术与老龄产业的融合发展,打造老龄科技产业发展新动能。支持社会力量运用信息网络技术,培育发展"互联网+"老龄产业生态体系,促进"互联网+"新业态创新。推动人工智能技术在老龄产业的应用,重点推进智能家居、智慧健康、智能机器人、智能可穿戴设备等研发和产业化发展。推动人工智能在老龄健康、服务产业的应用。如运用先进的科技手段,形成互联网+健康管理的"智慧医疗"体系,借助人体工程设计、移动互联网、大数据、云计算,以及智能穿戴、远程医疗、"互联网+"照护服务等高科技、信息化手段,提高服务效率、服务体验与服务能力。在老龄宜居市场方面,可以综合利用物联网技术,将智能计算机技术、通信技术、控制技术、多媒体技术和现代建筑艺术有机结合,通过对设备的自动监控,对信息资源的管理,对使用者的信息服务及其建筑环境的优化组合,使居住环境更人性化、更加适合老年人的需要。

(二)保障措施

1. 健全工作机制

老龄产业的发展涉及多个部门的业务工作,必须建立统筹协调的工作机制,要强化全国老龄工作委员会职能,在全国老龄办基础上建立老龄工作署,建立老龄产业发展部际协调机制,协调解决老龄产业发展中的重要问题,研究制定专项发展规划,加强完善相关配套措施。要在制定规划的基础上,强化规划的引导作用,布局实施老龄产业重点项目,谋划重大改革创新举措,及时解决发展中面临的困难和问题,推动地方结合自身基础条件理性布局老龄产业,实现产业健康有序和集聚发展。

2. 加大改革力度

充分发挥市场在优化资源配置中的决定性作用,凡是能够运用市场化方式提供的产品和服务,都交由社会力量来通过市场化方式供给。减少政府直接参与市场供给,大力推进通过政府购买服务、政府和社会资本合作(PPP)等模式提供基本公共服务。在市场准入、审批许可、招标投标等方面,要公平对待各类企业。加快制定老龄产业投资指导目录,引导社会力量和民间资本进入老龄产业领域。探索适合老龄产业发展的监管体系,形成跨领域、多部门的综合监管机制。

3. 强化财政金融支持

发挥好中央预算内投资的引导作用,支持老龄产业发展。加强金融支持,建立老龄产业专项发展基金,鼓励银行业金融机构按照风险可控、商业可持续性原则支持老龄产业发展,为优质企业提供精准化的金融服务。鼓励产业投资基金、创业投资基金等按照市场化原则支持老龄产业创新企业,促进科技成果转移转化。

4. 推动试点示范

不断优化老龄产业空间布局,在需求明显、供应能力强、产业基础好、市场空间足、市场化经验丰富的地区开展试点示范。支持试点示范地区发挥自身优势,改革创新,探索老龄产业发展的多种路径,在完善老龄产业政策体系、提升产业创新能力等方面先行先试,形成可复制可推广的经验。建立事中事后监管和考核机制,确保试点示范工作取得实效。

5. 加强监管落实

要强化老龄产业发展中重要政策、措施的责任落实,健全党委领导、政府主导、部门负责、社会参与的老龄产业发展工作机制,加强中央和地方的

工作衔接。可以将老龄产业政策落实情况纳入政府年度绩效考核范围，对落实老龄产业政策积极主动、老龄产业发展成效明显的，在安排财政补助及有关建设资金、遴选相关试点项目方面给予倾斜支持，并进行激励表彰。

6.加大人才培养力度

积极推动老龄产业从业人员的培养，特别是养老、健康指导、医疗护理等从业人员的培训市场发展，将培训纳入职业技能提升行动，按规定享受各项政府补贴。在老龄产业领域推进"学历证书+若干职业技能等级证书"制度试点工作。将养老、健康指导、医疗护理人员等急需的专业人才培养纳入国家高职扩招百万计划。在职业院校、高等院校中进行养老、健康指导、医疗护理人员履约服务试点。

（三）重大工程

1.老龄健康产业拓展工程

从构建老龄健康支撑体系出发，充分发挥社会力量在丰富老龄健康产品和服务中的作用，积极拓展老龄健康产业内容，延伸产业链条，丰富市场供给。发展优质的健康管理、疾病预防、老年医疗、康复护理、安宁疗护等服务，鼓励社会力量提供差异化、定制化的老龄健康服务包，探索以商业健康保险作为筹资或合作渠道。加快医养结合在社区层面的融合。大力培育和推进中医药健康服务产业，推动社会力量建立一批具有中医药特色的医养结合服务示范基地。加快发展"互联网+老龄健康服务"，有序推进各地全民健康信息平台建设，提高区域健康信息共享水平。加快发展"互联网+医疗""互联网+药品流通"，积极发展互联网健康咨询和健康管理服务，推动线上线下服务一体化。

2.老龄制造产业科技创新工程

实施老龄制造产业研发创新计划，促进人工智能、脑科学、虚拟现实、可穿戴技术、5G等现代科技在老龄制造产业领域的深度应用。支持智能交互、智能操作、多机协作等关键技术研发，提升康复训练及康复促进辅具、健康监测产品、老龄服务监护装置、家庭服务机器人、可穿戴老年服装服饰等适老产品的智能化水平，增强其实用性和安全性。支持企业面向老年人日常生活的功能支持需求，进行辅助器具定向研发，满足老年人安全性、舒适性和实用性需求。以奖补鼓励生产制造企业针对老年群体的生理特点和老年人多样化、个性化需求，丰富老龄用品供给。

3. 老龄服务产业质量提升工程

每三年一个周期，以各类老龄服务机构为重点，持续开展老龄服务质量达标升级活动。完善老龄服务业标准体系，实施强制性国家标准，推进服务标准化建设，普遍推行老龄服务机构等级评定制度，及时调整完善重大疫情防控措施，建立服务质量日常监测机制和风险防控体系。全面实施老龄服务综合监管制度，建立信用黑名单及联合惩戒、退出机制。

4. 适老化环境改善工程

各级政府积极通过政府购买服务等形式，引导市场主体参与适老化改造。将小区公共区域适老化改造纳入城镇老旧小区改造范围，鼓励商场、医院、银行、公园、广场、车站、机场、旅游景区等窗口单位和公共场所适老化改造。开发适老化建筑设计与装修装饰市场，推进住宅适老化改造和智能化配备，提高老年人家居环境的适老便利程度。加快各类老龄服务机构升级改造，提高无障碍设施建设、适老化改造与设备配置水平。引导企业开发老龄宜居社区、代际亲情社区以及通用建筑设计与开发市场。

5. 老龄产业金融支持体系构建工程

进一步宣传普及老龄金融常识，开发多样化的老龄金融产品，不断优化老龄金融产品的服务流程、服务体验和权益保障，提升国民老龄金融意识和金融素质。同时，加快完成老龄产业金融支持体系的构建工程。尽快建立国家级的专项产业发展基金；鼓励、带动各地建立地方老龄产业发展基金或统筹利用各类产业发展基金支持老龄产业发展；继续做好开发性金融支持老龄产业发展的实践，支持、规范各地用开发性金融资金发展老龄产业；鼓励各类金融机构或企业通过债券、股权、基金等多元方式，扩大老龄产业投融资渠道；鼓励各类社会组织和个人以慈善、捐赠等方式支持企业发展老龄产业。

6. 老龄文化产业繁荣工程

引导释放老年人的文化、休闲、娱乐、健身等需求，大力推进老龄文体娱乐产业繁荣发展。创新老年文化产品，重点扶持一批文创企业，推出一批具有示范作用的老年文化产业项目。创新规范老年旅游方式，培育一批符合老年人身心需求、具有地方文化特色的旅居示范城市和康养示范小镇。支持和鼓励各类社会力量以市场化方式举办或运营老年大学，允许老年大学等老年教育机构进行工商注册。支持兴办老年电视（互联网）大学，促进老年终身教育发展。加快老年体育休闲市场发展。利用互联网、数字技术等信息产业，促进老龄文化产业升级，由单一介质向多种介质形态的文化产业转型。

7. 老龄产业品牌打造工程

加快推动老龄产业的专业化、品牌化、连锁化发展。推动老龄产业内外部的融合发展，加快老龄产业上中下游产业链条的进一步完善。充分发挥国有大中型企业的支撑、引领、示范作用，带动民营资本结合国情，创新发展模式，打造本土品牌。特别是在老龄制造产业、老龄健康产业、老龄服务产业等已经具有一定发展基础的产业板块，要加大创新力度，逐步建立起以企业为主体、市场为导向、产学研用紧密结合的创新体系，促进科技成果快速转化，形成品牌效应，取得市场优势。

8. 老龄产业布局优化工程

优化老龄产业区域布局，充分发挥京津冀、长三角、珠三角、粤港澳大湾区城市群的辐射带动作用，推进东中西部协同发展。支持各地充分发挥资源优势，打造各具特色的区域老龄产业聚集区。各地制定老龄产业发展规划，促进养老、健康、旅游、健身、文化、休闲、互联网、物业等不同领域深度融合，跨界发展。

9. 老龄产业标准提升工程

加快完善老龄产业相关行业标准与规范体系。加大老龄产业相关标准体系研究力度，鼓励、支持地方和相关行业协会制定、出台地方标准与行业标准。推进老龄健康、老龄制造、老龄服务、老龄宜居等相关产业标准试点，规范与统一相关产品与服务标准，加大宣贯力度，并加强标准执行的实践与监管力度。

10. 老龄产业人才培养工程

制定老龄产业人才培养引导性专业目录，加强紧缺人才的培养，特别是需求量较大的公共营养、老年护理、康复治疗、全科医生、中医养生、社会工作等相关专业人才的培养。加大职业教育培训力度，引导企业、学校合作建立老龄产业人才培训机构、实践基地、创业孵化中心，加强以需求为导向的人才培训。扩大老年护理、公共营养、康复治疗、健康管理等人才供给。优化老龄产业人才职业发展。在职称评审、职业晋升渠道等方面加大改革力度，拓展人才的职业发展空间。

参考文献

党俊武：《我国老龄社会初期阶段发展老龄服务的战略思考》，《老龄科学研究》2017年第3期。

原新：《积极应对人口老龄化是新时代的国家战略》，《人口研究》2018年第3期。

李军、刘生龙：《中国老年人消费支出、需求及消费潜力研究（2018~2050）》，载党俊武、王莉莉主编《中国老龄产业发展及指标体系研究》，社会科学文献出版社，2021。

杨凡、潘越、黄映娇：《中国老年人消费结构及消费升级的影响因素》，《人口研究》2020年第5期。

党俊武：《新时代中国老龄产业发展的形势预判与走向前瞻（上）》，《老龄科学研究》2018年第11期。

荆文娜：《10万亿消费市场！老年消费能力超出你想象》，http：//www.chinadevelopment.com.cn/news/zj/2021/06/1728846.shtml，2022-4-24。

王丽敏、陈志华、张梅等：《中国老年人群慢性病患病状况和疾病负担研究》，《中华流行病学杂志》2019年第3期。

马玉琴、董刚、熊林平等：《我国老年医疗卫生服务保障研究：基于医疗卫生服务需求》，《中国卫生经济》2012年第7期。

张文娟、魏蒙：《中国老年人的失能水平到底有多高？——多个数据来源的比较》，《人口研究》2015年第3期。

周守民、陈立言:《台湾实施生命教育提升护生专业认同感和人文关怀素养的实效研究》,《护理管理杂志》2018年第5期。

《1737个市县已系统建设无障碍环境》,《人民日报》2020年10月9日。

谭文静:《推进适老环境建设主流化刻不容缓》,《老龄科学研究》2018年第1期。

杜鹏、李龙:《新时代中国人口老龄化长期趋势预测》,《中国人民大学学报》2021年第1期。

王金营、李天然:《中国老年失能年龄模式及未来失能人口预测》,《人口学刊》2020年第5期。

王磊:《老龄产业市场规模测算与潜力分析》,载张车伟、宋福兴主编《中国大健康产业发展报告(2018)》,社会科学文献出版社,2018。

王广州:《中国人口平均预期寿命预测及其面临的问题研究》,《人口与经济》2021年第6期。

Fang E. F., Scheibye-Knudsen M., Jahn H. J., et al., "A Research Agenda for Aging in China in the 21st Century", *Ageing Research Reviews*, 2015, 24: 197-205.

行业报告
Industry Reports

B.2 老龄金融产业中长期发展研究

杨晓奇*

摘　要： 应对老龄社会必须构建新的金融体系、发展老龄金融。本文分析了老龄金融产业发展面临的需求环境，阐述了老龄金融产业的内涵及分类，介绍了我国老龄金融产业的发展现状，剖析了存在的问题，提出了老龄金融产业发展的中长期目标。最后，本文从扩大中等收入群体规模、做好产业规划、建立监测体系、加强科技创新、强化消费者保护、完善监管、加强人才培养以及行业协会建设方面提出了政策建议。同时提出要实施国民老龄金融素质提升工程、老龄金融基础设施提升工程、涉老保险发展计划以及老龄金融支持老龄产业发展计划，促进老龄金融产业的发展。

关键词： 老龄金融　老龄化　金融创新

---

* 杨晓奇，博士，中国老龄科学研究中心老龄经济与产业研究所副所长，研究员，研究方向为老龄经济、老龄政策。

一 老龄金融产业发展的背景

（一）老龄社会带来系统性金融问题

老龄社会是人类社会发展的大趋势。虽然各国的经济发展水平以及人口政策、医疗卫生事业的发展程度不相同，导致人口年龄结构转变的速度不尽相同，但大的趋势是一致的，人口年龄结构逐步老化。伴随着人口年龄结构转变的，是整个社会结构、经济结构的不断调整。具体到金融体系来看，老龄社会的到来要求整个宏观金融体系发生转变，形成老龄社会条件下的金融体系，以适应老龄社会的到来。否则难以满足老龄社会的要求，如随着个体寿命的不断延长，传统的金融体系很难满足个体的金融需求，就需要加快金融创新。

（二）应对老龄社会需要建构新的金融体系

老龄问题是一个综合性问题，既是人口问题、经济社会问题，同时也是文化问题和金融问题。尤其是金融问题目前还没有受到应有的重视。从理论上来说，老龄问题是重大金融问题，无论是国家层面还是个人层面，应对老龄化问题都需要依靠金融做支撑。从国家层面来看，人口老龄化给经济社会带来很多负面影响，不利于经济的可持续发展，有可能降低经济发展潜力，金融体系作为资源的配置工具，调整本身结构以促进实体经济的发展非常重要。从个体层面来说，随着人口老龄化的不断加剧，大规模的老年人群会出现，而且退休后的寿命不断延长，如何通过金融资源配置将个体年轻时的积蓄转化为老年时期需要的产品和服务非常重要。这些都需要重新构建新的金融体系，通过新的金融体系来应对老龄社会出现的各种问题。

（三）中国应对老龄社会的最大短板是缺少金融支撑

我国进入老龄社会已经20余年，对人口老龄化发展规律的认识有了很大的提升，顶层设计不断加强，多层次的社会保障体系逐步健全，健康服务体系进一步完善，老年人的人均收入持续提高，养老服务供给大幅增长，尤其是机构养老服务有了快速的发展，物质储备、制度储备有了长足的进步。但是金融应对方面，我国还没有做好准备。三支柱养老金体系中的第一支柱即基本养老保险，实现了制度全覆盖，但是不同人群保障水平差距很大，大部分农村老年人的养老金收入仅过百元。第二支柱发展非常缓慢。2020年末，参加企业年金的职工共计2718万人，仅占城镇参保职工人数的12.09%。第三支柱作用微乎其微，基金占比不到0.6%[1]。从三支柱定位来看，第一支柱保证基本的生活，第二支柱和第三支柱有助于提升老年人生活水平。从我国的现实状况来看，第二支柱和第三支柱远未发挥作用，距离应对老龄社会的金融要求还相差很远。

（四）从金融上应对老龄社会是世界性难题

从世界范围内来看，发达国家在应对老龄社会过程中，充分发挥了老龄金融的作用。如美国，2017年底拥有超过28万亿美元的私人养老金，是世界上拥有私人养老金最多的国家，私人养老金占到GDP的141.1%[2]。欧洲很多国家私人养老金占GDP的比例都非常高。拉美很多国家，实行完全基金积累和市场化投资运营的强制性私营养老金制度，相对于本国的GDP，也积累了大量的私人养老金。私营养老金制度比起现收现付的养老金制度，能更好地应对人口老龄化的到来。但是从各国的实践来看，私营养老金制度也存在很多问题，尤其是随着每一次金融危机的到来，老龄金融深陷危机，私人养老金大幅缩水，波及广大老年人的生活。私人养老金是老年人赖以生存的资金储备，大幅缩水意味着老年人生活就会缺乏经济来源，引起社会动荡不安。因此，从目前发达国家金融系统来看，确实需要进一步调整金融系统结构，以适应老龄社会的到来。

---

[1] 杨倩雯：《补齐我国养老保障体系短板 个人养老金制度来了》，《第一财经日报》2021年12月20日。

[2] 杨晓奇等：《我国老龄金融产业发展的思考》，《老龄科学研究》2020年第8期。

（五）从金融上应对老龄社会必须走中国道路

我国的老龄社会具有西方国家的老龄社会的共同特征，但也有其独特的方面，如老年人口规模巨大，到21世纪中叶，我国预计有近5亿老年人，规模相当于欧洲很多国家人口的总和。庞大的老年人口意味着我国在应对老龄化时不能照搬西方国家的经验，必须走自己的道路，大力发展老龄金融，充分发挥老龄金融的作用，做到老龄金融和实体经济相结合，以老龄金融的发展促进实体经济的发展，以实体经济的发展推动老龄金融的发展，使老龄金融和实体经济形成良性互动，降低老龄金融发生危机的可能性，保持老龄社会的可持续发展。

二 老龄金融产业发展面临的需求环境分析

（一）所有人都要做好全生命周期的金融准备

随着我国经济社会的发展，个体预期寿命在不断增加。20世纪中期，我国人均预期寿命只有35岁，很多人根本不用考虑60岁以后的生活。到了1981年，我国人均预期寿命达到67.8岁，60岁以后的生活不到10年。到了2000年，人均预期寿命超过70岁，2019年已经达到77.3岁，退休以后还有将近20年的生活。为了保障老年期生活质量，就不得不从年轻时期开始老年期的金融安排。发达国家的人口老龄化走在世界前面，西方学者早就提出了生命周期消费理论，即个体会平滑自己的消费，以达到整个生命周期内消费的最佳配置。我国经济社会处于转型阶段，家庭规模不断缩小，传统的家庭养老能力不断降低，社会化养老的趋势在不断发展，人均预期寿命的延长要求每个人在年轻时就要做好老年时期的金融准备。

（二）不断延长的老年期要求金融资产的保值增值

老龄金融的重要功能就是为老年人做好保值增值服务。我国老年人口规模居世界第一，2019年底达到2.53亿人，21世纪中叶将达到5亿人左右。我国老年人目前预期寿命达到77岁以上，而且还在不断延长。老年人如何使自己储备的金融资产增值保值非常重要，需要金融机构开发出符合老年人需要的金融产品，为老年人金融资产保值增值做好服务。

（三）老龄产业的发展需要老龄金融产业发展的支持

老龄产业在我国已经有多年的发展，尤其是党的十八大以后，在政策的支持下，老龄产业加快发展，但整体来看，老龄产业发展滞后，行业发展不均衡。加快老龄产业发展既需要从供给侧入手，也需要从需求侧入手。从供给侧来看，由于老龄产业中很多行业利润率低，资金回收周期长，需要长期资金的支持，老龄金融能够满足这一要求。从需求侧来看，有效需求不足是制约老龄产业发展的重要因素。我国老年人的收入水平整体比较低，而且城乡差距非常大。调查数据显示，2014年我国城市老年人月人均收入不到2000元，农村老年人月人均收入不到650元①。城乡内部不同群体之间的收入差距也非常大，如男性和女性之间、不同受教育群体之间、不同健康程度人群之间。城市受过高等教育的老年人平均收入是未上过学的老年人平均收入的6倍左右。低收入老年人很难对老龄产业形成有效需求。因此，推动老龄产业的快速发展首先要推动老龄金融产业的发展，以老龄金融产业的快速发展带动老龄产业的发展。

（四）宏观经济的健康发展需要老龄金融的不断壮大

老龄金融作为长寿社会的产物，形成了大量的长期资本，如欧美国家私人养老金规模非常大，占GDP的比重非常高。2017年英国的私人养老金约为2.9万亿，占GDP的105.5%，加拿大的私人养老金约为2.6万亿，占GDP的153.6%，澳大利亚私人养老金约为1.7万亿，占GDP的123.3%，荷兰的私人养老金约为1.6万亿，占GDP的182.5%。其他一些国家，如瑞

---

① 杨晓奇等：《我国老年人收入消费现状及问题分析》，《老龄科学研究》2019年第5期。

士、丹麦，虽然私人养老金都在1万亿以下，但是占GDP的比重都非常高，瑞士的私人养老金占GDP的147.8%，丹麦的私人养老金占GDP的204.6%。我国2017年底私人养老金只有不到2000亿美元，仅占GDP的1.6%。长期资本有利于资本市场的发展，是资本市场发展的稳定器，对资本市场的繁荣稳定有着重要作用。而资本市场是企业融资的重要场所，当今世界上发达的市场经济体资本市场都相当发达。老龄社会下的经济由于劳动力成本的不断攀升，日益向资本密集型经济和技术密集型经济发展，资本和技术在经济发展中的作用不断凸显。因此，老龄金融产业的不断壮大，有利于宏观经济的发展。

三 老龄金融产业内涵及分类

（一）老龄金融内涵

老龄金融是指为满足广大居民老年期各种财富和服务的需求所开展的金融服务。老龄金融产业是指从事老龄金融服务的企业集合，是老龄产业的一部分。

1. 老龄金融是老龄社会下的金融

随着人口年龄结构的改变，与人口结构相适应的社会结构、经济结构都在悄然发生改变，这种改变不是以个人意志为转移的，是经济社会适应人口结构变化的结果。金融体系作为经济体系的重要组成部分，随着人口结构的变化，结构也在发生变化，以适应整个人口结构的变化。如随着老龄社会的到来、人均预期寿命不断延长，更多的人将储蓄养老变成投资养老，这也就导致金融市场组织结构发生变化。

2. 老龄金融的主体是年轻人

老龄金融是从全生命周期的角度来分析广大居民对金融服务的需求，因此其对象包括广大年轻人和老年人，主体是广大年轻人。对年轻人来说，老龄金融主要探讨如何为自己的老年期做好金融准备，因此，老龄金融就涉及金融产品的转型、金融市场组织的培育、广大居民金融理念的调整以及金融素质的提高等。对于老年人来说，老龄金融主要研究老年人如何实现自己金融资产的保值增值。老年人平均寿命越来越长，如何将自己年轻时积累的财富做好保值增值，非常重要。

3. **老龄金融涉及产业，也涉及事业**

金融机构通过市场化的形式满足广大居民金融服务的需要是老龄金融的产业部分，如各类金融机构开发的老龄金融产品，同时也包括企业年金/职业年金、社会保障基金市场化运营等。金融机构在提供服务的同时也获取利润。老龄金融中的事业部分指的是通过国家制度安排来为居民老年期提供金融服务，如基本养老保险。从目前的发展现状来看，老龄金融中的事业部分发展比较快，产业部分发展比较慢。从长远来看，老龄金融产业的规模会越来越大。

（二）老龄金融产业分类

老龄金融产业还没有形成一定的业态，对于产业进行分类也就无从谈起，更不用说达成一致。有学者对老龄金融产品进行了分类，认为老龄金融产品主要包括：银行储蓄类老龄金融产品，证券类老龄金融产品，保险类老龄金融产品，基金类老龄金融产品，信托类老龄金融产品，房地产类老龄金融产品，组合类老龄金融产品，市场化运作的社会保障基金等[①]。对老龄金融产品的分类为老龄金融产业分类提供了思路。

考虑到老龄金融产业的发展离不开目前已有的金融机构，它是依靠目前已有的金融市场组织发展起来的金融。因此，对老龄金融产业的分类可以按照目前已有的金融市场组织来划分。

——银行类老龄金融产业。银行等金融市场主体发展起来的老龄金融产业。银行作为传统的金融市场机构，拥有非常庞大的客户群体，在发展老龄金融产业方面具有非常大的优势。

---

① 党俊武：《老龄金融是应对人口老龄化的战略制高点》，《老龄科学研究》2013年第5期。

——保险类老龄金融产业。保险公司、养老金管理公司等市场主体发展起来的老龄金融产业。商业养老保险是最早的老龄金融产品,所以保险公司在发展老龄金融产业方面起步比较早,而且产品种类也比较多。

——证券类老龄金融产业。基金公司等金融市场主体发展起来的老龄金融产业。由于基金产品的风险相对比较小,契合了国民为养老做准备的金融产品需求,所以,证券类的老龄金融产品的规模越来越大。

——信托类老龄金融产业。信托公司等市场主体发展起来的老龄金融产业。信托类老龄金融产品目前在国内处于起步阶段。

——其他老龄金融产业。银行类、保险类、证券类以及信托类以外的其他老龄金融产业。

四 我国老龄金融产业发展现状

随着人口老龄化日益加剧,政府开始重视老龄金融在应对人口老龄化中的作用,鼓励和引导金融机构开发老龄金融产品。很多金融机构对老龄金融产品进行了一些有益的探索,提供了一些周期长、收益比较稳定、风险较低的金融产品,以满足养老的需求。政府也在逐步加强监管,减少老龄金融发展过程中的欺诈行为。

银行类老龄金融产业。银行类金融机构开发的老龄金融产品主要包括两类,一类是养老理财产品,另一类是住房反向抵押贷款。近年来,很多商业银行都发行过养老理财产品,这些产品和其他普通的理财产品没有太大区别。为了进一步推动养老理财产品的发展,2021年9月10日,银保监会发布《关于开展养老理财产品试点的通知》,选择"四地四家机构"开展养老理财产品试点。这些理财产品投资期限基本在3年以上,以固定收益类产品投资为主。开展养老理财产品试点意味着养老理财产品发行开始步入正轨,也意味着监管机构对养老理财产品的监管逐渐加强。住房反向抵押贷款主要目的是盘活老年人拥有的住房,为老年人养老提供经济保障。目前,市场上开发的住房反向抵押贷款产品并不多,只有个别银行进行过尝试。此外,一些长期的养老储蓄产品也属于银行类老龄金融产品。

保险类老龄金融产业。保险类金融机构开发的老龄金融产品涉及商业养老保险、住房反向抵押养老保险和养老保障管理产品等。目前，我国商业养老保险的密度约为339.74元/人，保险的深度为0.48%①。整体来看，商业养老保险虽然在发展，但无论是密度还是深度，都远远低于发达国家，如美国个人退休账户（IRA）的养老保险密度为1258.7美元/人，保险深度为2.3%。随着房价的不断攀升，很多老年人拥有房产，但是没有现金养老，住房反向抵押养老保险的目的是利用老年人拥有的房产为老年人提供经济保障。目前，住房反向抵押养老保险的产品并不多。养老保障产品包括团体和个人两类，团体养老保障产品2009年开始发展，个人养老保障产品2013年开始发展。截至2019年末，养老保障管理业务已经突破1.1万亿元，其中个人养老保障业务占比超过95%。

证券类老龄金融产业。基金类金融机构是证券类老龄金融产业的市场主体，开发的产品以养老目标基金为主，主要追求养老资产的长期稳健增值。2018年8月，证监会正式批复了华夏、南方、广发等14家基金公司的14只基金成为首批养老目标基金产品。截至2022年1月18日，市场共有养老目标基金177只，市场规模超过1000亿元②。

信托类金融机构开发的老龄金融产品主要包括养老消费信托、养老金融信托、养老产业信托。养老消费信托数量少、规模小、门槛低，目前已有低于100元的普惠化个人消费信托产品入市③。养老金融信托门槛较高，规模比较小。国内最早的养老金融信托产品是兴业银行与专业信托公司联合推出的"安愉信托"。养老产业信托在市场上较多，约有9款，尤其是康养项目的数量较多。

---

① 《商业养老保险潜力巨大 消费人群呈年轻化趋势》，《华夏时报》2021年7月21日。
② 《养老目标基金规模破千亿！市场数量已达177只》，https://www.163.com/dy/article/GU2K9TR1051987V2.html，2022年1月19日。
③ 《养老金融正在爆发！盘点市面上三类养老信托》，https://www.sohu.com/a/429306516_120053697，2020年11月3日。

五 老龄金融产业发展中存在的重大问题

近年来,我国金融机构在推动老龄金融发展方面有了一定的探索,开发了一些新的产品,但是从整体上看,这些产品还远远不能满足广大国民对老龄金融的需求。

(一)全社会的金融理念滞后

老龄金融的发展离不开广大国民对老龄金融的正确认识和重视,离不开我国金融体系的发展。当前,我国虽然已经进入老龄社会,但很多人的思维还停留在储蓄养老的阶段,老龄金融对未来养老的重要作用还没有引起广大国民的足够重视。这与很多因素有关。比如,长期以来我国养老模式以家庭养老为主,通过养育子女来保障自己晚年的生活。但随着经济社会的发展以及人口结构的变化,传统的家庭养老模式越来越无以为继,需要通过社会化养老来解决养老问题,要发挥老龄金融的作用,但这种观念转变对于大部分人来说依然很慢,尤其是在农村。这也与我国金融发展阶段有一定关系。我国资本市场起步比较晚,而且发展很不成熟,广大国民缺乏金融素养,风险意识淡薄,总想赚快钱,也不愿意购买老龄金融产品。

(二)国民老龄金融有效需求不足

广大国民有一定的财富积累是老龄金融能够快速发展的前提,即在满足当前生活所需的前提下有一定的财富剩余,能够为未来做打算。改革开放以来,我国经历了多年的经济高速增长,居民平均收入水平持续提升,但是,整体来看,广大国民的收入水平依然不高。从人均 GDP 来看,2020 年我国人均 GDP 达到 10484 美元,低于世界平均水平 11033 美元,在全世界排名第 63 位[①]。

[①] 《2020 年世界各国和地区人均 GDP 排名:中国进步了、美国也前移了》,https://www.163.com/dy/article/G7DK0I0T0541HUWM.html。

从居民可支配收入来看，2020年我国城镇居民人均可支配收入达到43834元；农村居民人均可支配收入17131元，月人均不到2000元。从收入差距来看，我国1981年的基尼系数为0.31，2008年上升到0.491，达到最近几十年来的最高峰。2008年以后，基尼系数虽有所下降，但一直在高位徘徊，2017年收入差距的基尼系数为0.467①。较大的基尼系数说明我国收入差距还是很大，部分国民的收入还很低。国民收入是发展老龄金融的基础。当前大部分国民的收入状况还难以对老龄金融产业产生足够的有效需求。

（三）老龄金融市场尚未形成

发展老龄金融是为了满足广大国民老年期的生活需求，因此，购买老龄金融产品是长期投资，而不是短期投资。从目前已有的老龄金融产品来看，大部分理财产品投资期限比较短，目前试点的养老理财产品投资期限基本上在3年左右，证券类的老龄金融产品多属开放型，保险类的老龄金融产品为封闭式，但以1~2年为主。可见，从老龄金融产品的投资期限来看，市场上符合期限要求的老龄金融产品不多，很多老龄金融产品只是打着"养老"的旗号，本质上和普通产品没有差异，只不过以"养老"为名义，骗取很多老年人的信任、扩大市场规模。

（四）金融体系转型时间漫长

老龄金融是老龄社会到来后金融体系转型的产物。随着老龄社会的到来，金融体系适应社会的转型不断调整，这种调整非常缓慢，与金融机构以及广大国民的认识有很大关系。从金融机构来看，开发老龄金融产品往往受到目前金融体系的各种限制，金融机构没有足够的经验或者数据支撑，无法开发新的产品，即使开发新的产品，也无法保证产品会盈利，因而很多金融机构不愿冒险，宁愿固守传统的金融产品。从广大国民来看，很多国民受制于自身收入水平以及观念的影响，很难接受一些新开发的老龄金融产品，导

---

① 李实等：《中国经济转型40年中居民收入差距的变动》，《管理世界》2018年第12期。

致对老龄金融产品的需求不大，金融机构开发金融产品的积极性也就不高。从长远来看，传统的金融体系会随着金融市场、信用体系等一系列支撑金融发展的条件的逐步成熟不断向老龄金融体系转变。

（五）老龄金融监管难度不断加大

加强金融监管始终伴随着金融发展。调查数据显示，有30.3%的调查对象在金融消费过程中有上当受骗的经历，而且部分调查对象上当受骗的金额还相对比较高。造成这一现象有多种原因，比如消费者风险意识不足，对于市场风险没有清醒的认识，有的短期理财产品预期年化收益率逼近10%，尤其有的P2P产品的承诺年化收益率高达25%以上，其实这些产品的风险是非常高的。金融监管的不足也是导致金融风险很重要的一个原因。一般来说，金融监管往往滞后于金融创新，新的金融产品出来后出现问题才会引起监管部门的关注，因此，金融产品创新有一个监管滞后期。此外，金融产品不断创新，对监管的技术要求也越来越高，监管的难度越来越大。

六 老龄金融产业发展目标

未来30年，我国将逐步迈入高收入国家行列，在共同富裕的目标下，中产阶层规模不断扩大，老龄金融发展将迎来一个黄金期。从中期来看，到2035年，支持老龄金融产业发展的政策体系进一步完善；国民老龄金融素质持续提高；私人养老金达到一定规模，在三支柱养老保障体系中起到一定作用；老龄金融支持老龄产业发展的能力进一步增强。长期来看，到2050年，老龄金融产业非常发达，私人养老金占GDP的比重较高；国民老龄金融素质有极大提高。在实现老龄金融产业快速发展的过程中，必须在以下几个方面着重发力。

（一）树立老龄金融的新理念

老龄金融是老龄社会下的金融，是金融机构适应老龄社会的产物。由于我国进入老龄社会时间比较短，人们对老龄社会的认识还很浅，对老龄金融的认识更是处于一个概念阶段。发展老龄金融作为我们应对老龄社会的重要举措，需要引起政府、金融机构以及广大居民的高度重视。老龄金融的发展需要政府认识到老龄金融的重要性，出台相应的支持政策，鼓励金融机构大力发展老龄金融，引导广大居民购买老龄金融产品，完善整个金融环境，加快信用体系的建立，加大对金融欺诈的打击力度。金融机构是老龄金融产业发展的主体，需要充分认识到老龄金融的重要性，通过发展老龄金融应对迎面而来的老龄社会，以老龄金融替代传统的金融业务，寻找新的盈利点。广大居民是老龄金融产品的购买者，要充分认识到购买老龄金融产品的重要性。随着人均预期寿命的不断延长、家庭规模的不断缩小，传统的家庭养老方式难以为继，居民要保证自己老年期的生活，购买老龄金融产品是一个重要的安排。

（二）老龄金融产品要满足中老年人的特殊需求

老龄金融产品主要满足两类人的需求，一类是老年人，另一类是中年人，中年人是主体。面向中年人，老龄金融产品要能满足中年人老年期的需求，一是投资期限比较长，按照我国实际情况，以50岁为起点，60~65岁开始使用这笔资金，投资期限应在10年及以上比较合适。二是封闭运行。购买老龄金融产品的目的是满足投资者老年期的流动性需求，因此需要控制中年时期非必需的流动性需求，通过封闭运行投资者的资金达到这一目的。当然，需要设定合理的应急赎回机制，更好地体现老龄金融产品保障老年期生活的作用。三是收益比较稳健。有一个稳定的预期收益率，确保资产的保值增值。四是投资门槛比较低。老龄金融产品是为广大国民准备的，每一个人都会老，每一个人都有为自己老年期做准备的需求，因此，购买老龄金融产品的门槛不能太高，要适合我国的国情。

（三）老龄金融有一定的市场规模

随着1962~1976年人口高峰期出生的这一批人步入老年期，我国人口

老龄化将进入加速发展期,老年人口增速年均在1000万人以上,要维持目前的养老保障体系,财政需要提供更多的补助资金,这对于未来我国财政资金提出很大的挑战。因此,需要从养老保障体系的改革、老龄金融产品的供给等方面合力推动老龄金融的供给,实现老龄金融的稳定快速发展,这既是应对老龄社会的需要,也是维持未来经济社会稳定可持续发展的需要。

七 加快老龄金融产业发展的政策建议

加快发展老龄金融产业,既需要从供给方出发,完善产业政策,丰富产品供给,也需要从需求方着手,提高有效需求。

(一)扩大中等收入群体的规模

发展老龄金融产业的基础是广大国民的收入不断提高,中等收入群体的规模不断扩大。目前,针对中等收入水平有各种标准,无论哪种标准,我国中等收入群体的规模还比较小,低收入者依然很多,约6亿人口的平均每月收入只有1000元左右。未来需要进一步扩大中等收入群体,一是稳定现有中等收入群体的收入增长,持续提高他们的收入水平。二是增加低收入人群的收入,不断扩大中等收入群体规模。三是加大收入再分配政策的调节力度,缩小收入差距。四是促进人力资本投资的均等化,缩小低收入人群的规模。

(二)做好老龄金融产业发展的规划

老龄金融产业目前虽然处于起步状态,但是其发展的重要性不言而喻。从理论上来说,老龄金融的发展应该由市场去推动,只要有需求,金融机构就有动力去开发老龄金融产品。但从目前老龄金融产业发展缓慢的现状来看,金融机构发展动力并不是很足,因为发展老龄金融产品不能带来足够的利润。政府应该破除体制机制上的障碍,做好规划,为市场主体发展老龄金融产业营造良好的环境,促进产业的发展。

（三）建立老龄金融产业发展的监测体系

完善的监测体系是指导老龄金融产业发展的依据。对此，首先要建立老龄金融产业的统计指标体系，根据老龄金融发展的实际情况，选取有代表性的指标，能够准确、完整地代表老龄产业的发展情况。其次是利用统计指标体系加强老龄金融产业的监测，为出台老龄金融产业发展政策提供基础数据。最后，要根据实际情况不断修正指标体系，使之符合发展的实际情况。

（四）加强老龄金融科技的创新

金融的发展离不开信息技术的发展，同样，老龄金融的发展也离不开信息技术的发展，金融信息化水平的不断提高加快老龄金融服务管理创新。由于老龄金融的很大一部分对象是老年人，在不断提升老龄金融的信息化水平的同时做好信息无障碍工作，确保老年人享受到科技带来的便利，避免信息化将老年人排斥在外。此外，加强老龄金融的信息安全防护体系，大幅提升信息系统抵御风险能力。加强金融信息化标准体系建设，不断推进信息化标准检测认证。

（五）强化消费者权益保护

金融领域诈骗事件时有发生，尤其是对于老年人来说，很容易上当受骗，加强消费者权益保护对于促进老龄金融产业发展非常重要。一是加强消费者教育，让消费者树立风险意识，风险和收益是成正比的，收益越高，风险越大，要想取得高收益，必须承受高风险。同时要不断提高消费者的金融素质，掌握保护措施，提高保护能力。二是要借鉴发达国家的经验，加强金融消费者权益保护制度和组织机构建设，一旦消费者权益受到侵害，有正常渠道去申诉，有相关机构来处理。三是加大对金融机构侵害消费者权益的处罚力度，提高它们侵害消费者权益的成本，使其认真遵守消费者权益保护的法律法规，信守对公众的承诺。

（六）完善老龄金融发展的监管政策

加强监管是金融发展过程中始终不变的话题。老龄金融作为一种新的金融模式，不断推出新的金融产品是必然趋势，需要金融监管部门跟进，减少风险的发生。从宏观来看，促进老龄金融和实体经济的结合是监管的核心。长期资金不能在金融领域空转，而是要服务于实体经济、促进实体经济的发展、防止发生系统性风险。从微观来看，在允许老龄金融产品创新的同时，加大打击力度，让不法分子提高违法成本。

（七）加强老龄金融人才培养

金融人才是老龄金融产业发展的基础。一是要面向金融实践的发展，完善金融人才的培养体系，培养实用型人才。同时加强金融人才的引进，将培养和引进有机结合。二是完善金融人才的评价体系，通过合理的金融业薪酬体系体现人才的价值，完善人才的激励约束机制。三是规范金融行业准入资格和专业技术资格认证管理，优化金融人力资源配置，促进人才合理流动。四是加强金融人才的信息库建设，完善后备人才储备。

（八）加强行业协会建设

行业协会是促进行业健康发展的重要组织。加强行业组织建设，一是要完善行业协会的治理结构，提升行业自我管理水平，让行业协会切实起到应有的作用。二是进一步厘清金融监管、自律组织和市场的边界，发挥行业协会提供服务、反映诉求、规范行为的作用，增强行业公约的约束力，督促会员依法合规经营，不断提升服务质量，依法维护行业合法权益。

八 实施老龄金融产业发展的重大工程

（一）促进国民老龄金融素质提升工程

国民的老龄金融素质不高是制约老龄金融产业快速发展的重要因素。在当前我国快速老龄化的背景下，很多人并没有意识到人口老龄化的严重性，没有意识到老龄金融在未来生活中的重要性。可将提高国民的老龄金融素质纳入目前正在开展的人口老龄化国情教育当中，在宣传人口老龄化严峻趋势的同时，宣传金融应对人口老龄化的重要作用，不断推动广大居民老龄金融素质的提升。

（二）加快实施老龄金融基础设施提升工程

老龄金融基础设施是推动老龄产业快速发展的基础。老龄金融基础设施建设不仅是改变目前已有的部分设施，满足广大老年人的需求，方便老年人金融活动，更是从整个金融领域出发，对金融基础设施进行改造和建设，如进一步健全金融市场的登记、托管、交易、清算系统，加快建立覆盖全社会的征信体系，完善国家金融信用信息基础数据库，加快建立金融业统一征信平台。促进我国信用评级机构发展，增强竞争力和公信力等。总之，加强金融基础设施建设是一个系统性工程，一方面要满足整个金融领域快速发展的内在要求，另一方面也要考虑整个人口年龄结构的变化，将规模日益庞大的老年人口放在整个金融服务的对象之中考虑，既要满足年轻人的需求，也要满足老年人的需求。

（三）推动涉老保险发展计划

老年人是最需要购买保险产品的人群，但是目前市场上老年人专属保险产品有效供给不足。老年人群购买力相对较弱，而老年人保险产品保费又相对较高，保障杠杆又不高，身体不好的老年人难以买到保险产品，这些都制约了老年人保险产品的供给。随着人口老龄化的不断加剧、老年人规模的不断扩大，大力发展老年人保险势在必行。一是要鼓励保险公司结合老年人风险特征和需求特点，有针对性地开发专属保险产品。二是要明确老年人保险产品的重点发展方向，在疾病险、医疗险、长期护理险以及意外险等领域加大力度，重点开发，以适应目前人口老龄化快速发展的这一趋势。三是创新服务手段，充分利用互联网等技术，简化理赔流程，为老年人提供便捷易得、高效优质的服务。

(四)老龄金融支持老龄产业发展计划

老龄产业利润率低,盈利周期长,融资难,需要长期资本支持其发展壮大。目前,支持老龄产业发展的政策性金融较多,如政府成立的产业引导基金、产业债券、政策性贷款。目前的政策性金融支持目标基本集中在老龄服务业上,对其他老龄产业支持较少。老龄金融作为长期资本,非常适合支持老龄产业发展,随着老龄金融规模的不断扩大,老龄金融支持老龄产业发展的范围和强度不断扩大与提升,从老龄服务业向老龄制造业、老龄宜居业、老龄健康产业拓展。

参考文献

党俊武:《老龄金融是应对人口老龄化的战略制高点》,《老龄科学研究》2013年第5期。

李实等:《中国经济转型40年中居民收入差距的变动》,《管理世界》2018年第12期。

杨晓奇等:《我国老年人收入消费现状及问题分析》,《老龄科学研究》2019年第5期。

杨晓奇等:《我国老龄金融产业发展的思考》,《老龄科学研究》2020年第8期。

B.3
老龄制造产业中长期发展研究

魏彦彦 段宏莉*

摘　要： 中国已进入老龄社会，中国经济也正处于结构转型中，正在向老龄化经济体转变。在此背景下，大力发展老龄制造产业，一方面可以助推经济社会持续发展，另一方面也是积极应对人口老龄化的重要举措。本报告对老龄制造产业进行分类，探讨了老龄制造产业的重大需求和发展现状，剖析了存在的重大问题，提出了中长期发展目标以及为构建、完善老龄制造产业体系要实施的重大工程等。

关键词： 老龄制造产业　老龄用品　中长期规划

一　研究背景

（一）大力发展老龄制造产业是积极应对人口老龄化的必然选择

党的十九届五中全会通过的《中共中央关于制定国民经济和社会发展第十四个五年规划和二〇三五年远景目标的建议》，提出"实施积极应对人口老龄化国家战略"。这一战略的实施，事关国家发展全局，事关百姓福祉，对"十四五"和更长时期我国经济社会持续健康发展具有重大和深远

---

* 魏彦彦，副研究员，中国老龄科学研究中心《老龄科学研究》编辑部主任，研究方向为老龄文化、老龄产业；段宏莉，华润三九工业设计中心（深圳市制造业工业设计中心）主任，研究方向为老龄制造、老龄健康领域战略研究与规划、适老化工业设计。

的意义。党和政府高度重视老龄事业及老龄产业的发展,《"十四五"国家老龄事业发展和养老服务体系规划》明确提出大力发展银发经济,发展壮大老年用品产业,促进老年用品科技化、智能化升级。通过加强老年用品研发制造、促进优质产品应用推广、鼓励发展产业集群、强化老年用品的科技支撑、推广智慧健康养老产品应用,实现老龄制造产业的科技化和智能化升级。这为老龄制造产业发展指明了路径,促进老龄制造产业驶入发展的快车道,是积极应对人口老龄化战略的必然选择。

(二)大力发展老龄制造产业是把握未来经济竞争制高点的重要基石

制造业是立国之本、强国之基。实体经济是国民经济的基石,制造业是实体经济的基础。当一个国家失去制造能力时,同时也在失去创新能力。发展实体经济,重点在制造业,难点也在制造业。中国是世界第一制造业大国,制造业高质量发展是推动我国经济由量大转向质强的重中之重,是一个现代化大国必不可少的。中国也是世界第一劳动力大国,但同时也面临人口加速老龄化的现实。2020年第七次全国人口普查数据显示,我国人口老龄化水平已达到18.70%,人口老龄化程度持续加深。制造业升级的压力与人口老龄化的挑战相叠加,虽然难以在短期内完全解决问题,却也面临新的机遇。把"老龄"和"制造"放在一起:利用老龄经济兴起和制造业复苏的契机,抓住全球范围内新一轮产业结构调整和科技革命的机会,提高自主创新能力,大力发展老龄制造产业,把握未来经济竞争的制高点。

(三)大力发展老龄制造产业是保持老龄社会宏观经济持续增长的重要动能

21世纪是人口老龄化的时代。据预测,2030年,我国60岁及以上的老年人口将达到3.7亿,2053年达到最高峰,届时老年人口将达到4.87亿,占到总人口的35%左右。随着老龄化程度不断加深,我国老龄用品的刚性需求将不断释放。发展老龄制造产业不仅可以解决全体公民老年期的需求问题，更是老龄社会条件下发展新经济、推动国民经济健康持续发展的重大议题，老龄制造产业将成为国民经济新的增长点。

未来，中国将拥有全球最大的老龄产业市场，老龄社会和制造业相融合，迎来从"中国制造"上升为"中国高端制造"的契机。老龄制造产业是全球性的，中国老龄制造产业的发展不仅可以造福全球，还将使旧的经济模式转变为新经济模式，在世界人口老龄化的进程中开拓全球市场，形成老龄社会条件下推动宏观经济持续增长的重要动能。

（四）大力发展老龄制造产业是提高全体公民晚年期生活质量的现实需要

中国拥有世界上最多的老年人口和最大的潜在老龄用品市场。随着人口老龄化的加速发展，高龄老年人口、失能老年人口以及患有慢性病的老年人口也在以较快的速度持续增长，整体数量非常庞大。这些特殊老年人口消费需求潜力巨大，他们对康复辅具、保健食品及药品等老龄用品都有着较强的刚性需求。同时，中国特色社会主义进入新时代，已经全面建成小康社会，经济快速增长，人民生活水平也持续不断提高，在此背景下，老年人及其家庭对老龄用品的需求也将不断细化和增加，老龄制造产业将迎来空前的发展机遇。①

2019年，工业和信息化部等五部门联合发布《关于促进老年用品产业发展的指导意见》（工信部联消费〔2019〕292号），提出到2025年，老年用品产业总体规模超过5万亿元。《"十四五"国家老龄事业发展和养老服务体系规划》明确提出发展壮大老年用品产业，加强老年用品研发制造。但是，从供给的角度看，老龄制造产业刚刚起步，产业体系还存在若干问题，而这些问题都关系着"民生"的质量。因此，加快发展老龄制造产业，

---

① 魏彦彦：《老龄制造产业发展及其指标体系研究》，载党俊武、王莉莉主编《中国老龄产业发展及指标体系研究》，社会科学文献出版社，2021。

不断满足老年人持续增长的老龄用品需求，将有利于提高全体公民老年期的生活质量，满足全体公民对共享社会发展成果的期待，这也是全面建成小康社会的一项重要工作。

二　老龄制造产业的定义及分类

（一）老龄用品和老龄制造产业的界定

目前，学界和产业界对于老龄用品还没有统一的定义。使用较多的概念是"老年用品""老龄用品"等，从已有研究来看，"老年用品"更多的是从狭义的微观视角提出的，也就是指以老年人为主要消费人群的任何器械、器具、用具和物品，包括所需的软件，以满足老年人因残障、疾病、体弱或其他特殊的身体、心理特点而产生的对物品的特殊需求。而本研究认为，在界定概念时应充分考虑以下两个视角：一是中观的生命历程视角，老龄用品主要是用于满足人们在增龄过程中因身心功能变化而产生的特殊需求；二是宏观的老龄社会视角，要立足于老龄社会的大背景来界定老龄用品。因此，基于产业发展现状，本研究以中观的生命历程视角对老龄用品的定义如下：为满足全体公民老年期基于身体、心理特点产生的特殊需求而生产的器械、器具、用具和物品等。凡是满足衰老过程中产生的相应需求的产品，都属于老龄用品。老龄用品属于"物"的范畴，这是与老龄服务的根本性区别。[①]

老龄制造产业是老龄社会条件下的一种新业态，是面向公民老年期，从事老龄用品生产、销售、租赁以及提供相关服务的生产部门和企业的集合体，属于实体经济，是老龄产业的重要组成部分。老龄制造产业是未来老龄化经济体的基础支撑，是真正意义上的实体经济，更是保持老龄社会宏观经济持续增长的重要动能。

[①] 魏彦彦：《我国老龄制造业发展现状、问题与趋势分析》，《老龄科学研究》2020年第10期。

（二）老龄制造产业的分类

2020年，国家统计局颁布了《养老产业统计分类（2020）》（国家统计局令30号），该分类将养老产业范围确定为12大类，其中与老龄制造产业相关的主要包括两大类，即老年用品及相关产品制造，老年用品及相关产品销售和租赁。但是，目前关于老龄用品的分类研究仍处于起步阶段，还未形成一个完整的分类体系，也没有相应的老龄用品目录。学界及产业界对老龄用品的分类仍未形成共识，在实际操作中，各种老龄产业博览会的展品陈列通常按照老年群体的不同需求，将老龄用品分为康复器械类、生活用品类、文化休闲类等三大类；而更多的研究者往往通过直接列举具体产品的形式来说明其产业构成。

随着年龄增长，进入老年期后，人的生理和心理都会出现一些变化，随之会出现一些特殊性需求，这些需求往往具有多元性，老龄制造产业的目的就是满足老年期的需求，因此，老龄用品种类繁多，覆盖了生活的方方面面。本研究采用新的分类思路，参照《养老产业统计分类（2020）》，基于老年人的主要需求，以老龄用品的核心功能和用途为标准，同时兼顾行业发展现状和未来发展趋势，将老龄制造产业分为八大类。

老龄食品制造业。指适合老年人群营养健康需求的饮食产品的制造，包括营养食品和保健食品的制造。主要是作为日常膳食使用的各类易食食品、老年营养配方食品、老年营养补充食品、老年保健食品、针对老年病患的配方食品、特色中医药保健食品等的制造行业。

老龄服装服饰制造业。指适合老年人群的服装、手套、袜子、围巾、帽子、鞋等的制造。包括具有安全防护、蓄热保暖功能的中老年服装服饰，具有防跌倒等功能的老年鞋，适合老年特定人群的个性化服装服饰以及护理用纺织品等的制造行业。

老龄家居家具制造业。指基于老年人群对家居环境的特殊要求，坐卧类家具产品、柜类家具产品和凭倚类家具产品等的制造。包括具有安全保护功能的灶具、无障碍洗澡设施、可升降马桶、具备助起助坐助卧功能和安全防护功能的家具产品的制造行业。

老龄药品及医疗器械制造业。包括维护、调节、促进老年人生理、心理机能的药品的制造和用于病房护理、老年病的康复理疗等医疗设备的制造。包括老年常见病和特有病药品、中草药、康复辅助材料、植入介入医用材料等的制造行业。

老龄康复辅具制造业。包括老年人居家生活辅具、老年行动辅具、老年沟通与信息辅具、老年康复器材、老年人护理辅具等的制造行业。

老龄电子设备制造业。包括适老化的家用电器，符合老年人视听习惯的智能电子产品，用于定位和急救报警的紧急呼叫器，适合老年人用的可穿戴智能设备等的制造行业。

老龄文教、体育和娱乐用品制造业。包括有助于训练老年人思维能力的益智类产品，文房四宝等文化用具，弦管等乐器，适合老年人休闲锻炼的家用健身器材及户外路径器材，以及丰富老年人日常娱乐生活的收音机、看戏机、大字号电子书等的制造行业。

老龄丧葬用品行业。包括提供丧葬和祭奠用品等的行业。

三 老龄制造产业的中长期重大需求研究

在今后相当长的一个时期内，我国人口老龄化程度呈逐年加深态势，老年群体的绝对数量和在总人口中所占比例不断提高，形成了日益旺盛的老龄用品消费需求。同时，随着我国经济社会的快速发展，全体人民共享发展成果，老年人的消费能力也逐渐提高。

由于老年群体具有很强的异质性，他们的特殊性需求也具有多元性，因此，老龄用品的范围极为广泛，涉及老年人生活的各个方面。本报告基于全生命周期视角，以服务于全体公民的老年期为出发点，依据老龄用品的核心功能和用途，同时兼顾老龄制造产业的特点，从产业细分的角度对老龄制造产业的中长期重大需求进行分析。

（一）主要需求内容

功能性食品需求。包括老年保健食品、适合老年人的营养食品、适合老年病患者的特殊食品以及"药食同源"的保健养生功能食品等。

功能性服饰需求。包括具有安全防护、易护理、蓄热保暖、吸湿速干、拉伸回弹等适老功能的老年服装服饰，具有适合老年人足部健康、防滑、防跌倒等功能的鞋袜，适合老年人生理特点并满足其特殊需求的个性化服装服饰等。

智能化日用品需求。包括具有安全保护功能的适老化家电、家具产品，具备安防监控功能的厨房用品、辅助起卧用品、家务机器人等智能化适老家居产品，具备跌倒防护功能的轮椅、智能人体力学拐杖、助行机器人等智能助行产品，符合老年人视听习惯的智能助视器、高端助听器、辅助阅读和发声的适老化计算机软硬件和手机应用程序等交流通信产品。

健康管理类产品需求。包括针对老年人健康管理需求的人工智能产品、便携式健康监测设备、健康预警设备和可穿戴生理参数监测设备等。

康复辅具产品需求。包括用于认知障碍评估和训练的康复辅具产品，老年人能力评估和日常活动训练等康复辅具产品，用于康复辅助训练的机器人等。

文化用品需求。包括有助于锻炼大脑思维能力、延缓智力衰退的老年益智类玩具，适合老年人康体休闲需求的健身器材，丰富老年人日常娱乐生活的休闲娱乐产品等。

（二）主要需求特征

进入新时代，在经济社会快速发展的同时，老年群体的生活保障进一步得到提高，消费水平和需求也发生变化。

一是从刚需型到改善型。随着20世纪60年代出生的人群进入老年期，老年群体的消费需求将迎来一些明显的变化，其需求从刚需型的必需品扩展到改善型的用品。因此，老龄用品的发展不能再局限于大量低端重复的产

品，而应该致力于开发更有技术含量的中高端产品。

二是产品的智能化升级。随着信息技术的发展，智能化产品已经在日常生活中占据越来越重要的位置，在老年群体的生活中尤其发挥着不可忽视的作用。强化老龄用品的科技支撑，推进人工智能在老龄制造产业的深度应用，就显得尤为重要。

四 老龄制造产业现阶段主要发展态势研究

中国拥有世界上最多的老年人口，他们将是未来老龄产业最大的消费群体，将在中国形成一个全球未来最大的老龄用品市场，而且，这个市场还将随着人口老龄化的快速发展而不断扩大。随着我国经济社会的快速发展，人民生活水平日益提高，老年人的需求日渐旺盛，他们对老龄用品有了更高的要求，老龄制造产业将迎来空前的发展机遇。

（一）老龄制造产业的政策支持逐渐加强

进入新时代，我国社会的主要矛盾是人民日益增长的美好生活需要和不平衡不充分的发展之间的矛盾，同时，伴随人口老龄化程度的迅速加深，老年人的需求不断提升。为解决这一矛盾，提高广大人民老年期的生活质量，党和政府制定了一系列促进老龄制造产业发展的政策。2017年，《"十三五"国家老龄事业发展和养老体系建设规划》提出繁荣老年用品市场，包括增加老年用品供给和提升老年用品科技含量；2019年，工业和信息化部、民政部、国家卫生健康委员会、国家市场监督管理总局、全国老龄工作委员会办公室等五部门印发《关于促进老年用品产业发展的指导意见》，提出逐步构建完善的老年用品产业体系；2021年，《中共中央 国务院关于加强新时代老龄工作的意见》提出积极培育银发经济，要求相关部门制定老年用品目录，各地要推动行业规范发展，企业和科研机构要加大研发制造力度；《"十四五"国家老龄事业发展和养老服务体系规划》提出在大力发展银发经济过程中，强调要发展壮大老年用品产业，促进老年用品科技化、智能化升级。这一系列政策文件为促进老龄制造产业的发展提供了有力的政策支持。

(二)老龄制造产业的市场供给日趋丰富

作为一个朝阳产业,我国老龄用品市场拥有巨大的需求潜力。首先是随着人口老龄化的快速发展,日趋庞大的老年人口为老龄用品市场提供了巨量的潜在消费群体。其次是随着我国经济的持续增长,社会保障水平也逐步提高,人民生活得到更好的保障,老年人的有效消费需求日益扩大。因此,老龄用品市场的重要性日益凸显。

随着积极应对人口老龄化国家战略的实施,越来越多的企业认识到老龄产业的重要性,开始主动转型升级,加强产品的适老化研发、扩大老龄用品的品类,拓展消费渠道,培育消费市场。作为世界工厂,中国老龄制造产业具备得天独厚的优势、强大的产品制造能力,不断丰富老龄用品的市场供给,消费者也能拥有更多的选择。

其中,老龄康复辅具制造产业发展势头迅猛。康复辅具的市场潜力巨大,因为对于失能半失能老人和失智老人来说,它是提高生活质量的刚需品。尤其是在进入21世纪以后,为了满足人民群众对生活质量的追求,康复辅具行业进入历史性跨越发展阶段,目前,我国已经初步建立老年辅助器具的"省、市、县"三级销售服务体系。[1]

老龄电子设备制造产业方兴未艾。在数字经济蓬勃发展的背景下,智能产品正在改变老年人的生活方式,老龄电子设备制造产业运用现代人工智能技术生产适合老年人的产品,帮助老年人跨越数字鸿沟、提高晚年期生活质量。老龄用品科技化、智能化升级是"十四五"时期银发经济发展的重要内容,也是老龄制造产业的一个新增长点。老年人已经成为方兴未艾的智能产品行业的目标消费群体,可穿戴设备、智能家居设备、智能助行产品和智

---

[1] 冯倩:《康复辅助器具研究现状:理论与文献》,载江华、张航空、冯喜良等著《北京康复辅助器具(老年)发展报告(2018)》,社会科学文献出版社,2018。

能社交产品都正在迅速成为老年人生活的"必备品"。因此,老龄电子设备制造产业要结合"十四五"国家重点研发计划相关专项的实施,实现老年用品研发制造的重大科技攻关。

老龄丧葬用品行业呈现增长趋势。中国是世界上老年人口最多的国家,具有自己独特的丧葬文化传统,因此,也成为老年殡葬用品市场消费潜力最大的国家。无论城市发展如何,居民对于殡葬是存在刚需的,无论是需求群体的总量还是在殡葬过程中所投入的费用都在逐年递增,中国殡葬协会预测到2023年我国殡葬业消费将达到万亿元①。

(三)老龄制造产业的消费环境更加成熟

在老龄制造产业发展过程中,曾经出现一些乱象。整个社会对老龄用品的了解认知还处在一个初期阶段,一方面是作为消费者对老龄用品缺乏足够的辨别力,另一方面也存在市场监管力度不够的问题,因此,中国老龄用品市场存在一些欺骗老年消费者、虚假销售、产品参差不齐,甚至劣币驱逐良币的现象。

随着经济社会的持续快速发展,老年人的保障水平也逐步提高,消费能力逐渐增强。而老龄制造产业的发展,最关键的因素就在于培育良好的社会消费环境,扩大有效需求。随着有效需求的增长,老龄用品市场逐步形成规模,生产成本和产品单价降低,消费市场进一步繁荣,老龄制造产业进一步发展。②

同时,随着老龄制造产业政策体系的逐渐完善,全社会对老龄用品有了更为全面而深入的认识。政府、社会和市场共同努力,推动老龄产业和事业共同发展,积极培育老年人正确的消费观,逐步完善老龄用品消费环境。

---

① 《养老地产的冷门领域,黑灰色彩的朝阳产业》,http://www.sohu.com/a/253148455_100181030。
② 伍小兰、魏彦彦、曲嘉瑶:《中国老龄用品业的现状分析与对策研究》,《老龄科学研究》2015年第11期。

(四)老龄产业协会的作用突出

2010年,中国老龄产业协会正式成立。中国老龄产业协会是老龄产业领域第一个全国性的行业组织,自成立以来,产业协会致力于维护行业利益、推动行业发展和提升行业影响力,发挥了重要的推动和引导作用。

老龄制造产业是老龄产业的重要组成部分,因此,中国老龄产业协会专门设置了老年用品专业委员会。老年用品专业委员会在行业发展中发挥了突出作用,组织开展了老年用品行业的基础性研究,包括一系列行业标准的推出;推选了一些优秀的老年用品销售示范单位,树立了市场销售的典范;致力于打造老年用品行业的知名品牌,发挥了品牌效应,有效地推动了行业的规范发展。

中国老龄科学研究中心也成立了养老品牌实验室,旨在收集国内外的老龄产业品牌信息,挖掘和评价优秀老龄产业品牌,编制老龄产业品牌发展报告,打造引领中国老龄产业发展的品牌企业。[①]

五 老龄制造产业发展中的主要问题

制造产业是实体经济的重要组成部分,老龄制造产业也是老龄社会实体经济的基础支撑,更是老龄社会中现代化经济体系的一部分。老龄制造产业的发展潜力巨大,但总体来看,目前尚处于起步阶段,面临的问题复杂而深刻,专项产业规划缺失,行业监管缺位,技术自主创新不足,产业链仍不完善。

(一)产业理念滞后,发展规划依然缺失

意识先于行动,理念对一个产业的发展来说至关重要。目前,在老龄制

---

① 伍小兰、魏彦彦、曲嘉瑶:《中国老龄用品业的现状分析与对策研究》,《老龄科学研究》2015年第11期。

造产业领域，对产业的认识还存在一些偏差，这些问题可能会导致顶层设计以及具体的发展战略规划发生偏差。因此，老龄制造产业发展中的首要问题就是产业发展目标、重点发展任务和领域仍不明确。

首先是决策层面对老龄制造产业的发展理念有一定的短视性，科学的中长期专项发展规划的缺失，直接制约了整个行业的快速发展。老龄产业领域虽然已经出台一系列政策文件以促进产业发展，老龄制造产业领域也有了一些政策支撑。2019年，工业和信息化部等五部门联合发布了《关于促进老年用品产业发展的指导意见》，这些政策都将惠及老龄制造产业。但是，这些政策仍然是一些原则性的要求，距离实际操作层面还存在一定差距[①]。

其次是产业界本身对老龄制造产业的重要性认识不足，缺乏对产业的长远规划和持续投入。目前，要解决老龄制造产业面临的一系列问题，既需要决策层面做好顶层设计与中长期规划，更需要产业界从行业长远发展的视角做好产业布局。

（二）产业组织缺位，产业结构尚未健全

老龄制造产业的相关产业组织培育滞后。目前，老龄用品的生产企业和销售企业虽然已经逐步认识到老龄用品市场所蕴藏的巨大潜力，但营商环境、产业政策和有效消费需求不足等多方面的原因，导致它们"浅尝辄止"，仍处于观望等待状态。产业组织缺位，难以对它们进行引导，行业也很难形成良性竞争的发展格局，整个产业发展就会滞后。除老年保健品和医药产品外，其他老龄用品不仅生产商和销售商培育滞后，而且研发组织和产业孵化组织非常匮乏[②]。

老龄制造产业的产业结构尚未健全。老龄化的快速发展已经成为全社会

---

① 睢党臣、张婷：《人口老龄化背景下发展银发经济的探讨》，《石家庄经济学院学报》2016年第1期。
② 党俊武：《新时代中国老龄产业发展的形势预判与走向前瞻（上）》，《老龄科学研究》2018年第11期。

关注的焦点，积极应对人口老龄化已经上升为国策。但是，老龄制造产业发展仍然缺乏足够的政策支持，老龄用品市场也并没有获得与老年人实际需求相匹配的关注度。市场上现有的老龄用品种类还远远不够，产品品类存在空白，产品线不够丰富，这背后反映的实质性问题是老龄制造产业的产业发展仍不完善，老龄制造产业的产业体系尚未真正形成，更多的还是纸上谈兵。

（三）科研投入不足，企业创新仍然乏力

老龄制造产业包括八大领域，老龄用品涉及老年人生活的方方面面，产品品类极其丰富，产品背后的研发具有很强的综合性，通常会涉及多个专业，具有较强的学科交叉性。然而，很少有大学的专业教育能够对应老龄制造产业的各个领域，导致科研的理论基础比较薄弱。同时，研发投入不足导致产品同质化严重，很多产品都处于低端模仿阶段，具有较高科技含量、自主知识产权的高端产品比较少，更多的是技术含量比较低的中低端产品。

老龄制造企业研发创新乏力的原因主要有四点：一是老龄科学是一门新兴的交叉学科，理论研究仍有不足，研究基础较为薄弱，导致对老龄制造产业的科研支持力度不够。二是我国对知识产权的保护在操作层面仍然存在不足。我们在调研中发现，企业一致反映在被模仿、抄袭和侵权的事件面前无可奈何。他们投入大量资源进行新产品的研发，新产品一上市就可能被模仿和抄袭，而侵权者却很难被追责。三是企业研发创新需要大量人才和时间投入，成本较高。单靠企业，很难保证新产品研发的可持续投入。四是供需之间出现偏差。产品的研发，需要了解供需双方的反馈，一方面是供给侧重视产品质量和功能，另一方面需求侧也有自己的要求。而目前的老龄用品市场存在一定的"价格为王"所导致的劣币驱逐良币现象，这就导致老龄制造企业缺乏技术创新的动力。

（四）营商环境不佳，市场存在失序

目前，老龄制造产业的营商环境不佳，存在一定的行业监管缺位和行业标准缺失现象，尤其在老年人关注度高、受骗率高的老年康复辅具和老年保健品行业。康复辅具的准入缺乏国家标准，养老辅助器具的硬性规定和要求

尚未出台，而现有的产品检测系统相对滞后，无法跟上新型产品的发展，导致监管乏力。而保健品行业则长期存在多头管理的现象，导致出现乱发证的情况，让一些假冒伪劣产品流入市场。这些问题的存在，不但损害了老年人的合法权益，而且会导致在老龄用品市场上出现劣币驱逐良币的态势，严重阻碍老龄制造产业的健康发展。

老龄制造产业存在市场失序的现象。如市面上越来越多的老年代步车，这些代步车很多都属于非法拼（组）装产品，没有合法的登记手续，没有牌照和保险，车辆驾驶者也没有机动车驾驶证，存在巨大的道路交通安全隐患。这些现象都严重扰乱了市场秩序，不利于老龄制造产业的发展。①

综上，从整体上看我国的老龄制造产业有了一定的发展，市场领域逐步拓展，产品品类日趋丰富，产业体系也在逐渐完善。但是，老龄制造产业的发展仍然面临一些突出问题，无论是外部环境还是内生动力都有不足，市场还不成熟，仍然处于培育阶段；需求和供给仍存在错位，"有货无市"和"有市无货"两种现象同时并存，尚未形成有效"共振"。当然，这些都只是中国老龄制造产业发展外显出来的表面问题。实际上，目前我国老龄制造产业的中长期发展仍然面临许多深层次问题，产业发展的顶层设计仍不完善，产业支持体系尚未建立，产业链条尚未形成，需求侧的有效需求不足依然是关键，中高端产品的研发和销售仍然低迷。我们仍需在对现存问题深入分析的基础上，积极探索老龄制造产业发展模式，走出一条积极应对人口老龄化的中国道路。

六　老龄制造产业中长期发展目标

据预测，2025年我国60岁及以上老年人口将突破3亿人，2035年前后将突破4亿人，到21世纪中叶将达到4.8亿人左右的峰值。② 中共中央总书

---

① 伍小兰、魏彦彦、曲嘉瑶：《中国老龄用品业的现状分析与对策研究》，《老龄科学研究》2015年第11期。
② 《全国政协副主席：2025年我国60岁以上老年人口将突破3亿人》，https：//www.jiemian.com/article/3695889.html。

记习近平在党的十九大报告中提出，2020~2035年，中国在全面建成小康社会的基础上，再奋斗十五年，基本实现社会主义现代化。在这关键的十五年中，政府要做好政策设计和引导工作，践行新发展理念，深化供给侧结构性改革。

未来，我国老龄制造产业发展前景十分广阔，总体发展目标是：老龄制造产业将成为新的经济增长点和重要动能。通过实施创新驱动发展战略，充分发挥科技创新引领带动作用，培育龙头骨干企业，丰富产品品种、提升产品品质、创建产品品牌，逐步构建完善的老龄制造产业体系，增强适应老龄社会的产业供给能力，不断满足老年人日益增长的多样化、多层次消费需求，迎来老龄制造产业的万亿蓝海市场。[①] 结合我国目前的经济形势和老龄制造产业的特点来看，未来的发展目标主要有以下几个方面。

（一）近期目标：2020~2035年

到2035年，老龄制造产业总体规模超过5万亿元，产业体系基本建立，市场环境持续优化，逐步推进创新技术、丰富产品、完善服务和加强应用，形成市场各要素协调发展的良好格局。

政策体系明显健全。形成发展老龄制造产业体系的政策框架，为老龄制造产业的发展提供强大且可操作性很强的政策支撑。应包括老龄制造产业的专项法律法规、中长期规划、老龄用品指导目录以及行业系列标准等内容。

创新能力明显增强。进一步扶持发展以老龄制造企业为主体的技术创新体系，其中，重点骨干企业的研究经费支出占主营业务收入的比重超过2%。鼓励各级政府与社会资本合作，共同支持企业产品研发和创新。积极培养老龄制造产业领域的创新型人才，加大新技术新应用新业态的引才用人力度，为适老化产品研发制造等领域培养、引进和储备专业人才。建立老龄制造产业发展专项基金，加强产学研用协同创新和关键共性技术产业化，促

---

① 《五部门印发〈关于促进老年用品产业发展的指导意见〉的通知》，https://www.miit.gov.cn/jgsj/xfpgys/wjfb/art/2020/art_5c6699c1a9cf4accb0847003ea0f6138.html。

进基础研究和产业应用的交叉融合。

供给水平明显提高。从老年群体的需求出发,促进各个领域老龄用品的升级换代,推动智能化产品的发展,使得产品种类更加丰富。

标准体系明显完善。梳理现有的老龄用品产业标准,进一步整合、修订和完善。加大对国际标准的采标力度,使老龄用品的产品质量标准、检验检测和认证认可体系逐步实现与国际接轨。

品牌发展明显加快。强化老龄制造产业重点领域的品牌建设;注重老龄产业与其他产业的融合发展,强强联合,通过战略合作,共铸更强大的品牌;鼓励地方培育区域品牌,建立适应市场需要的品牌体系;通过老龄用品博览会等活动,加强品牌宣传、扩大品牌影响力。

市场环境明显优化。政府公共服务能力显著提高,加大对知识产权的保护力度;加强对老年群体的消费引导,繁荣消费市场,改善消费环境;市场监管力度不断加大,加强规范市场行为。

(二)远期目标:2036~2050年

探索产业发展新模式,加快社会化、民营化、市场化进程,具有中国特色的老龄制造产业体系进一步完善;在老龄制造产业领域培育一批具有核心竞争力的大企业和具有国内外影响力的知名品牌,建设一批功能突出、辐射范围广、带动作用强的老龄制造产业基地,基本建成供给能力充足、产业结构合理、资源配置高效、发展水平较高的产业集群;老龄制造产业对经济增长、吸纳就业、社会稳定等方面的贡献更加突出,创造经济新动能,扩大经济规模,为建设理想老龄社会奠定扎实的实体经济基础。

七 我国老龄制造产业中长期发展建议

(一)完善老龄制造产业的政策体系

1. 做好顶层设计,形成政策体系

目前,我国老龄制造产业顶层设计仍有不足,政策仍然呈碎片化。现有的产业扶持政策多散见于不同部门印发的政策文件中，还没有形成完整的政策体系。相关部门应适时开展行业法制建设，保障行业的持续健康发展，还应加快制定产业中长期发展规划，引导和规范老龄制造产业的健康发展。未来仍需要进一步完善老龄制造产业的相关政策，通过政策来引导和优化老龄制造产业的发展，促进产业城乡和区域的协调发展；进一步探索创新金融政策，强化财政资金和金融保障；进一步拓宽政策领域，在税收、人才等相关要素上继续完善与创新产业发展政策。①

2. 加大保障力度，补齐政策短板

进一步完善社会保障制度，提高老年群体的收入水平，解决老龄产业需求侧有效需求不足的问题；加快老年人长期照护保险的试点工作，进一步总结经验，尽快研究制定我国的长期照护保险法，加大对失能半失能老年人的社会保障力度；加快研究制定我国康复辅具相关法规，从制度上对老龄用品的研发给予资金支持和提供人才保障。

（二）构建老龄制造产业的发展机制

1. 完善产业政策，提升产业发展水平

建立中国老龄用品指导目录，促进优质产品应用推广。开展老龄用品领域重点产品的试点示范工程，并加强跟踪研究和督促指导，适时开展示范工程实施效果评估。②

构建并完善老龄制造产业标准体系。进一步研究行业分类标准，尽快形成重点领域的产品标准。同时，加大对国际标准的采标力度。

实施"老龄产品认证制度"，建立并完善相关标准。首先要规范市场行为，加大市场监管力度，建立完善的市场准入制度；其次是要建立老龄用品质量标准体系，规范和提升产品质量；最后要引导老龄用品制造企业向专业化路径发展，鼓励成立行业协会等产业组织。

---

① 王莉莉：《新时期我国老龄服务产业现状、问题与趋势》，《兰州学刊》2020年第10期。
② 《五部门印发〈关于促进老年用品产业发展的指导意见〉的通知》，https://www.miit.gov.cn/jgsj/xfpgys/wjfb/art/2020/art_5c6699c1a9cf4accb0847003ea0f6138.html。

2.加强技术创新,提升产品供给能力

我国老龄制造产业的产品供给滞后于市场需求,亟须加强基础科研力量,培养创新型人才。老龄用品研发在技术方面涉及人体工学、福祉工学等多种新学科,研发费用较大,需要政府和社会资本积极投入,支持老龄用品关键技术转化推广和产品的研发。

另外,相关管理部门应加强对老龄用品的知识产权保护。从政策层面加强对老龄用品的知识产权保护,保护和鼓励企业的创新。从宣传角度加强对老龄用品知识产权的保护,切实维护企业的利益,对注册商标和专利产品进行保护,从而鼓励企业大胆进行技术创新。①

3.强化品牌建设,着力培育民族品牌

着力培育民族品牌,通过出台有针对性的扶持政策,确保"中国制造"能为国内消费者提供质优价廉的老龄用品。目前,老龄制造产业仍然存在大量价低质劣的产品,很多企业徘徊于中低端市场,在高端产品的研发和市场销售方面都处于劣势,尚未能培育出优秀的民族品牌。甚至一些老龄用品(如助听器)行业已基本被外国公司垄断,他们把持产品标准等话语权,民族企业进入较晚,举步维艰。这就迫切需要政府支持和引导民族企业强化品牌建设,做好品牌战略规划,明确品牌定位,促进老龄用品与高新技术产业的融合,实现品牌的智能化、科技化升级,提升产品的附加值和性价比。②

4.培育产业集群,积极实施平台战略

老龄制造产业的发展应致力于培育产业集群,优先扶持重点领域的企业,从满足老年群体需求出发,加快推进核心技术的攻关,加强合作,形成有特色的老龄制造产业集群,进而带动区域和行业的产业发展,充分发挥引导和辐射作用。

---

① 魏彦彦:《我国老龄制造业发展现状、问题与趋势分析》,《老龄科学研究》2020年第10期。
② 伍小兰、魏彦彦、曲嘉瑶:《中国老龄用品业的现状分析与对策研究》,《老龄科学研究》2015年第11期。

发展老龄制造产业应积极实施平台战略。平台是产业发展的重要窗口，可以汇集各方力量，各自发挥所长、形成合力，搭建一个参与者众多、产业链完整的老龄用品集成平台。可以通过老龄制造业高峰论坛、制造业设计大赛等形式，推广和展示老龄产品，进而激发老龄制造产业的巨大潜力，更好地满足老年群体的需求，也在实施积极应对人口老龄化国家战略中形成新的经济增长点，持续输出新动能。

5. 发挥协会的作用，提高行业服务能力

老龄制造产业的发展离不开行业协会的推动，两者休戚相关。要把行业协会建设成一个优质的服务平台，充分发挥它的优势作用，引领老龄制造产业持续高质量发展。行业协会可以组织政企合作，共同开展产业政策研究；组织制定行业标准，通过提高准入门槛实现去芜存菁；扶持行业优秀品牌，加强宣传及跨产业的合作；定期发布供求变化趋势，引导企业发展；加强国际交流，实现产品和市场的国际化等。

（三）实施老龄制造产业的重大工程

为实现老龄制造产业的中长期发展目标，必须以习近平新时代中国特色社会主义思想为指导，深入贯彻落实党的十九大和十九届二中、三中、四中、五中、六中全会精神，践行新发展理念，深化供给侧结构性改革，构建完善的老龄制造产业体系，增强适应老龄社会的产业供给能力。在此过程中，应着力于重点领域的专项工程建设。

1. 智能化日用辅助产品专项工程

针对老年人生活辅助需求，发展生活起居、出行移动、交流通信、休闲娱乐等老年产品。发展适老化家电、家具产品以及新型照明、洗浴装置、坐便器、厨房用品、安防监控和家务机器人等适老化智能家居产品。发展智能轮椅、生物力学拐杖、助行机器人等各类助行和跌倒防护产品。发展智能助视器、高端助听器、辅助阅读和发声器、适老化的计算机软硬件和手机应用程序等交流通信产品。发展老年益智类玩具、弹拨乐器、心理慰藉和情感陪

护机器人等老年休闲娱乐产品。①

2. 便利养老照护产品专项工程

针对机构养老、日间托老、入户护理等照护需求，发展辅助清洁卫生、饮食起居、生活护理等方面的产品，包括二便护理、口腔护理、褥疮防治、辅助如厕、辅助洗浴、辅助用餐、辅助穿脱衣、多功能护理床、智能监护床垫、位姿转变等照护产品，提升尿裤、护理垫、护理湿巾、溃疡康复用品等护理产品的适老性能。发展老人搬运、移位、翻身、夜间巡检等机器人产品，提高护理质量。发展智慧养老产品及服务系统，开发环境监控、养老监护设备、防走失室内外定位终端等人工智能辅助产品。

3. 康复训练及健康促进辅具专项工程

针对老年人功能障碍康复和健康管理需求，加快人工智能、脑科学、虚拟现实、可穿戴等新技术在康复训练及健康促进辅具中的集成应用。发展外骨骼康复机器人、认知障碍评估和训练辅具、沟通训练辅具、失禁训练辅具、运动肌力和平衡训练辅具、老年能力评估和日常活动训练等康复辅具产品。发展用药和护理提醒、呼吸辅助器具、睡眠障碍干预、便携式健康监测设备、自助式健康检测设备、健康预警设备、可穿戴生理参数监测等老年健康管理和促进辅具。

4. 适老化环境改善产品专项工程

针对家庭、社区服务中心、养老机构等老年人日常活动场所的适老化环境改造需求，发展扶手等支撑装置，以及地面防滑、移动式坡道等住房安全、无障碍环境改造产品。根据老年人的支撑需要，开发易于抓握、手感舒适的扶手和抓杆类产品。根据地面防滑处理需要，开发防滑贴、防滑垫等产品。为住房出入口、通道无障碍改造开发便利产品。发展易燃气体和火灾自动监测报警、防灾应急包、绳降机、平层避险装置等老年安全防护产品。

---

① 《五部门印发〈关于促进老年用品产业发展的指导意见〉的通知》，https://www.miit.gov.cn/jgsj/xfpgys/wjfb/art/2020/art_ 5c6699c1a9cf4accb0847003ea0f6138.html。

参考文献

陈芳怡：《我国老年服装消费市场研究》，《中国市场》2016年第35期。

党俊武：《新时代中国老龄产业发展的形势预判与走向前瞻（上）》，《老龄科学研究》2018年第11期。

冯倩：《康复辅助器具研究现状：理论与文献》，载江华、张航空、冯喜良等著《北京康复辅助器具（老年）发展报告（2018）》，社会科学文献出版社，2018。

霍艾湘：《我国养老消费供需发展现状及协调机制研究》，《商业经济研究》2021年第15期。

刘慧艳、朱剑刚：《我国老年家具市场发展现状及问题研究》，《家具与室内装饰》2018年第5期。

睢党臣、张婷：《人口老龄化背景下发展银发经济的探讨》，《石家庄经济学院学报》2016年第1期。

王莉莉：《新时期我国老龄服务产业现状、问题与趋势》，《兰州学刊》2020年第10期。

魏彦彦：《老龄制造产业发展及其指标体系研究》，载党俊武、王莉莉主编《中国老龄产业发展及指标体系研究》，社会科学文献出版社，2021。

魏彦彦：《我国老龄制造业发展现状、问题与趋势分析》，《老龄科学研究》2020年第10期。

伍小兰、魏彦彦、曲嘉瑶：《中国老龄用品业的现状分析与对策研究》，《老龄科学研究》2015年第11期。

吴玉韶、党俊武主编《中国老龄产业发展报告（2014）》，社会科学文献出版社，2014。

武留信主编《中国健康管理与健康产业发展报告No.1（2018）》，社会科学文献出版社，2019。

赵昭：《未来中国老年用品市场走向分析》，《市场论坛》2015年第10期。

B.4
老龄健康产业中长期发展研究

张秋霞[*]

摘　要： 人口结构的老化深刻地影响着健康观念和行为的转变，进而影响到健康产业的发展方向和趋势。在"积极应对人口老龄化"和"健康中国"上升到国家战略层面的背景下，需要明确如何对老龄健康产业进行中长期规划。本文以老龄健康产业的概念界定、分类范围和产业结构为基础，列出了2021~2035年老龄健康产业发展的重大需求清单。我国老龄健康产业尚处于起步阶段，目前还存在全民主动健康意识不强、健康观念不健康、过度依赖医疗，以及老龄健康产业人才队伍建设滞后、老龄健康产业扶持政策不够精准、产业发展内生动力不足、中医药亟须大力发展和扶持等问题，但政策红利不断释放，老年期健康需求旺盛，各种健康市场潜力巨大，各方资本积极涌入，新产品、新业态、技术进步以及消费升级不断涌现，推动老龄健康产业不断向纵深发展。建议在创新观念理念的基础上，在国家重大健康工程推进中，提高老龄健康产业建设水平，规范市场秩序，大力推进老龄健康类学科建设，加大人才培养力度，使老龄健康产业成为促进内需发展的重要引擎和建设健康老龄社会的重要助力。

关键词： 人口老龄化　老龄健康产业　健康中国

---

[*] 张秋霞，中国老龄科学研究中心副研究员，研究方向为老龄心理学、老龄政策。

一 研究背景

(一)人口结构和社会形态的转变

21世纪是人口老龄化的世纪,任何产业的中长期规划都绕不开这个基本国情和人口结构形势。人口年龄结构老化是社会发展到一定阶段后出现的人口现象,现已成为全球人口发展的共同趋势。根据联合国的世界人口预测,2012~2100年,世界人口将由70亿增加到102亿,其中60岁及以上老年人口由8.1亿增加到36.2亿,届时世界人口老龄化水平将由11.5%上升到35.8%[1]。我国是世界上老年人口最多的国家,人口老龄化将是贯穿我国21世纪的基本国情。根据第七次全国人口普查数据[2],截至2020年11月1日,我国60岁及以上老年人口达到2.64亿,占全国总人口的18.7%;65岁及以上老年人口达到1.91亿,占全国总人口的13.5%,到了2021年底,我国60岁及以上老年人口达到2.67亿,占全国总人口的18.9%;65岁及以上老年人口首次突破2亿,占全国总人口的14.2%[3],老年人口比重持续上升,人口老龄化形势日趋严峻。从2022年到2030年我国老年人口预计将增长到3.71亿人,人口老龄化进入急速发展阶段,老龄化水平在2024年达到20.3%,开始过渡到中度老龄化阶段。到2023年前后,老龄人口将超过少儿人口,标志着我国从主要抚养儿童的时代迈入主要赡养老人的时代。这一阶段的老年人口主要是"60后",这一代人经历了严格的计划生育,子女数量锐减,城市老年夫妇平均不到1个子女,农村老年夫妇平均也只有2个子女左右。这一代人思想观念开放、生活方式现代化、经济实力也比较雄厚。据全国老龄办预测,至21世纪中叶,我国老年人口数将达到峰值(约

---

[1] United Nations, World Population Prospect: The 2012 Revision.
[2] 国家统计局第七次全国人口普查公报,http://www.stats.gov.cn/tjsj/tjgb/rkpcgb/。
[3] 国家统计局2021年统计公报,http://www.stats.gov.cn/tjsj/zxfb/202202/t20220227_1827960.html。

4.87亿），人口老龄化程度将达到35%左右①。快速发展的人口老龄化对我国政治、经济、文化和社会运行产生的长远而深刻的影响正在逐步显现，老年型的社会形态与年轻型社会存在许多不同，老年人口比例逐步升高的人口结构影响着社会资源的配置方向，政治、经济、文化和国民心理均需要作出一定的改变以适应老年型社会的运行规律。有效应对我国人口老龄化，事关国家发展全局，事关亿万百姓福祉。人口老龄化涉及社会均衡发展，很大程度上影响着"第二个一百年"奋斗目标的实现。

（二）健康观念和行为的转型

1. 疾病谱系的变化

社会上普遍担心老年人数量增多会导致国家负担加重。其实，给家造成负担的不是"老"而是"病"，而延长充满活力、健康生存的期限，将给国家和个人带来明显的益处。人均预期寿命延长是老龄社会的基本特征，人类社会已经进入长寿时代。根据世界卫生组织数据，2015年全球人口平均预期寿命71.4岁。日本83.7岁，位居世界第一；美国为79.3岁。2018年我国人均预期寿命77岁，2030年将达到79岁，接近目前较发达国家水平。② 老年人口增多，伴随衰老而产生的老年慢性病在疾病谱中的占比随之增加，导致我国疾病谱发生了变化，从之前的以象征贫穷为特征的传染病和寄生虫病等为主要死因，转变为伴随着寿命延长而增加的以肿瘤、心血管等慢性非传染性疾病（慢性病）为主要死因。③ 据2018年统计，我国慢性病引发的死亡人数占比达到了87%，而老年人消费的医疗卫生资源是其他人群的3~5倍。④ 到21世纪中叶，中国人口老龄化将达到最高峰，65岁及以上老年人口占比将接近30%。随着人口老龄化进程的加深、平均预期寿命

---

① 国家应对人口老龄化战略研究总课题组编著《国家应对人口老龄化战略研究子课题总报告集》，华龄出版社，2014，第5~7页。
② 世界卫生组织：《世界卫生统计》，2016年，http：//www.enorth.com.cn。
③ 熊智：《我国慢性病防治面临的挑战与对策》，《中国慢性病防治与控制》2019年第9期。
④ 沈纪川、王鸣：《重点关注老年人群助力"全民健康行动"》，《疾病监测》2020年第8期。

的延长,现在在老年人口底部的年轻老年人逐渐变成高龄老年人,他们的数量和占比不断提高。高龄老年人增加,失能风险也会随之增加,长期照护需求将越来越旺盛。老年人群的健康问题,包括慢性疾病的带病生存管理问题,已经是我们必须面对的公共卫生问题。与衰老相关的各种慢性疾病患者所需医疗、护理开支巨大,同时因病致残、因病致贫的问题显著增多,严重影响老年人的生活质量和幸福指数。

2. 健康观念转变为身体、心理和社会适应良好的全面健康

健康的概念随着时代变迁、社会发展变化以及科技文明的进步而不断变化,内涵越来越丰富和全面。20世纪中期之前,衡量个人健康与否是以其是否患病为尺度,人们普遍认为"身体没有疾病就是健康",因此人们习惯采用一种剩余模式的思维方法来定义健康,形成了"健康就是能正常工作或没有疾病"的机械唯物论的健康观[1],我们称之为健康的疾病观。

健康的疾病观,历时漫长,可分为4个发展阶段:①神灵医学疾病观。认为生命为神灵所赐,疾病则是出自神灵的惩罚。人之所以患病,或者是因为被鬼神缠身,或者是因为失去了生命之本原。②自然哲学疾病观。随着生产力的发展,医学逐渐脱离了巫术的羁绊,人们开始借用当时流行的哲学概念解释疾病的发生、发展和痊愈,认为疾病是人体诸元素失去平衡所致,或者是由"气"发生紊乱而引发。③自然科学疾病观。16世纪中叶以后,自然科学的长足进步,使人类得以用生物学观念来阐释生命现象,强调疾病是机体对致病因子有害作用的反应,是机体功能紊乱的表现。④生物医学模式疾病观。18世纪下半叶至19世纪初生物医学的进步,揭示了人们发病是因为有微生物的存在,确定了生物病因,开始从生物属性去考察人类的健康和疾病。然而,它的思维逻辑基础依然是通过疾病定义健康。[2]

"无病就是健康"是传统健康观(classical health)的核心。无病成为健康的代名词。有病就是患者,无病就是健康人。但是否有病取决于机体是否

---

[1] 曾承志:《健康概念的历史演进及其解读》,《北京体育大学学报》2007年第5期。

[2] 杨忠伟:《人类健康概念解读》,《体育学刊》2004年第1期。

患有个人可以感觉到的或医学技术可以检测到的疾病，这种感知或检测受到当时人们的认识水平和医疗技术条件的影响。这种传统健康观使人们将注意力放在了生命过程异常时的状态上。通常情况下，人们只有感觉到自己身体有异常时才寻求医疗帮助。医生在诊疗时也努力寻找机体是否异常的客观证据。在分析某一人群的健康状况时，找出有病人群，余下的就是健康人群，如传统的人群健康评价指标只包括发病、患病和死亡指标。

传统健康观简单，容易理解，在医学实践中容易操作。但它是一种消极或负向的健康观。它使人们只关注机体异常时的状态，关注生病的人群，导致人们在健康保护和促进中处于被动状态，忽视疾病的预防，忽视全人群的健康。

除了躯体上的疾病外，精神心理类型的疾病也逐渐增多并持续发挥影响。现代社会物质越来越丰富，但人们的精神生活没有更丰盈和充实，抑郁、焦虑、孤独、自杀等与幸福相左的病症和行为越来越多，患病者的年龄范围也越来越大，从集中于青壮年扩大到青少年和老年人。从世界范围看，如美国抑郁症的患病率比20世纪60年代高了10倍，发病年龄也从60年代的29.5岁下降到今天的14.5岁。在中国，经济发展速度快，与此同时，儿童和成年人焦虑症和抑郁症的患病率同样在急剧上升，老年期痴呆和抑郁症等精神心理疾病严重威胁老年人身心健康。人们对于"健康"这一概念的理解随着时代的变迁在不断变动和深化。"健康"概念的内涵在不断扩大，从没有疾病即健康，发展到认识到心理健康的重要性，认为生理、心理的健全就是健康；再进一步认识到，社会适应和道德对人的生存发展也非常重要，只有生理、心理健全和社会适应良好、道德健康才能称为真正的健康。人类对健康的追求从低层次的生理健全逐步转移到"生物—心理—社会"多层次多侧面的要求上来，充分体现出人类物质文明和精神文明的巨大进步①，尤其是精神文明在文明进步中所占的比重越来越高。

3. 人口结构转型与健康需求增长叠加，高龄化的健康风险增加

世卫组织在2017年指出，年龄在60岁及以上的老年人中，超过20%的

---

① 郭亨贞、谢旭、王怡：《刍议现代健康概念的分层》，《西北医学教育》2006年第2期。

患有精神疾病或者神经障碍（不包括头痛疾病），60岁及以上人群中出现的所有残疾（残疾调整生命年）中，有6.6%可归因于神经和精神障碍。这些老年人的健康障碍导致了17.4%的伤残损失健康生命年。焦虑症会影响到3.8%的老年人口，约有1/4因自我伤害而造成的死亡属于60岁或者60岁以上的老年人①。农村老年人抑郁症状的发生率（37.4%）高于城市（17.5%）②。我国60岁及以上人群精神障碍（不含神经症、药物依赖和人格障碍）的终生患病率为41.92‰③。人类发展的目标，不仅仅是长寿，更要健康地长寿，尤其要心理功能良好地健康长寿，失能失智绝不是人类希望的长寿伴生品，全面健康是我们社会发展的最终目标。

（三）"积极应对人口老龄化""健康中国"上升到国家战略层面

2020年6月1日，《中华人民共和国基本医疗卫生与健康促进法》正式实施，这是我国卫生与健康领域第一部基础性、综合性的法律。贯彻和突出了"保基本、强基层、促健康"的普惠制大健康理念。"国家实施健康中国战略"被写入法律，从顶层设计的高度保障了人民健康的优先发展地位，以立法的形式维护了人民健康的权利，全方位全周期保障人民健康，加快形成有利于人民健康的生活方式、生产方式、经济社会发展模式和治理模式，真正体现了"以人民为中心，以健康为根本"。

2020年10月26~29日，中国共产党第十九届中央委员会第五次全体会议在北京举行，会议公报中提出要"健全多层次社会保障体系，全面推进健康中国建设，实施积极应对人口老龄化国家战略，加强和创新社会治理"。作为一次具有里程碑意义的重要会议，五中全会描绘了党和国家今后一个时期的发展目标和宏伟蓝图，也督促学术界要摆脱对具体社会问题细枝末节的探索，深入研究如何从战略层面执行和实现"积极应对人口老龄化，

---

① https：//www.who.int/zh/news-room/fact-sheets/detail/mental-health-of-older-adults.
② 孔宪焜、肖巧玲、李娟：《老年抑郁症状相关因素的城乡比较》，《中国心理卫生杂志》2018年第8期。
③ 于恩彦主编《实用老年精神医学》，浙江大学出版社，2013。

促进健康中国"这一国家战略。在实践上，中国的人口老龄化及片面追求经济高速发展带来的医疗健康问题越来越突出，现有的医疗卫生系统难以满足人口老龄化及慢性疾病预防、治疗的需求。2005年9月美国白宫生物伦理顾问委员会主席里昂·卡斯警告："我们已经迈入了长期医疗保健巨大隐形的阴影。"此危机主要源于与衰老相关的各类慢性疾病的人数在不断增加及医疗费用开支的极度膨胀。因此，世界卫生组织（WHO）认为，如果加大在老年人问题上的投入，包括通过教育提高老人的自立能力，通过医学干预减少疾病对老人的困扰，更重要的是应用高科技成果维护老年人的正常生理功能和精力，发挥他们丰富的经验和余热，给社会带来的则是机遇而非危机。千年发展目标则将卫生和健康置于全球议程的核心，促成了各国将健康上升为国家战略，2015年，联合国可持续发展峰会通过了《2030年可持续发展议程》，将"确保健康的人生，提升各年龄段所有人的福祉"列为可持续发展目标，健康国家战略成为世界趋势，各国政府积极推动本国的健康战略落地。2016年8月19日中国召开卫生与健康大会，这是近20年来召开的最高规格的全国性卫生工作会议。习近平总书记在会议上强调[1]，要把人民健康放在优先发展的战略地位，以普及健康生活、优化健康服务、完善健康保障、建设健康环境、发展健康产业为重点，加快推进健康中国建设，努力全方位、全周期保障人民健康，为实现"两个一百年"奋斗目标、实现中华民族伟大复兴的中国梦打下坚实的健康基础。2016年10月25日，中共中央、国务院发布了《"健康中国2030"规划纲要》，这是中华人民共和国成立以来首个在国家层面提出的健康领域中长期战略规划，明确了此后15年健康中国建设的总体战略，提出普及健康生活、优化健康服务、完善健康保障、建设健康环境、发展健康产业等五方面的战略任务。"健康中国"战略是在准确判断世界和中国健康需求与医疗卫生改制发展大势的基础上，以面向未来的眼光规划出的国民健康发展战略。健康中国既是我国健康需求和

---

[1] http://china.cnr.cn/news/20160821/t20160821_523044690.shtml。

医疗卫生改制的战略方向与行动指南，也是我国经济社会发展的根本目的。[①]其中，发展健康产业，就是健康中国 2030 战略提出的重大战略任务之一。

二 健康产业、老龄健康产业的界定

为进一步促进健康产业发展，合理界定健康产业统计口径，准确反映健康产业发展状况，依据《"健康中国 2030"规划纲要》等有关健康产业发展要求，以《国民经济行业分类》（GB/T4754-2017）为基础，国家统计局于 2019 年 4 月 1 日正式发布了《健康产业统计分类（2019）》[②]，与 2014 年发布的《健康服务业分类（试行）》相比，本次分类结合健康产业发展的新业态和新模式，增加了健康产业所涉及的第一产业、第二产业的相关内容。该文件明确了健康产业的边界和统计口径，有利于促进健康产业有序发展。

（一）概念界定

《健康产业统计分类（2019）》首次明确了健康产业的定义：以医疗卫生和生物技术、生命科学为基础，以维护、改善和促进人民群众健康为目的，为社会公众提供与健康直接或密切相关的产品（货物和服务）的生产活动集合。可以看出，健康产品包括了健康直接或密切相关的多样化的货物和服务，不仅仅包括传统的预防、诊疗和康复等医疗卫生服务，还包括健康管理和促进服务，金融和信息技术以及产品制造和中医药的培育等第一产业和第二产业的服务，覆盖范围更广，分类更细致，也更便于统一统计口径，促进健康产业数字化管理。

需要强调的是，老龄产业与所谓老龄健康产业之间的关系需要认真分析[③]。首先，客观地说，我们现在的健康产业特别是以西医为主体的健康产

---

① 中国共产党新闻网，www.cpcnews.cn。
② 国家统计局令（第 27 号），http://www.stats.gov.cn。
③ 党俊武：《新时代中国老龄产业发展的形势预判与走向前瞻（上）》，《老龄科学研究》2018 年第 11 期。

业乃至现行的健康、医疗卫生服务体系基本上是传染病时代、短寿时代和年轻社会的产物，已经不能适应慢病时代、长寿时代和老龄社会的客观要求，而且其负面效应是成本趋高难下、生命质量偏低，需要作出根本性、战略性、全局性调整。现在和今后，已经没有超越于慢病时代、长寿时代和老龄社会的一般意义上的健康产业，一旦涉及健康产业就是老龄社会条件下的健康产业，即老龄健康产业。因此，从与老龄社会相对应的老龄产业来说，健康产业就是前述适应老龄社会要求的以中医为主导、西医为辅助的新中医产业，贯穿所有人的全生命周期，这也是老龄社会条件下全面深化改革国家医疗卫生服务体系的方向，旨在降低健康成本、提高生命质量。《"健康中国2030"规划纲要》将成为今后15年推进健康中国建设的行动纲领，其中，中医药单列一章，明确将发挥中医治未病的独特优势，为群众提供更优质的健康服务。其次，需要强调的是，在老龄产业中，老龄健康产业或者新中医产业只是发挥基础作用，我们还需要发展精神心理服务，精神心理卫生服务将体现出人之所以为人的尊严和体面，从精神方面体现老龄产业作为新经济要求的对人的引领、塑造和提升作用。最后，老龄健康产业作为老龄产业的基础产业，未来的发展方向是提高健康产出、提升人们的健康水平，而绝不是提高医疗药品产出在GDP中的比重。总之，老龄健康产业将通过产业化、市场化落地实现全生命周期的健康观念和健康行为。老龄健康产业的终极目标是树立符合天道和人性的健康观念，体现整体观念的健康行为和医疗行为，推动全社会把更多的精力和社会资源用于健康大厦基础上的上层建筑建设上，实现老龄社会条件下人的全面发展。

（二）分类范围

本文以《"健康中国2030"规划纲要》和各个领域政策文件提出的重点任务为指导，以《国民经济行业分类》（GB/T 4754-2017）为基础，同时参考了经济合作与发展组织、欧盟统计署和世界卫生组织联合编制的《卫生核算体系2011》中医疗卫生服务的分类方法以及泛美卫生组织（PAHO）《卫生卫星账户手册》的分类方法，划定了健康产业分类的原则和基本范围。具体范围划分原则包括生产产品（货物和服务）的目的是维护、改善、促进人的健康状况，与健康直接或密切相关；产品（货物和服务）提供应当以医疗卫生技术、生物技术和生命科学为基础；产业链的延伸应当遵循在健康服务业的基础上，延伸至不因物理形态等变化而改变其健康目的和功能的行业[1]。在这个原则指导下，健康产业的范围具体分为医疗卫生服务，健康人才教育与健康知识普及，健康事务、健康环境管理与科研技术服务，健康促进服务，智慧健康技术服务，健康保障与金融服务，药品及其他健康产品流通服务，其他与健康相关的服务，工程制造，医疗仪器设备及器械制造，健康用品、器材与智能设备制造，医疗卫生机构设施建设，中药材种植、养殖和采集等13个大类58个中类92个小类[2]。根据以上分类可以看出，健康产业涵盖了第一、二、三产业，包括以中药材种植、养殖为主体的健康农业、林业、牧业和渔业，以医药和医疗器械等生产制造为主体的健康相关产品制造业，以医疗卫生、健康保健、健康人才教育及健康促进服务为主体的健康服务业，本文建立了健康产业与《国民经济行业分类》（GB/T 4754-2017）的对应关系，并对具体的对应关系和说明做了注释，将在核算健康服务业增加值的规模和结构等方面发挥重要作用，有利于将健康产业融入国民经济的大盘子协调发展。

（三）产业结构

根据2019年国家统计局发布的《健康产业统计分类（2019）》，健康产业结构可分为健康服务业、健康制造业和健康相关支撑产业等三大产业集群。文件对健康产业的分类采用了线分类法和分层次编码方法，将健康产业划分为三层结构，分别用阿拉伯数字编码表示。第一层为大类，用两位数字表示，共有13个大类；第二层为中类，用3位数字表示，前两位为大类代

---

[1] 国家统计局，http：//www.stats.gov.cn/xxgk/tjbz/gjtjbz/201904/t20190411_1758929.html。
[2] 国家统计局：《健康产业统计分类（2019）》。

码，共有58个中类；第三层为小类，用4位数字表示，前3位为中类代码，共有92个小类①。健康产业分类代码结构如图1所示，例如大类医疗卫生服务01中的第一中类下的治疗服务，分类编码为0110；第二大类健康事务、健康环境管理与科研技术服务中的第一中类下的第二小类社会组织健康服务的分类编码为0212等。

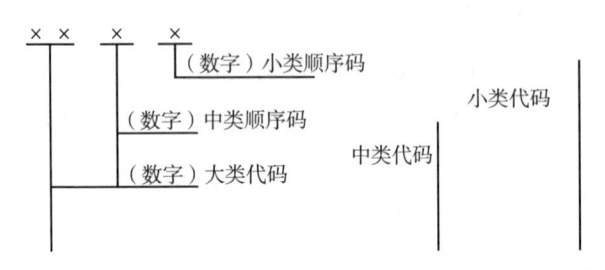

```
× ×   ×   ×
            └─（数字）小类顺序码      ┐
        └─（数字）中类顺序码     ┐    │小类代码
    └─（数字）大类代码          │中类代码
                              ┘    ┘
```

图1 健康产业分类代码结构

按照三次产业的结构进行划分，具体内容包括：

——第一产业包括中药材种植、养殖和采集大类中的1个中类（动植物中药材种植、养殖和采集）、1个小类（动植物中药材种植、养殖和采集）。

——第二产业包括工程制造，医疗仪器设备及器械制造，健康用品、器材与智能设备制造，医疗卫生机构设施建设4个大类，相应有28个中类、29个小类以及中药材种植、养殖和采集大类中的1个中类（非动植物中药材采选）、1个小类（非动植物中药材采选）。

——第三产业包括医疗卫生服务，健康事务、健康环境管理与科研技术服务，健康人才教育与健康知识普及，健康促进服务，健康保障与金融服务，智慧健康技术服务，药品及其他健康产品流通服务，其他与健康相关的服务8个大类，以及相应的28个中类、61个小类。

---

① 国家统计局，http：//www.stats.gov.cn/xxgk/tjbz/gjtjbz/201904/t20190411_1758929.html。

三 2021~2035年重大需求清单

按照习近平总书记"没有全民健康,就没有全面小康"的指示精神,《"健康中国2030"规划纲要》明确将"全民健康"作为"建设健康中国的根本目的"。强调"立足全人群和全生命周期两个着力点",分别解决提供"公平可及"和"系统连续"健康服务的问题,做好妇女儿童、老年人、残疾人、低收入人群等重点人群的健康工作,强化对生命不同阶段主要健康问题及主要影响因素的有效干预,惠及全人群、覆盖全生命周期,实现更高水平的全民健康。其中,老年人群作为医疗资源的消耗大户和健康需求的庞大群体,必然成为健康中国行动的重点关注人群,老龄社会形态下的老龄健康产业也必然成为发展健康产业战略任务中重要的一环。

《"健康中国2030"规划纲要》围绕总体健康水平、健康影响因素、健康服务与健康保障、健康产业、促进健康的制度体系等方面设置了若干主要量化指标,使目标任务具体化,工作过程可操作、可衡量、可考核。据此,《"健康中国2030"规划纲要》提出健康中国"三步走"的目标,即"2020年,主要健康指标居于中高收入国家前列","2030年,主要健康指标进入高收入国家行列","2050年,建成与社会主义现代化国家相适应的健康国家"。为了与"健康中国"相呼应,也为了积极应对老龄社会,大力发展老龄健康产业是必须的,未来15年,老龄健康产业的任务清单包括如下方面。

其一,将健康指标分级,区分基本健康指标和非基本健康指标。基本健康指标属于民生福祉范畴,归政府;非基本健康指标属于发展型范畴,归市场。同时优化多元办医格局,积极支持社会资本举办医疗机构,引导和推动民营医疗机构向高水平、规模化方向发展,丰富老龄健康产业的诊疗基础。

其二,加强老龄健康产业供给侧结构性改革,理顺老龄健康产业发展的定位、层次和逻辑,从对老年人的有效需求出发,从对简单需求的供给发展到多层次供给以及全方位持续供给；支持发展老龄健康医疗、异地养老、旅游、文化传承等健康服务新业态；积极发展适合老年人身心特点的老龄保健、健身、休闲和运动产业；推动老龄健康产业学科建设、人才培训和人才合理流动，加强人才团队建设。

其三，提升医药产业发展水平，不断满足不同老年群体日益增长的多层次多样化健康需求。支持医药电子商务平台等老龄健康产业信息化发展，加强老年人获得健康服务的可及性和便捷性；打造医药健康服务示范基地，发展智慧老龄健康服务体系、个性化老龄健康服务等针对不同老年群体的多元化服务内容。

其四，贯彻落实《健康中国行动（2019-2030年）》心理健康促进行动，对老年期常见的精神心理疾病如抑郁症和老年痴呆等，加强宣传、预防和管理。强化老年人主动健康观念和主人翁意识，倡导"每个人都是自己健康第一责任人"的理念。加强老年心理健康知识宣传，普及抑郁症和老年痴呆的防治知识，促进全民特别是老年人的子女关注老年人心理健康，提升老年心理健康知识的社会知晓率。加快老龄心理健康从以"治"为主向以"防"为主转变，推动关口前移。推行老龄健康生活方式，加强非医疗心理健康干预。国际经验表明，在美国，有效推迟老年人入住老人院一个月，美国医疗护理系统每年将节省3亿美元左右开支；如果通过抗衰老医学技术将老年痴呆症的发病年龄推迟5年，国家将每年节省40亿美元左右。

四　老龄健康产业发展现状和条件

在物质生活需求得到基本满足之后，老年人对健康的需求上升到精神文化层面，需求内容更丰富多样和个性化，老年人追求的不仅仅是生存，更是高质量的生活。基本需求的变化促进了老龄健康产业的发展。在建设"健康中国"的政策背景下，大力发展老龄健康产业已进入各级政府新时代老龄工作的重要议事日程。尽管我国老龄健康产业尚处于起步阶段，但是政策红利不断释放，为老龄健康产业发展保驾护航，老年期健康需求旺盛，随着"60后"进入老年期，知识和资产充足的他们将促进老龄健康产业的快速发展，老龄健康市场潜力巨大，同时各方资本也看到了巨大商机而积极涌入，新产品、新业态、技术进步以及消费升级不断涌现，老龄健康产业这颗市场的明日之星正冉冉升起，人们对其发展空间充满想象。

（一）政策方面

2008年，"健康中国2020"政策出台，标志着卫生健康事业发展的春天已经到来，需要从全局来考虑卫生事业的改革和发展。2013年8月23日，李克强总理主持工作会议时提出发展健康服务业成为国策，并在2020年达到约8万亿元产值。2016年8月19~20日，在全国卫生与健康大会上习近平总书记强调，没有全民健康就没有全面小康，他指出要加快推进健康中国建设，为实现"两个一百年"奋斗目标、实现中华民族伟大复兴的"中国梦"打下坚实的健康基础。2017年10月18~24日，在中国共产党第十九次全国代表大会上习近平总书记强调：实施健康中国战略，要完善国民健康政策，为人民群众提供全方位全周期健康服务。

2013年，国务院出台《关于促进健康服务业发展的若干意见》（国发〔2013〕40号），作为标志性文件，它从协调大健康产业发展的高度，提出以市场化为导向，到2020年健康服务业总规模要达到8万亿元以上。

2017年，国家卫生计生委、全国老龄工作委员会办公室等13部门联合印发《"十三五"健康老龄化规划》，提出建立覆盖城乡老年人的基本医疗卫生制度，构建与国民经济和社会发展相适应的老年健康服务体系。该规划提出了"十三五"时期健康老龄化工作重点部署的9项任务，包括推动老年健康产业发展、加强专业人员队伍建设等。

2016年10月印发的《"健康中国2030"规划纲要》明确提出2020年健康服务业总体规模要达到8万亿元以上，2030年达到16万亿元。我国已经形成一个包含医疗、医药、医保、保健品、健康食品、健康管理、生容养生、健康信息、健康文化等各个基本方面的、相对完整的健康产业体系。2016年底,国家卫生计生委、中宣部等22个部门印发《关于加强心理健康服务的指导意见》,首次全面、系统地提出了加强心理健康服务的具体政策措施。精神卫生专业机构适应患者就诊需求,从以严重精神障碍诊治为主,逐步转向抑郁症、焦虑症等常见精神心理障碍服务,转向加强心理科、心身医学科等精神障碍前的干预服务。

2018年11月19日,国家卫健委等10部门联合发布了《关于印发全国社会心理服务体系建设试点工作方案的通知》,要求建立健全服务网络,加强重点人群心理健康服务,探索社会心理服务疏导和危机干预规范管理措施,为全国社会心理服务体系建设积累经验。该通知提出"为空巢、丧偶、失独、留守老年人等提供心理辅导、情绪疏解、家庭关系调适等心理健康服务","城市、农村普通人群心理健康核心知识知晓率达到50%以上"。国家对社会心理服务体系工作的指导,从"呼吁、倡导"阶段迈进具体落实和指标考量的阶段,从国家和制度层面推进心理服务工作扎根落地,有助于贯彻落实"加强社会心理服务体系建设,培育自尊自信、理性平和、积极向上的社会心态"的要求。

2019年9月,国家发展和改革委员会印发《促进健康产业高质量发展行动纲要(2019~2022年)》,预计到2022年将基本形成内涵丰富、结构合理的健康产业体系,健康产业将成为重要的国民经济支柱性产业。该文件是继2013年国务院发布《关于促进健康服务业发展的若干意见》之后关于健康产业发展的又一重要纲领性文件,为未来的健康中国建设进一步指明了相关产业发展路径和方向。

2021年,国家卫健委、全国老龄办和国家中医药局联合发布了《关于全面加强老年健康服务工作的通知》,该通知要求做好老年健康服务,强化老年健康服务的组织保障。到2025年,65岁及以上老年人城乡社区规范健康管理服务率达到65%以上;加强老年人功能维护,加强老年人群重点慢性病的早期筛查、干预及分类指导,积极开展阿尔茨海默病、帕金森病等神经退行性疾病的早期筛查和健康指导,提高公众对老年痴呆防治知识的知晓率。要开展老年人心理健康服务，重视老年人心理健康，针对抑郁、焦虑等常见精神障碍和心理行为问题，开展心理健康状况评估和随访管理。总结推广老年心理关爱项目经验，到2025年，老年心理关爱项目点覆盖全国所有县（市、区）等，涉及老年人身心健康的服务和保障。

2022年，国家卫健委等15个部门联合颁布了《"十四五"健康老龄化规划》，该规划提出，到2025年，综合连续、覆盖城乡的老年健康服务体系基本建立，老年人健康水平不断提升，健康预期寿命不断延长；强调持续发展和维护老年人健康生活所需要的内在能力，促进实现健康老龄化。该规划提出了9项主要任务，包括"开展老年人心理关爱服务，推进体卫融合"，明确提出了促进老年心理健康的任务。健康中国、健康老龄化和健康老年人，老龄健康产业的规划和发展要紧紧围绕这三个中心点展开。

2022年6月，国家卫生健康委印发《关于开展老年心理关爱行动的通知》，在组织实施老年人心理关爱项目的基础上，决定2022~2025年在全国范围内选取1000个城市社区、1000个农村行政村开展心理关爱行动，了解老年人心理健康状况与需求，增强老年人心理健康意识，改善老年人心理健康状况以及提升基层工作人员的心理健康服务水平。到"十四五"期末，原则上全国每个县（市、区）至少一个社区或村设有老年心理关爱点，各地按要求对老年心理关爱点常住65岁及以上老年人开展心理健康评估，重点面向经济困难、空巢（独居）、留守、失能（失智）、计划生育特殊家庭老年人。

这些政策将有助于提升全社会对老龄健康产业的关注度，加强全社会对老龄心理健康的关注，促进老龄健康产业的扩容和多样化发展。

（二）老龄健康产业市场

从老龄健康产业市场看，《中国老龄产业发展报告（2014）》估计，2014~2050年，老年人口的消费潜力将从4万亿元增长至106万亿元，占

GDP 的比重从 8% 增至 33%。① 从供给看，全国老龄委调查数据显示，国内市场每年为老年人提供的产品与服务总价值不足 1000 亿元，甚至形成了"厂家不愿做，商家不愿卖，消费者无处买"的怪圈。

从发展比较早且市场化明显的养老机构看，数据显示，2012~2016 年中国养老服务机构床位数量持续增加，2017 年数量下降为 744.8 万张，2018 年及 2019 年床位数量有少量增加，其中 2019 年中国养老服务机构床位数量为 761.4 万张，比起庞大的老年人口的需求确实是杯水车薪，升级型健康产品如老年康复辅助用品、老年教育、老年保险、老年财务规划等领域更是不成规模，处于少量开发阶段。

总体来看，我国老龄健康产业发展现状并不令人满意，总体水平较低，仍然处于初级阶段，存在产品供应量不足，产品结构单调、创新不够，产品不够丰富多样不能满足老年人的个性化需求、老龄健康产业属于新生事物监管不够明确，老龄健康产业专业人才匮乏等问题。

（三）中医药方面

中医药学历史文化源远流长，内容形式丰富多样。"神农尝百草"记录着先民们的医药活动。春秋时期，巫术盛行，周王朝时，巫、医开始分化，显著标志是出现了专职医生和医疗分科。商汤时代，伊尹发明了汤药，由生药向熟药过渡。到了东汉，我国最早的一部中医药图书《神农本草经》问世，随后医圣张仲景又确立了理、法、方、药的辨证施治原则，为中医临床学奠定了基础。此外，名医扁鹊神奇的诊法，华佗在外科和针灸领域的高超医术，淳于意开病案记载的先声等，都是这一时期医学成就的体现。明朝李时珍总结了 16 世纪以前的药物经验，加上自己的亲身实践，编著了著名的《本草纲目》一书，对我国的中医药发展做出了重大的贡献。后来被译成日、朝、拉丁、英、法、德等多国文字，广泛传播于世界各地。

---

① 吴玉韶、党俊武主编《中国老龄产业发展报告（2014）》，社会科学文献出版社，2014。

1. 中医药医改回顾

2009年,《国务院关于扶持和促进中医药事业发展的若干意见》(国发〔2009〕22号)出台,这是我国首次以国务院名义发布的中医药发展指导性意见,也是指导我国中医药事业发展的纲领性文件,该文件明确了在深化医药卫生体制改革中中医药的地位和作用。

2013年9月,《国务院关于促进健康服务业发展的若干意见》(国发〔2013〕40号)指出,当前我国健康服务业的主要任务之一即"发展中医药医疗保健服务",以公立中医医院改革为重点,推进国家基本药物中药品种的规范使用,推动中医药更加惠及百姓。

2015年,国家中医药管理局联合工信部等部门制定了《中药材保护和发展规划(2015-2020年)》,提出了2020年中药材的发展目标,对中药材资源保护与监测、中药材的技术创新和质量保障、中药材现代化生产流通体系、中药材的种植与服务等作出了全面的规划和要求,到2020年,全国中药材质量监督抽检覆盖率达到100%,这对加强中药材保护、促进中药产业科学发展提供了有力保障。2016年2月,国务院制定了《中医药发展战略规划纲要(2016-2030年)》(国发〔2016〕15号),对新时期推进中医药事业发展作出系统部署,进一步聚焦中医药的继承、创新、现代化、国际化,将中医药发展上升为国家战略。2016年国家正式发布《中医药"一带一路"发展规划(2016-2020年)》,提出中医药"一带一路"全方位合作格局基本形成,以不同形态共享共建沿线民众的卫生资源。

2017年7月,国家正式实施《中华人民共和国中医药法》,作为我国首部全面、系统体现中医药特色的综合性法律,它明确了中医药的法律地位、中医药的发展方针和扶持措施,以法律的形式呈现了中医药发展历程中的方针政策,这对促进我国中医药事业发展具有划时代的里程碑意义。

2. 取得的重大成就

中医药产业迅速发展,逐渐成为我国国民经济与社会发展中的重要组成部分。

一方面,中药生产体系实现了现代化,药品生产的速度和质量得到了提升和稳定保障。另一方面，走出国门的中医药在国际社会的关注度不断上升，中医药的海外市场不断扩大。截至 2020 年底，全国中医医院达到 5482 家，备案中医诊所达到 2.6 万家。中医药已传播到 196 个国家和地区，近几年，中药类商品进出口贸易总额大幅增长，我国中药年出口额都保持在 30 多亿美元。百余个国家认可使用中医针灸，并建立了相关法律制度。30 多个国家和地区开办了中医药院校、海外中医中心等对外交流合作机构，为中医药发展和中医药文化的全球化发展打下了坚实基础。

在抗击新冠疫情的这两年，中医充分发挥了它价廉有效的特性，在突发的疫情中起到了人民健康卫士的作用。《抗击新冠肺炎疫情的中国行动》白皮书指出："中医药参与救治确诊病例的比例达到 92%，湖北省确诊病例中医药使用率和总有效率超过 90%。"2020 年 6 月 2 日习近平总书记主持召开专家学者座谈会时强调："中西医结合、中西药并用，是这次疫情防控的一大特点，也是中医药传承精华、守正创新的生动实践。"中医药在疫情中的表现证明，只有民族的，才是最符合天道人心的。

我国中医药领域的人才培养力度也在不断加大。同比 2009 年，2017 年我国高等中医药院校毕业生数量增幅高达 75.27%，招生数量也同比增多，增幅为 61.67%，在校学生数量增幅为 59.09%。中医药领域从业人员数量也不断增长，同比 10 年前，增长率达到 91.67%[①]。

基层中医药健康服务体系建设取得重大进展，中医类医疗机构服务能力显著提高。国家中医药管理局数据显示，2020 年中医类医疗卫生机构数比 2019 年增长 9.9%[②]，"十三五"期间，累计培养培训合格中医类别（助理）全科医师 4.2 万人，全国中医类别医师总数为 18.39 万人，比 2015 年的 15.64 万人增加了 2.75 万人[③]。2017 年与 2009 年相比，中医药医疗机构实有床位增长率为 162.97%，门急诊人数增长率为 162.24%，出院人数增长

---

① 郭清：《我国近十年来中医药发展状况与趋势分析》，《浙江中医药大学学报》2019 年第 10 期。
② 国家中医药管理局：《2020 年中医药事业发展统计提要报告》。
③ 《国家中医药管理局就中医药基层服务能力提升工作有关情况举行发布会》，http://www.satcm.gov.cn/bangongshi/gongzuodongtai/2022-07-26/27257.html。

率为190.62%①。

在国际上，中医药的影响在逐步扩大。《中医药"一带一路"发展规划（2016-2020年）》实施的5年来，中医药参与共建"一带一路"取得良好进展。新冠肺炎疫情突发后，发布多语种版本新冠肺炎中医药诊疗方案，与150多个国家和地区分享中医药抗疫经验，向28个国家派出中医专家协助抗疫。2022年1月，国家中医药管理局等发布《推进中医药高质量融入共建"一带一路"发展规划（2021-2025年）》，将全面提升中医药参与共建"一带一路"质量与水平。

中医作为中国传统文化的一部分，在维护国人健康方面发挥了历史性积极作用。西医引进中国之后，中国消费了全世界70%以上的输液，70%以上的抗生素②，加上空气污染、水污染和土壤污染，社会环境和生活方式造成的精神压力，导致癌症高发、疑难杂症多见。例如，中国人口协会联合原国家计生委发布《中国不孕不育现状调研报告》，报告显示中国的不孕不育率已经从1999年的2.5%~3%上升至2009年的12.5%~15%，2017年中国大约有4779万对不孕不育症夫妇，预计到2020年这一数字将增加至5620万对，即每8对夫妻中就有一对存在不孕不育问题，这从根本上抑制了人口出生率，减少了少儿人口，更加深化了人口老龄化的程度。人们开始对现实进行反思，对中国传统文化的精华重新审视，加上人们对医疗保健养生方面的需求逐渐增长，种种因素叠加推动了中医药的发展。

五　要解决的重大问题

（一）贯彻和宣传"共建共享，全民健康"的理念，国家、地方政府、社会团体和个人共同参与，各司其职，形成社会合力

老龄社会的新理念反映了我国要在健康方面实现什么样的发展、怎样实

---

① 郭清：《我国近十年来中医药发展状况与趋势分析》，《浙江中医药大学学报》2019年第10期。
② 汪建在第三届世界浙商（广东·2017）高峰论坛上的发言，2017年8月。

现发展的思考，关系到管全局、管根本、管长远的战略思想。"健康中国"是公共医疗卫生改革和发展的行动纲领，"共建共享"是建设健康中国的基本路径，"全民健康"是健康中国的根本目标，这个目标的实现，要强调国家、地方政府、社会团体和个人共同参与，国家从顶层设计出发，提供老龄健康产业发展的政策和方向，地方政府要积极宣传"共建共享，全民健康"的理念，强化跨部门协助，引导国家政策的落地和实施，同时推进社会团体和社会资本广泛参与，形成多层次、多元化的社会共治格局。而个人，是自己健康的主要负责人，要有意识地提升自己的健康素养，坚持适合自己的锻炼方式，形成热爱健康和运动、追求健康生活方式、促进健康享受生活的良好生活习惯。国家、地方政府、社会团体和个人共同参与，各司其职，形成社会合力。

（二）政府要积极出台扶持政策，促进老龄健康产业快速发展

老龄健康需求体现了我国城乡居民的内在要求和长远的健康权益，促进老龄健康产业发展具有全局性、长期性和战略性意义，对政治稳定、经济可持续发展和国家长治久安具有重大战略意义。政府要基于顶层设计的思路，主动积极出台扶持老龄健康产业发展的政策，针对影响健康的经济社会因素，以公共老龄产业政策为落脚点，以重大老龄产业行动计划为切入点，规范和引导老龄健康产业的发展进步，形成促进经济发展方式转变的新的经济增长点，以实现更高层次的经济社会发展目标，实现全民健康和全民小康的重大战略目标。同时，从老龄社会的全局高度，从平衡供需两端着手，提高需求端购买服务的负担能力（如提高农村老年人的基础养老金，实行全民免费医疗等），创造和改善实现健康中国战略目标的支持力和社会环境，形成供给侧和需求侧的良性循环。

（三）要在各领域树立行业标兵，重点扶持老龄健康产业的龙头企业加快发展

老龄健康产业包括多个领域、多个行业，在老龄健康方面每个领域都有

新世界、新思想、新产品,也会遇到新问题,许多企业可能是在摸索中前进,标兵和榜样可以起到较好的领路人的作用。因此,对老龄健康产业各领域涌现的龙头企业和个人典型事迹要及时进行宣传和支持,注重发现、挖掘和大力选树行业标兵和先进典型,充分发挥先进典型企业和先进人物的导向与示范作用,鼓励和引导企业以先进典型和行业标兵为榜样,开拓创新,凝聚智慧和力量,加快本企业的发展,在老龄健康产业形成良好的示范作用和引领发展方向的标杆作用。

(四)要推动老龄健康产业的创新,提升老龄健康产业的层次

创新是产业进步的推动力,也是提升产业层次的核心要素。智能老龄健康产业的发展核心是在制造业领域,目前很重要的工作就是把数字经济与传统健康行业有效融合,使老龄健康产业的巨大潜力充分发挥出来,在大变革大转型的时代,创新是唯一出路。2015年以来在医药健康领域重点布局发展人工智能技术的美国、日本、英国、印度及我国的战略规划显示,基础建设投入和基于国情的重点领域布局是战略规划的核心内容,我国战略布局多方面仅次于美国,但相对缺乏整体规划与发展路径,建设重点有待明确,健康医疗数据基础未与人工智能应用发展形成有效衔接、复合人才结构失衡的问题未获得充分重视、人工智能应用的监管及制度规范亟待加强。

(五)老龄健康产业要增强产业发展内生动力,达到供需衔接

要达到2030年健康服务业产值16万亿元战略目标,老龄健康产业需要培育和增强发展的内生动力,从产业、技术和市场三方面着手。一是产业上鼓励老龄健康产业投资,通过政策扶持关键企业实现技术升级和规模化生产,提高产品的技术含量,提高其市场竞争力。二是技术上加强自主创新,鼓励技术突破,开展老龄健康产业的共性基础研究和独特性研究,为老龄健康产业的自主发展奠定科学基础。三是市场上准确把握市场需求,在全球经济发展形势不明朗以及外向型经济受阻的国际环境下,通过内循环进行自我巩固和提升,做到真正的自给自足、良性发展。随着21世纪第四次产业革

命即将到来,在"大数据"迅速发展背景下,养老市场产品和服务的营销今后将以"一对一"为基本原则,"特制"和"定制"越发变得重要。养老不仅要让老年人满意,还要让老年人"感动",只有"读懂老年人",从老年人生理、心理需求,以及生活经历特殊性出发的老龄健康产品,才能真正做到供需衔接,受到市场欢迎并可持续发展下去。

(六)老龄健康产业发展要解决中医药发展中存在的问题

中医药既是老龄健康产业发展的重要组成部分,也是预防和治疗慢性病、促进人民健康的基石。加快振兴发展中医药,要对中医药服务健康中国建设进行系统部署。中医药健康服务业内容广泛,多样化的中医药健康服务有助于提升中医药在国民经济和社会发展中的贡献水平。但中医药在近代以来特别是西医东来之后逐渐式微,弱势累积至今,导致中医药的发展面临诸多问题。

1.中医药人才队伍建设滞后

近年来,我国中医药领域人才培养的力度不断加大,但与现代医学人才培养的数量规模相比,我国中医药人才队伍仍然存在人才规模小、人才梯度衔接不流畅等问题。我国的中医执业(助理)医师数量占全国卫生技术人员数量的比重仍然很低。据统计,2017年我国中医执业(助理)医师所占比重仅5.87%。此外,我国基层医疗卫生服务体系中医药人才更加匮乏,中医药类高校毕业生因条件差、待遇低而不愿到基层工作。即使被分到基层工作,也因多种原因而跳槽、改行等。

2.中医药临床研究环节相对薄弱

目前,我国的中医药临床研究存在诸多与西医不同的地方,显得研究力量薄弱且成果不显著。首先,中医药依据各人不同体质和病症进行开方,所谓"一人一方",难以标准化也不应该标准化,要使传统经典的中医药方更符合现代的生活方式,可参考借鉴日本的汉方;其次,中药材由于受到土壤污染、水质污染以及大气污染等,加之大量人工养殖,相比野生药材虽有其形而不复其灵,药效大不如前,疗效自然无法保障;最后,中医的理论体系庞大，内容深奥又细微，出师成才需要基于大量的时间和实践积累，没有速成班，与快节奏的现代生活无法契合，求医者也没有耐心慢慢等待疗效，致使中医药在老年人慢性病治疗和健康维护上的优势未能充分体现出来。

3. 中药材和中药制剂质量存在问题

中药材犹如中医的趁手武器，它的质量决定着中医的治疗效果。目前出于种种原因中药材存在不少质量问题。在药材的产地，野生环境保护不够，滥采乱伐造成部分珍贵野生药材流失甚至灭绝；种植方面，为了追求高产和效益，滥用农药、化肥和添加剂，导致药材的安全性、有效性存在隐患；加工方面，中医药缺乏统一生产加工标准，生产加工管理粗放，滥用化学制剂，炮制、切制等技术没有明确的标准，存在违规加工，从而导致中药材药性减退，影响治疗效果；销售方面，中药材市场鱼龙混杂，掺假现象仍然存在，导致中药材的质量严重下降，严重影响了中医药事业的发展。

4. 中医药文化传播的途径和内容仍待增加、完善

目前，中医药文化传播范围仍然较小。首先，国际影响力整体上并不大，中医的逻辑和思维明显异于西方，不被西方民众普遍接受也很正常。其次，中医药文化的传播途径较为单一，大多是在政府主导下单向传播，缺乏民间自发的交流互动。最后，中医药文化传播内容参差不齐。一些不法分子利用民众对健康的追求，传播一些似是而非的知识和方法，甚至是虚假广告，欺骗消费者，降低了中医药在民众中的信任度。

六　目标

国际上的抗衰老医学是致力于通过超前检测、主动预防、个性治疗及动态监测缓解因功能失常、丧失导致的退化性问题和疾病的临床学科，其目标就是推动医学研究不断创新与临床转化，延长人类寿命，同时最大限度地提高人类的生命活力和生产能力并延长健康寿命和青春寿命。这是一种理论和实践转化能力极强的新兴健康产业的有序发展模式，值得我国老龄健康产业借鉴。因此，未来的老龄健康医学模式不仅仅是人们认知的预防疾病的理念

和应用，更重要的是通过功能、组织、分子和基因四层数据采集及健康模型大数据建立人类健康峰值（最佳值）并将其作为标准值，形成以生命质量最大化为目标的个性化诊疗模式，形成安全、有效、节约的新兴健康服务业生态圈，促进老龄健康产业新发展，政府和社会收获低成本、高收益的健康医疗卫生模式，个体则延长生理功能完好和有贡献力的年限，身心健康享余寿，达到个人、社会和政府均受益的战略目标。因此，老龄健康产业的目标是从"治疗疾病为主"向"维持健康为主"发展，从重治疗向重预防发展，从"针对病源的对抗治疗"向"以人为本的整体治疗"发展，从重视对病灶的改善向重视人体微生态的平衡改善发展，从群体治疗向个性化治疗发展，从生物治疗向身心综合治疗发展，从强调医生作用向重视病人（健康生活方式）作用发展。归根结底，就是医学服务的重心从"治已病"向"治未病"转移，而"治未病"一直是中国传统中医学的特色和强项，经过兜兜转转、磕磕碰碰的探索，我国的老龄健康产业终于开始和华夏传统医学融合，我们也应该更有自信地在传统文化中寻找适合国人的生活方式和精神心理支柱。

七 政策建议

（一）创新观念和理念

促进我国老龄健康产业高质量发展，应坚持创新发展理念，打造有利于激发创新的制度保障，鼓励创新行为，充分激发企业的创新活力，充分释放"人才、资本、信息、技术"等创新要素活力。同时，政府在为市场提供足够自由的同时严格管理和监督，让市场主体在法制与市场规则的既定框架内自由从事经济活动，达到要素的自由流动与资源的合理配置，进而优化产业结构，深化产业链融合，最终促进企业、行业、产业乃至整个社会的共同发展。市场监管的重要目标，是维护公平竞争的市场环境、规范市场秩序，政府通过完善法制建设、健全市场监管与提供社会服务，维护市场秩序，保障市场主体权益，确保社会公平，从而履行"守夜人"职责，"更好地发挥政府的作用"。这是良性的商业发展和社会运转均需要的一个执法严格、奖惩分明的规则框架。

（二）重大工程

国家发展改革委等多部门出台的《促进健康产业高质量发展行动纲要（2019-2022年）》提出，围绕重点领域和关键环节，实施优质医疗健康资源扩容工程、"互联网+医疗健康"提升工程、中医药健康服务提质工程、健康服务跨界融合工程、健康产业科技创新工程、健康保险发展深化工程、健康产业集聚发展工程、健康产业人才提升工程、健康产业营商环境优化工程、健康产业综合监管工程等10项重大工程。作为健康产业的重要部分，在《促进健康产业高质量发展行动纲要（2019-2022年）》实践的基础上，老龄健康产业还需要突出建设的重点工程包括如下方面。

1. 老龄健康全民教育工程

从个体来说，"主动健康观"的重中之重是强调个体在健康行为中的主体责任，人类个体是健康行为的主体[1]，倡导"每个人都是自己健康第一责任人"的理念，增强自我保健能力，树立起个人为自己健康负主要责任的意识。从政府层面来说，目前，人类健康的重大挑战在于，被动健康观念引领下病越治越多并且许多疾病根本无法治愈，加上全球范围内医疗利益博弈机制下的医疗过度商业化、产业化造成利益博弈机制的恶性循环，整体来看，现有健康医疗体系难以适应人类寿命普遍大幅延长的老龄社会的要求[2]。除了强化老年人主动健康观念外，政府应该加快健康管理从以"治"为主向以"防"为主转变，推动关口前移，加强全生命周期健康教育，树立"年轻是为老年期做储备"的中长期意识，做到早预防、早管理。推行老龄健康生活方式，针对老年人群开展健康健身教育指导，加强非医疗健康干预。

---

[1] 党俊武：《构建适应老龄社会的"主动健康观"》，《老龄科学研究》2021年第2期。
[2] 党俊武：《构建适应老龄社会的"主动健康观"》，《老龄科学研究》2021年第2期。

2. 农村老龄健康促进工程

农村老年人的健康问题是健康老龄化的难点问题，也是积极应对人口老龄化的重点议题之一。开展农村老龄健康促进工程，就是要面向农村老年人普及膳食营养、体育锻炼、定期体检、健康管理、心理健康以及合理用药等知识，健全农村老年健康服务体系，进行农村适老化改造，打造农村老年人的宜居环境，实现农村的健康老龄化。在医疗资源不足的农村地区，可由政府提供特别的税收和土地优惠政策，政府和社会力量共同努力，促进农村的老龄健康产业和事业齐步发展。

3. 基层医疗卫生机构业务能力提升工程

截至2021年11月底，全国医疗卫生机构共有104.4万个，其中基层医疗卫生机构99.0万个[①]。为贯彻"以基层为重点，以预防为主"的国家方针，实现老龄健康建设逐步向社区转移，要提升基层医疗卫生机构的专业技能水平，提升促进老龄健康产业发展的业务保障水平；实现基层互联网+医疗建设+老龄健康产业的融合。

4. 老龄心理健康促进工程

随着老年人整体教育水平和文化素质的提升，他们表现出复杂和多元的精神、心理与情感需求，物质生活水平普遍提高之后，精神心理需求的满足成为提升老年人生存质量的重要因素，"精神心理养老"被摆在了养老服务的大框架中。精神心理性疾病具有低致死、高致残性的特点，心理疾病不仅给个人造成痛苦，还会带来医疗压力和照料负担，危害社会安全。精神心理疾病负担在目前中国疾病总负担中排名第一，已超过心脑血管疾病和恶性肿瘤等。另外，中国各种精神疾病所致的劳动能力丧失占全部疾病及外伤所致的残疾和劳动能力丧失的20%，精神心理疾病人群也存在一定的社会安全隐患。精神心理健康问题不再仅是个人问题，它已上升为社会公共卫生问题。实施老龄心理健康促进工程有助于提升老年人的生活质量、减轻医疗财政负担和社会照护压力、提升社会安全感，也有助于科学地"积极看待老

---

① 国家卫健委，http://www.nhc.gov.cn/xwzb/webcontroller.do?titleSeq=11461&gecstype=1。

龄社会、老年人和老年生活，以积极的态度、积极的政策、积极的行动应对人口老龄化"。

5. 中医振兴工程

中国有最贴合中国人生活习惯的养生智慧和医治方式，即中医，即便屡遭挫折，它仍然以顽强的生命力扎根于人民群众中。中国传统的中医文化历来注重情志因素对于健康的统合作用，强调养生的关键在于养心，"主明则下安，以此养生则寿"。"主动健康观"的核心目标是从源头上降低疾病和失能的发生率，强调预防性健康事业投入不断加大和预防性健康产业产值不断增大，从根本上缓解治疗性健康事业投入的无底洞效应和遏制治疗性健康产业直线攀升态势[①]。中医振兴工程首重中医人才培养，不以西医标准来衡量人才；其次是中医经典药方的发掘、整理和保护，还有从中小学抓起，启蒙中医的阴阳、五行和易的思维方式，形成与细菌病毒平衡相处而非彻底消灭杀绝的观念；最后，加快中药材药效的恢复，为中医维护人民健康提供趁手的武器和帮手。

推进老龄健康产业重点工程，可以较快地实现"健康中国"新目标，使人人享有更公平、更多样、更安全、更有效的健康服务体系，着力践行习近平总书记大健康思想，努力建成更高水平的全面小康社会，为实现第二个百年奋斗目标和中华民族伟大复兴中国梦做出积极贡献。

（三）加强老龄健康产业法治化建设，规范市场秩序

老龄健康产业发展刚起步，市场很不规范，各种组织抢占地盘野蛮生长，各项法律法规不完善，这是监管部门在老龄社会中面临的新问题和新形势。针对老龄健康产业发展中出现的问题和矛盾，政府要加快相关法律法规的制定，用规章制度来规范市场主体和个人的行为，为老龄健康产业的良性发展提供法律上的支撑和保障。

---

① 党俊武：《构建适应老龄社会的"主动健康观"》，《老龄科学研究》2021年第2期。

（四）大力推进老龄科学健康方向的学科建设，加大人才培养和鼓励力度

老龄健康产业从业人员需要具备人口学、医学、药学、护理学、心理学、管理学等多方面知识，综合型人才是老龄健康产业急需的人才。要加快人才培养，鼓励高校培养应用型综合人才，丰富人才成长途径，通过学科建设、重大科研平台建设和重大项目实施等，培养一批高水平老龄健康综合型人才和多学科交叉的新型领军人才，支持组建一批高层次创新团队；健全人才评价激励机制，扩大科研机构、重点实验室等科研成果转化处置权限，鼓励实行科研成果转化和薪酬激励、职务职级晋升挂钩，充分调动技术人员的积极性和创造性。让老龄健康产业成为以人民健康为中心的"健康中国"战略目标的强大支撑，提升全生命周期、全过程健康的社会普及度，全面提高人民健康水平。

随着老龄健康产业的发展，我国将基本形成内涵丰富、结构合理的老龄健康产业体系，医疗健康资源将进一步丰富，老龄健康产业融合度和协同性进一步提升，科技竞争力进一步提升，人才数量和质量达到更高水平，形成若干有较强影响力的老龄健康产业集群。老龄健康产业将成为促进内需发展的重要引擎、健康老龄社会的重要助力。

B.5
老龄服务产业中长期发展研究

王莉莉　肖文印　李清和*

摘　要： 老龄服务产业是落实积极应对人口老龄化国家战略、满足全体人民老年期各类服务需求、加快我国产业结构优化升级、推动经济发展的重要产业，是老龄产业中的主导产业，具有巨大的发展潜力和蓬勃的发展前景。本报告提出了老龄服务产业的行业类别，指出了我国老龄服务产业在不同阶段的重大需求，并分析了我国老龄服务产业在产业政策、产业组织、产业结构、市场集中度等方面的发展现状，指出了我国老龄服务产业在新时代、新背景下面临的严峻挑战，以及在顶层设计、有效需求、中端市场和产业创新发展等方面存在的问题，提出了未来老龄服务产业的中长期发展目标、保障措施以及老龄服务质量提升工程、老龄服务科技应用工程等重大工程。

关键词： 老龄服务产业　老龄社会　中长期规划

一　研究背景

（一）大力发展老龄服务产业是落实积极应对人口老龄化战略的重要体现

随着我国决胜全面建成小康社会取得决定性成就，决战脱贫攻坚取得全

---

* 王莉莉，博士，中国老龄科学研究中心研究员，老龄产业研究室主任，研究方向为老龄产业、老龄政策、老龄服务；肖文印，中国老龄协会机关服务中心副主任，研究方向为老龄政策和老龄产业；李清和，博士，中国社会科学院大学博士研究生，研究方向为人口老龄化与养老保障。

面胜利，我国的经济社会发展、人民生活水平都在不断提高。同时，随着医疗卫生条件的进步，人们的平均预期寿命不断提高，老年人口数量逐年上升。2020年第七次全国人口普查数据显示：2020年我国人口老龄化水平已由2010年的13.26%提高到18.70%，人口老龄化程度持续加深。积极应对人口老龄化，不仅是老龄社会的必然要求，更是关系国家发展全局、关系亿万百姓福祉的重要战略部署。党和政府高度重视老龄事业，筑牢老年社会保障制度，完善老龄工作体制机制，构建孝亲敬老社会环境，不断出台促进老龄事业与产业协调发展的政策体系。党的十九届五中全会在"十四五"规划中明确提出"积极应对人口老龄化国家战略"，党的十八大和十八届三中、四中、五中全会以及"十四五"规划纲要都对应对人口老龄化、加快建设社会养老服务体系、发展养老服务产业等提出明确要求。《"十四五"国家老龄事业发展和养老服务体系规划》明确提出"养老服务供给不断扩大""为老服务多业态创新融合发展"等具体要求，为促进老龄服务产业的健康快速发展营造了良好的政策环境，是落实积极应对人口老龄化战略的重要体现。

（二）大力发展老龄服务产业是扩大消费、增加经济新增长点的必然要求

世界经济正在从物质经济向服务经济全面转型，对于未来人类经济结构和发展方式将产生重大影响。同时，人类社会正在从年轻社会向老龄社会转变，对经济发展结构转变过程中从物质向服务转型也会产生新需求。中国目前正处于经济转型升级过程中，服务经济成为重点发展内容，老龄服务产业作为发展较快的一个老龄产业板块，刚需旺盛，具有强大的消费潜力和巨大市场，已经成为老龄产业发展中的主要产业板块。2016年习近平在中共中央政治局第三十二次集体学习时指出，老龄服务事业和产业发展空间十分广阔，他强调要着力发展养老服务业和老龄产业，要培育老龄产业新的增长点，完善相关规划和扶持政策。《中共中央关于制定国民经济和社会发展第十四个五年规划和二〇三五年远景目标的建议》则进一步提出发展银发经济,构建居家社区机构相协调、医养康养相结合的养老服务体系。国务院总理李克强明确指出,老龄产业是巨大的朝阳产业。特别是在老龄产业中需求明显、发展较快、目前已成为主要产业板块的老龄服务产业,更在吸引社会力量投入、满足人民群众日益增长的老龄服务需求方面发挥着重要作用,是老龄社会中增加经济新增长点的重要领域。

(三)大力发展老龄服务产业是满足人民群众美好晚年生活需求的现实需要

我国人口老龄化程度正在快速加深,老年人口数量不断攀升,老年人内部的年龄结构也随之发生变化。目前即将进入老年期的人大多出生于20世纪60年代,与20世纪四五十年代出生的人相比,这部分老年人教育程度与收入水平普遍较高,对生活品质有明显的追求,他们不仅有传统意义上的照护服务需求,更有着范围更大、层次更高的各类服务需求,包括健康管理、文化娱乐、休闲旅游、教育培训、日常生活等多元化的服务需求,且消费需求与消费意愿都较之前的老年人有明显提升。此外,"七普"数据表明,我国的家庭户规模进一步缩小,已经由2010年的3.10人下降到2020年的2.62人,传统家庭养老的模式正在发生巨大变化,依靠家庭来满足老年人日益增长的各类服务需求显然是不现实的。因此,目前市场上已经出现各种各样的老龄服务产品与创新的服务模式。特别是在信息化、数字化和智能化快速发展的背景下,老年人的老龄服务产品与服务模式也正在发生巨大变化,大力发展老龄服务产业不仅是老龄社会背景下的必然趋势,更是满足人民群众美好晚年生活需求的现实需要。

二 文献回顾与述评

目前,关于老龄服务产业的研究文献并不十分丰富,从产业经济学视角来全面分析我国老龄服务产业发展的更是少之又少。总体来看,目前研究内容主要集中在以下几个方面。

（一）老龄服务产业的概念与性质研究

目前学者们对于老龄服务产业的研究并不十分集中，大多集中在养老服务产业，或者老年服务产业。主要的观点包括：一是从广义角度来看，认为老年服务产业或者养老服务产业是为老年人提供的各种产品和服务的产业集合。二是从狭义角度来看，老年服务产业或者养老服务产业仅仅指为老年人提供日常家政服务、疾病的护理、精神上的慰藉服务等的产业集合[①]；笔者认为无论是从狭义还是从广义角度来看，以上看法都有失偏颇，没有从全生命周期和老龄社会的角度去看待老龄服务产业，老龄服务产业应该是在老龄社会条件下，面向全体公民老年期，主要提供生活性老龄服务产品的企业集合[②]。

（二）老龄服务产业的消费需求与潜力研究

从已有研究来看，目前研究大多集中于关于人口老龄化与消费、投资以及经济增长之间关系的宏观经济研究[③]，具体分析人口年龄结构变化对产业结构影响的研究还很少[④]，关于人口老龄化对特定产业领域影响的研究更

[①] 潘海生、何一枫、曹小锋：《积极发展养老服务产业》，《政策瞭望》2009年第11期。
[②] 王莉莉、杨晓奇：《我国老龄服务业发展现状、问题及趋势分析》，《老龄科学研究》2015年第7期。
[③] MacKellar L., 2004. Economic Impacts of Population Aging in Japan, Edward Elgar Publishing; Futagami, K. and Nakijima, T. 2002. Population Aging and Economic Growth. *Journal of Macroeconomics* 23 (1); Bloom, D. E. and Jocelyn, E. F. 2009. Demograohic Change and Economic Growth in Asia. *Asian Economic Policy Review*, (4); Choudhry M. T. and Elhorst, J. P. 2010. Demography Transition and Economic Growth in China, India and Pakistan. *Economic Systems*, (34); 蔡昉：《人口转变、人口红利与经济增长可持续性》，《人口研究》2004年第2期；胡鞍钢、刘生龙、马振国：《人口老龄化、人口增长与经济增长——来自中国省际面板数据的实证证据》，《人口研究》2012年第3期；李军：《人口老龄化条件下的经济平衡增长路径》，《数量经济技术经济研究》2006年第8期；刘生龙、郭炜隆：《人口老龄化与经济增长——基于OECD与金砖四国跨国面板数据的实证结果》，《老龄科学研究》2013年第7期；彭秀健：《中国人口老龄化的宏观经济后果——应用一般均衡分析》，《人口研究》2006年第4期。
[④] 张斌、李军：《人口老龄化对产业结构影响效应的数理分析》，《老龄科学研究》2013年第6期。

少。随着人口老龄化的不断发展，人口老龄化对产业结构影响的实证研究开始增多。有学者从资本供给、消费模式、劳动力供给、全要素生产率等角度论述了人口老龄化对产业结构的影响路径，并发现人口老龄化对服务业具有显著正向效应①；此外，还有学者从劳动力供给与消费需求、劳动生产效率等角度分析了人口老龄化对产业结构的影响②，认为人口老龄化将通过影响劳动生产效率对产业结构发展产生影响。张斌等学者通过建立含有人口老龄化因素的产业结构演进模型，从理论上研究了人口老龄化对产业结构演进的影响，认为随着老年人口绝对数量的提升，老龄服务产业的需求将会出现爆发式增长③。李军认为中国老龄产业发展的潜力是巨大的，并对老年群体消费总量与 GDP 的比率做了数据预测④。但对于老龄服务产业的未来消费潜力及其在 GDP 中的比重，目前的相关研究还较少。

（三）老龄服务产业的市场供给研究

从目前研究来看，对于老龄服务产业的供给市场研究主要集中在老龄服务产业的产业组织研究，且侧重于老龄服务产业的传统服务企业即养老服务机构的研究，包括养老机构的概念、性质与分类⑤。养老服务机构的发展现

---

① Thiessen, U. 2007. Aging and Structural Change. DIW Discussion Paper, No. 742.
② 钟若愚：《人口老龄化影响产业结构调整的传导机制研究：综述及借鉴》，《中国人口科学》2005 年（增刊）；杨光辉：《中国人口老龄化与产业结构调整的统计研究》，厦门大学博士学位论文，2006；Feyrer, J. 2004. Demographics and Productivity, Dartmouth College Working Paper; Feyrer, J. 2005. Aggregate Evidence on the Link between Demographics and Productivity. Dartmouth College Working Paper; Raiser, M., Schaffer, M. E. and Schuchhardt, J. 2003. Benchmarking Structural Change in Transition. CERT Discussion Paper; Pekkarinen, T. and Unsitalo, R. 2012. Aging and Productivity: Evidence from Piece Rates. IZA Discussion Paper No. 6909.
③ 张斌、李军：《人口老龄化对产业结构影响效应的数理分析》，《老龄科学研究》2013 年第 6 期。
④ 李军：《中国老龄产业发展预测研究》，载吴玉韶、党俊武主编《中国老龄产业发展报告（2014）》，社会科学文献出版社，2014，第 9 页。
⑤ 周云、陈明灼：《我国养老机构的现状研究》，《人口学刊》2007 年第 4 期；江燕娟、李放：《我国养老机构服务的有效供给研究》，《广西社会科学》2014 年第 11 期；赵婷婷：《我国养老机构的地位、性质及运行方式研究》，《社会工作》2012 年第 5 期。

状与面临的问题研究,包括公办养老机构服务功能、服务对象错位,运行机制效率不高,挤占民办养老机构市场等①,民办养老机构主体弱势化明显、政策扶持不到位、人才队伍缺乏、监管评估不完善等问题②。此外,也有学者从更大的产业范围探讨目前老龄服务产业的发展现状及存在的问题③。但从产业经济角度,对老龄服务产业的产业发展、产业结构、产业布局等的研究还相对较少。

(四)老龄服务产业的产业发展环境研究

从现有研究来看,目前关于老龄服务产业的产业发展环境政策更多地集中在产业扶持与引导政策方面,包括对现有老龄服务产业政策的梳理与评述、对包括老龄服务产业政策在内的老龄产业政策体系的构建,以及现有政策存在的问题及政策建构思路等④。但从产业经济的角度看,目前对老龄服务产业的产业政策研究并不充分,对老龄服务产业在产业结构、产业组织、产业发展等方面的政策研究还并不深入与系统。

(五)老龄服务产业的其他研究内容

老龄服务产业是一个涉及多个产业领域的新兴产业,从目前的研究来

---

① 穆光宗:《我国机构养老发展的困境与对策》,《华中师范大学学报》(人文社会科学版)2012年第2期;闫青春:《养老机构的"公办民营"与"公建民营"》,《社会福利》2011年第1期;陈无风:《民办养老机构行政补助研究》,《兰州学刊》2014年第6期。
② 董红亚:《基于主体弱势化的民办养老机构发展研究——以浙江省为例》,《中州学刊》2013年第5期。
③ 党俊武:《我国老龄社会初期阶段发展老龄服务的战略思考》,《老龄科学研究》2017年第3期;谢林吟、唐果:《老龄服务供给侧改革:供给主体的职责与关系》,《老龄科学研究》2018年第10期。
④ 李志宏:《中国老龄产业政策发展报告》,载吴玉韶、党俊武主编《中国老龄产业发展报告(2014)》,社会科学文献出版社,2014,第9页;李燕、伍梦:《老龄产业供给侧改革的政策演进路径研究——基于福利多元主义理论视角》,《老龄科学研究》2018年第2期;马岚:《改革开放四十年我国社会化养老服务的政策演进和发展趋势》,《重庆社会科学》2018年第12期。

看,已有学者从人口学、社会学、经济学、统计学等多个学科领域对老龄服务产业进行研究,但就目前而言,对老龄服务产业的研究还多集中在社会科学领域,研究的专业领域还非常有限。

三 概念界定

(一)老龄服务产业的概念

如前所述,本文认为,在界定老龄服务产业时应该充分考虑以下两个视角:一是全生命周期视角,即老年人的老龄服务需求是生命周期进入老年期之后产生的,其服务需求反映了之前生命历程各个阶段的生活经历与健康累积,因此,老龄服务产业的服务内容不能仅仅着眼于老年人进入老年期之后的服务需求,更应着眼于人们在增龄过程中,由于身体功能的衰退而随时产生的各类服务需求。二是老龄社会视角,要充分从老龄社会这个大背景来考虑老龄服务产业,在老龄社会背景下,无论人口结构、消费需求、产业结构,还是经济社会发展,都无疑会受到老龄社会所带来的影响,因此,必须立足于老龄社会背景下经济社会发展的需要来看待老龄服务产业。基于此,本文认为,老龄服务不能仅指为老年人提供服务,也不能简单地看作为养老服务、为老服务等;必须在老龄社会的背景下理解老龄服务。

从广义来讲,老龄服务是在老龄社会背景下,为了满足人们在增龄过程中由身体功能衰退所导致的生理、心理以及其他方面的各类需求的一系列服务形态,如日常生活照料、医疗、保健、长期照护、康复护理、文化娱乐、精神慰藉等,这都属于广义范围的老龄服务。本文主要从狭义角度来理解老龄服务,即老龄服务主要指为满足人们在增龄过程中由身体功能衰退而产生的日常生活、康复护理、居家、社区、机构养老以及必要的法律、咨询等服务需求而提供的各类服务,老年人的其他专业性医疗卫生服务需求、文化娱乐服务需求等主要在本书中老龄健康产业和老龄文化产业部分进行重点分析。

老龄服务产业则是在老龄社会背景下发展起来的一个新兴的综合产业，是人们在增龄过程中，特别是在迈向老年期的生命过程中，为其提供各类老龄服务产品的生产部门和企业的集合体。它是在老龄社会快速发展的背景下所产生的，是老龄产业的一个重要内容，也是未来我国第三产业发展的一个新的产业形态。未来，老龄服务产业将随着老龄社会的快速发展，以及人们服务需求的增长和服务层次的提高而快速发展，并重塑年轻社会条件下形成的服务产业结构和业态。它是老龄社会条件下经济发展的新的增长点。

（二）老龄服务产业的特征

一是人力密集型特征。老龄服务产业涵盖的行业内容广泛，老龄服务产业以传统服务产业和生活性服务产业为主，但同时，它也涵盖了一些现代服务产业和生产性服务产业。从目前老龄服务产业的发展来看，老龄服务产业中发展最快的依然是刚需明显的康复护理类产业，这一类产业体现出明显的人力密集型特点，是老龄服务产业的一个重要特征。二是技术密集型的特征。尽管这一特征目前还不明显，但随着信息社会的发展，特别是互联网、物联网、人工智能等现代信息技术的快速进步，科技应用于老龄服务产业的趋势更加明显，在一些康复护理、长期照护的服务领域，许多技术已经应用于相关的设备以及仪器中，用以提高服务效率和服务水平。三是产业融合型的特征。我国的老龄服务产业最终将走向产业和市场化的方向，在老龄服务产业不断发展的过程中，它必将与其他相关产业产生极强的交叉与融合发展趋势，产业融合发展的特征将会日益明显。

（三）老龄服务产业的分类

按照本文对老龄服务产业的定义和特征分析，结合国家统计局发布的《生活性服务业统计分类（2019）》和《养老产业统计分类（2020）》，本文将老龄服务产业划分为六大类，分别为老龄生活服务业、老龄商务服务业、老龄照护服务业、老龄康复护理服务业、安宁疗护服务业和其他各类老龄服务业。其中：①老龄生活服务业包括餐饮、理发、家庭雇工服务等；②老龄商务服务业包括老龄法律、咨询、人力资源服务等；③老龄照护服务业包括居家照护、社区照护、机构照护服务等；④老龄康复护理服务业包括养护、康复、护理服务等；⑤安宁疗护服务业；⑥其他未计入的老龄服务产业。

四 老龄服务产业发展的中长期重大需求研究

消费群体规模扩大、消费能力持续增强，必然会相应地刺激消费需求提升。在今后相当长的一个时期内，我国人口老龄化程度呈逐年加深态势，老年群体的绝对数量和在总人口中所占比例不断提高，形成了日益旺盛的老龄服务消费需求。与此同时，我国将在21世纪中叶全面建成富强、民主、文明、和谐、美丽的社会主义现代化强国，国民经济的发展和社会保障制度的完善确保老年人能共享更多的发展成果，大大提高了其实际消费能力。由此可以预见，在21世纪前半叶，我国的老龄服务需求将经历一个持续、快速增长的过程。

从现在到21世纪中叶，即我国全面建成社会主义现代化强国的这近30年中，以2035年为界，分为前后两个阶段，来分别分析我国的老龄服务需求状况。

（一）第一阶段（2021~2035年）

2020年，我国65周岁及以上人口达到1.90亿人，占全国总人口的13.5%。此后，中国逐渐进入中度老龄化阶段，并持续到2035年。在进入中度老龄化阶段之前，我国第一个百年奋斗目标——全面建成小康社会已经实现，脱贫攻坚工作也取得决定性胜利，贫困问题得到制度性的解决，社会保障制度更加健全完善，老龄服务需求将由"生存型"向"改善型"转变，

由前期重视量的提升转向量和质并重,服务范围不断拓展,服务供给不断丰富,服务水平不断提升。这一阶段的老龄服务需求,主要体现在以下几个方面。

1. 日常生活服务需求

对亿万活力老人来说,居家社区养老是一种低成本、高效益、高意愿的养老模式。居住在家庭,活动在社区,不疏离家庭和亲情,能明显提高晚年生活满意度。如果按我国每千名老年人拥有的机构养老床位在30张左右,即使所有机构养老床位都住满,还有97%的老年人要在家庭和社区中生活,这就催生了大量的老龄家政服务需求。老龄家政服务内容繁多,涉及保洁、助浴、助医、送餐、维修、代购等方方面面。

2. 商务服务需求

刚步入老龄时代的低龄老人数量逐渐增加,他们的受教育年限增加,他们脱离现代化、智能化社会时间不长,与中高龄老人不同,他们对于社会功能的需求更加全面,尤其是在金融投资、养老医疗商业保险、再就业、法律咨询、权益维护等方面,拥有和年轻人完全一样的社会需求。作为社会经验财富和历史财富的载体,老年群体中有很大一部分人具有分享工作经验、人生心得的能力,也有实现自我价值、发挥余热的积极性,老年人再就业的社会呼声高、就业需求大,但就业渠道窄。已退休的老人大多保持着实用主义的消费观念,针对他们储蓄的合理安全投资服务,在市场上有很大的供给空缺。作为社会成员之一,老年人在法律、权益保障维护等专业领域的需求也与老年人的特征有关,子女赡养、婚姻、遗产等方面的服务需求尤为突出,满足好老年人商务服务需求是新时代老龄产业发展的任务之一。

3. 长期照护服务需求

老年人的照护服务是一个综合服务体系,涉及老年期的各个阶段,针对老年人的不同需求可以包含不同服务组织提供的形态各异的服务内容。目前,我国正在构建以居家为基础、社区为依托、机构为补充、医养康养相结合的社会养老服务体系,在这一阶段,老年人将对服务的多样性、融合性提出更多要求,包括居家照护服务的多样性、针对性,社区照护服务的便利性、可获得性,机构照护服务的专业性、辐射性等。因此,这一阶段,不仅需要加快发展居家和社区照护服务,满足居家、社区老年人多样化的服务需求,更重要的是要在机构养老的基础上,进一步将机构的专业化服务辐射到居家和社区老年人,在机构、社区、家庭之间,形成方便、有效、可及的服务供给链条,使生活在家庭和社区的老年人既可以获得自己独立的生活空间,也可以享受到机构化的专业服务。

4.康复护理服务需求

失能、高龄老人是护理服务的刚需人群。但截至2019年底,我国拥有的各种养老服务机构的数量为3.4万个,床位数为761.4万张[①],其中具有护理功能的床位数量不足一半,供需缺口比较明显。同时,我国养老机构布局不够合理,服务质量偏低,医疗护理人才和护理能力严重不足。这一阶段,要大力发展医养结合机构,提升护理服务质量,降低机构运营成本,不断满足失能、高龄等刚需人群的护理服务需求。

5.安宁疗护服务需求

"善终""优逝"是对踏上人生终点者的美好祝愿,要实现"优逝"目标,需要发展临终关怀事业,为临终老人提供姑息治疗、安宁疗护和精神抚慰服务,帮助他们安详地走完人生。当前,国家对临终关怀作出了一些政策性安排,但还限于试点阶段,配套政策和设施严重不足,现有的试点单位因无法盈利而难以持续。我国平均每年有数百万老人辞世,临终关怀服务将是一个巨大的市场。

此外,老年人对友好人文环境的需求也日益强烈,希望能居住在和谐友好的环境中,身心愉悦,心情舒畅,因此,还需要努力营造敬老爱老的社会环境和舆论氛围。

(二)第二阶段(2036~2050年)

在我国人口老龄化发展过程中,2035年是一个具有里程碑意义的重要

---

① 发改委:《截至2019年底我国养老服务床位数已超761万张》,中国网财经,2020年5月12日。

年份。这一年，我国开始进入重度老龄化阶段。此后老年人口占比仍呈持续提升态势，无子女、独居和空巢老年人的比例都有所提高。相应的，各类老龄服务需求也持续刚性增长，在经济社会快速发展的同时，老年人的消费需求预期也不断变化，由"改善型"向"乐享型"转变，对老龄服务供给的质量优化提出了更高的要求。

1. 老年人对服务非功能性的需求程度会有所提高

随着生活水平的提高和活动区域的智能性拓展，老年人对服务有着更高、更多的要求，更重视心理层面需要的满足，注重享受晚年的快乐祥和。在这一阶段，不同的文化交融更加频繁，价值观、消费观更加多元，老年人的服务需求也更趋多样化、多层级化，服务内容也随之发生深刻变化。如单功能、单效用的服务向复合性、系统性的服务转变，增加了服务中精神、情感需求的比重。

2. 照护服务中情感性需求的程度将明显加深

智能科技的广泛应用，使老龄照护服务进入智慧化阶段，传统的老龄照护服务内容发生了很大变化，服务方式越来越智能化、机械化，一些服务被人工智能如服务机器人所取代，对人力的需求和依赖程度大为降低。但智能设施设备没有共情能力，有智商没情商，没有服务温度，在一些服务领域并不能完全替代人的服务，如居家老年人所渴望的亲情陪护、情感交流、精神抚慰以及心灵碰撞的幸福体验等。

3. 康复护理服务的刚性需求将进一步快速增长

随着我国人口老龄化的不断发展，我国高龄、失能老年人的数量也在不断增长。大部分老年人即使不入住养老机构，也需要相应的护理服务。

4. 老龄服务的多样化与品质化需求将进一步凸显

生活水平的提高，会使老年人更加重视提升生活品质。在这一阶段，老龄服务的外延会进一步扩展，老年人对体育、旅游、文化、教育、法律等领域的服务需求也会显著增加，并提出更高的要求。

五 老龄服务产业现阶段主要发展态势研究

（一）产业政策体系不断完善

随着人口老龄化的加快发展、老年人老龄服务需求不断提升，党和国家高度重视老龄事业和老龄产业的发展。一方面，不断加大财政投入、完善相关政策、强化养老服务设施。另一方面，则通过不断出台积极的产业政策来扶持、引导和培育老龄服务产业发展。《"十三五"国家老龄事业发展和养老体系建设规划》《关于全面放开养老服务市场提升养老服务质量的若干意见》《关于推进养老服务发展的意见》《关于建立健全养老服务综合监管制度促进养老服务高质量发展的意见》《关于促进养老托育服务健康发展的意见》《"十四五"国家老龄事业发展和养老服务体系规划》等，从整体设计到科学应对、综合应对，为促进老龄服务产业的健康快速发展营造了良好的政策环境。地方各级政府也都制定了加快推进老龄服务产业发展的具体政策、规划与措施，极大地促进了相关产业政策体系的发展与完善。

（二）产业组织类型更加多元

经过近年来的发展，老龄服务产业的组织类型已不再是之前传统的医疗护理、生活家政、房地产等组织类型，越来越多各个行业的企业主体开始进入老龄服务产业领域。传统的如医疗、地产、旅游、保险等相关行业主体，近年来包括教育、智能科技等相关企业也都开始进行老龄服务产业的拓展。特别是一些国有企业，近年来也纷纷进行战略布局，老龄服务产业的产业组织类型更加多元，产业涉及领域更加广泛，老龄服务产业与各种行业的融合发展趋势更加明显，产业之间互相带动、互相促进的发展模式也开始频繁出现。

（三）市场集中度不断提升

近年来，老龄服务市场在政策扶持下加快发展。产业的细分程度进一步提高，开始出现更多的服务类型，特别是在刚需明显的老龄护理机构，经过几年来的优胜劣汰，一些连锁的品牌化企业开始出现，在普惠养老政策的支持下，一些企业与地方政府联合推出价格合理、服务上乘的各类服务项目，市场需求被进一步激发，市场的细分程度和集中程度得到提高。一是在发展较早的大型、高端老年社区市场方面，已经出现许多大的企业和集团品牌。二是在近年来发展快速的医养结合市场，一些大型医疗集团开始积极投入与布局，发展态势迅猛。三是在一直发展比较滞后的社区居家市场层面，也有越来越多的企业开始积极布局、积极探索。四是一些大型养老集团投入老龄服务产业的优势更加凸显。他们利用已有的产业链条拓展老龄服务市场领域，集团内部的产业板块互为支撑、共同发展，已经成为目前比较普遍的运作模式。未来，老龄服务产业的市场竞争将会更加激烈，市场的集中程度也会进一步提升。

（四）产业结构进一步优化

突出的表现是，随着老龄服务产业的不断发展，劳动密集型的产业开始出现新的变化，一些以资本密集、技术密集为特点的产业开始涉足老龄服务产业。一是在传统的劳动密集型老龄服务产业市场，初期以机构发展为主的模式开始有了变化，越来越多的企业，特别是大企业开始在社区和居家服务市场进行业务拓展，老龄服务产业的服务类别和内容开始进一步延伸与扩充。二是一些资本密集型的企业、机构开始涉足老龄服务市场，特别是金融机构拓展老龄服务、支持老龄服务产业发展的趋势更加明显。中央和地方的金融机构开始在政策引导下加大对老龄服务企业的金融支持力度，不断进行信贷服务创新，扩大信贷抵押担保物范围等。同时，许多地方开始设立专门的产业投资引导基金，或者通过专项贷款项目支持老龄服务企业发展。三是随着信息化社会的发展，老龄服务产业的技术水平不断提高，许多智能化的老龄服务项目得到快速发展，特别是在工信部发布了《智慧健康养老产业发展行动计划（2017—2020年）》（工信部联电子〔2017〕25号）之后，一些社会资本纷纷开始投入智能养老领域。包括在居家和社区内发展智能化老龄服务平台，将现代信息技术与老龄服务产品相结合，进一步提高老龄服务产业的服务效率和智能化服务水平。同时，智能老龄服务的产业链条也在持续发展，以大数据、云平台、智能硬件等为主要内容的智能老龄服务产业得到快速发展，逐渐成为老龄服务产业中的新兴产业板块。

（五）产业融合发展更加明显

作为老龄服务产业的主要消费群体，老年人的需求是多种多样的。老年人不仅需要专业的医疗服务，也需要长期的照护服务，同时，老年人也需要正常的日常生活服务、文化娱乐服务等，这些服务需求所对应的各类服务行业，都是老龄服务产业涉及的领域。因此，在老龄服务产业整体发展的同时，老龄服务产业内部的各行各业也处于紧密的分工与合作状态。同时，老龄服务产业与其他老龄产业，如老龄金融产业、老龄健康产业、老龄制造产业等不同产业之间，也存在紧密的联系和融合。目前发展快速的医养结合服务正是这一产业融合发展的典型代表。未来，随着老龄产业各个板块的快速发展，这种不同行业之间融合发展的趋势将会更加明显。老龄服务产业作为老龄产业中发展较快的产业板块，在带动其他相关产业发展的同时，也会进一步提升自身的整体发展速度与质量。

六　老龄服务产业发展现阶段主要问题分析

（一）全球突发公共卫生事件带来的严峻现实挑战

受2020年初突发的新冠肺炎疫情的影响和冲击，目前各国经济都陷入了严重危机，全球供应链、产业链大范围断裂，极大地影响了世界经济发展格局，也给中国的内外经济发展环境带来了巨大影响。我国的老龄服务产业在2012年前后进入快速萌芽阶段，在党的十八大之后迎来了迅速发展，政策不断出台，国内外资本相继涌入，老龄服务产业得到了快速发展。但在疫情的影响下，我国整体经济发展已经受到很大的冲击，消费市场需求受到影响，特别是第三产业，受疫情影响，许多企业运营艰难。疫情防控常态化时代的持续影响会进一步抑制服务业消费市场需求，疫情对服务业中的不同行业、不同群体都将产生直接或者间接的冲击。对于老龄服务产业来讲，也面临极为严峻的挑战。

（二）加快产业发展的顶层设计还不完善

党的十八大以来，我国的老龄服务产业获得了快速发展，但产业的整体推进与健康发展，仍处于探索阶段。一是缺乏具体产业规划。对老龄服务产业发展的科学规划、指导依然不足，从产业经济发展的视角来总结老龄产业规律、指导老龄产业实践的力度依然不足，依然缺少整体考虑与战略指引。特别是在把老龄产业与整体经济发展、产业结构调整、扩大内需、培育新兴产业等有机融合方面，依然需要统筹考虑、全盘规划。二是从具体实践来看，政策的指导性与融合性依然不足。从近年来大力推进的医养结合服务和普惠养老服务来看，医养结合涉及部门众多，在推进过程中无论是政策体系还是标准规范体系，都存在部门分割与政策碎片。另外，近年来国家大力推动的城企联动普惠制养老，由于企业产业盈利模式尚不清晰，在做好普惠与成本之间的平衡，使企业能存活、优惠能普及方面，依然存在突出的问题。

（三）有效需求不足依然是最关键的问题

在经济下行压力和疫情的双重影响下，目前我国的经济发展压力巨大。老龄服务中的刚需依然是长期照料与护理，其他服务需求尚未被有效激发。老年人整体消费意愿不高、收入水平整体较低导致消费能力有限，这制约着老龄产业的快速发展。从市场供给来看，受现阶段经济环境的影响，企业发展面临的困难更大。以往各类资本纷纷投入老龄服务市场的热情受到一定抑制，企业探索老龄服务模式、细分服务领域、扩大服务范围也受到一定影响，在一定程度上制约了老龄服务市场的进一步加快发展，供给和需求两端都发展趋缓。同时，我国的养老、医疗等社会保障制度仍在完善，还没有构建初步的长期照护保险制度，相关的商业保险体系也处于逐渐发展阶段，老年人的保障性收入较低，劳动收入渠道更窄，收入来源单一，收入水平不高，主要的消费支出仍然集中在医疗部分，用于购买商品和服务的支付能力有限，这种制度性问题很难短时间内解决，这也是制约我国老龄产业发展的一个现实问题。

（四）中端与普惠老龄服务市场发展依然缓慢

一个产业的蓬勃发展离不开旺盛的需求，目前我国的老龄服务产业需求明显的依然是刚需的康复、护理行业，但目前供给市场中针对大部分中等收入家庭的老龄服务依然不足。市场上供给的许多服务内容仍以满足中高端收入的老年人及其家庭的需求为主，中等以下收入群体的老年人及其家庭仍然很难在市场上寻求到价格合适、服务较好的老龄服务机构，特别是一些中低收入家庭的失能、失智等特殊老年群体的个性化服务需求仍未得到有效满足。目前国家正在推进的基本养老服务制度仍在进一步完善，基本养老服务清单尚未完全出台，针对普通老年人家庭照护服务需求的普惠养老服务依然处于试点阶段，在试点城市的实践中，政府提供何种优惠扶持、企业如何在兼顾成本的情况下持续不断地提供低于市场价格的优质养老服务，依然处于探索阶段。

（五）产业发展的模式创新与中国方案依然滞后

我国的老龄服务产业在发展初期大多借鉴了许多国外模式，经过数年发展，部分企业已开始进行本土化探索，并从自身优势出发，结合老龄服务产业需求，找准市场定位，探索出了比较成功的运营模式。但大部分企业仍然没有比较明确的市场定位与运营模式，大多从战略布局、长远发展的角度考虑进军老龄服务产业。且现阶段，政策引导的作用还是非常明显的，比如近

年来发展较快的医养结合服务,就是政策强力引导下的结果。但在具体发展过程中,仍然存在许多现实问题,如运营模式、支付机制等,仍然需要探索。中国目前已经进入新发展阶段,经济社会发展环境与国内外环境面临着许多新的形势与挑战,如何立足中国国情,从中国老年人及其家庭的现实需求出发,进行模式探索,讲好中国故事,探索中国方案,是目前老龄服务产业发展中的深层次问题。

七 老龄服务产业中长期发展主要目标

我国老龄服务产业发展的总体目标是:以习近平新时代中国特色社会主义思想为指导,贯彻落实中共中央、国务院积极应对人口老龄化的战略部署,以增进老年人民生福祉为中心,大力发展老龄服务产业,全面建设居家社区机构相协调、医养康养相结合的老龄服务体系,不断优化老龄服务供给结构,充分释放老龄服务消费潜力,确保人人享有基本老龄服务,有效满足老年人多样化、多层次老龄服务需求,持续提升老年人的获得感、幸福感和安全感。

(一)第一阶段目标(2021~2035年)

到2035年,做好更加科学有效的老龄服务发展的制度安排,进一步夯实老年社会保障的物质基础,居家养老支持政策和长期护理保障制度得以建立和完善,功能完善、规模适度、覆盖城乡、医养康养相结合的老龄服务体系基本建成,全体老年人在人人享有基本老龄服务的基础上,进一步提升服务消费能力和消费水平。

1. 多元化长期照护保障制度有效运行

多支柱养老保障体系进一步完善,以不断提高老年人的服务消费能力。多元化长期照护保障制度有效运行,社会福利和社会救助水平进一步提高,商业养老保险与护理保险得到有效发展,困境老年人的服务救助制度和津贴、补贴制度全面落实,基本服务需求得到兜底保障。

2. 老龄服务设施完善

养老服务机构布局合理，城乡社区普遍设立养老服务驿站和老年人活动中心，每千名老年人养老服务床位达到 40 张，护理型床位占比达到 80% 以上。对老年人的住宅、住区和日常活动场所普遍进行适老化改造，老旧小区全面加装电梯，提供足够的老年人公共活动空间，使老年人出行和活动更加方便、安全。

3. 老龄服务供需对接顺畅

老龄服务供给侧结构进一步优化，供需错位、失衡的局面得到有效扭转，实现服务供给多元化、多层次化。社会力量成为老龄服务的供给主体，服务的市场化水平显著提高，市场化供给率在 70% 以上。医养结合普遍开展，老龄服务与健康服务、康复服务、护理服务、安宁疗护服务等实现无缝对接。

4. 老龄服务人力资源供应充足

养老护理员、健康管理师、医护人员队伍建设规范化、常态化，服务专业化。力争到 2035 年，每千名老年人（每百张床位）拥有养老护理员 10 人以上、健康管理师 2 名、医护人员 2 名、社会工作师 1 名，能满足老年人护理、医疗、健康管理、心理慰藉等基本服务需求。

5. 老龄服务消费潜能有效释放

老年人的消费能力得到切实提高，消费观念得到正确引导，为自己消费的意识增强，由被动消费转向积极消费，由单一生存型服务消费转向综合改善型服务消费。老龄服务消费成为拉动经济发展的重要动力源。

6. 营商环境更加友好

老龄服务产业的各类标准、规范体系有效建立，评估、监管力度进一步加大，老龄服务产业发展水平进一步提高，服务质量得到有效提升，营商环境更加优化。老龄化国情教育普遍开展，全社会的老龄化意识普遍增强，敬老爱老的社会氛围更加浓厚，产业发展的社会环境更加友好。

（二）第二阶段目标（2036~2050 年）

到 2050 年，进一步做好与社会主义现代化强国相适应的、成熟完备的老龄服务发展制度安排，符合国情和中国特色老龄服务体系进一步确立，全体公民老年期的各类老龄服务需求得到充分满足，老年人生活品质与生命尊严得到更好保障，老龄社会更加和谐美好。

在这一阶段，老龄服务设施更加完善和齐备，建设布局更加合理；老龄服务队伍进一步扩大，人才结构更加科学，职业认同感显著增强；市场成为配置老龄服务资源的决定性力量，老龄服务的市场主体更加多样化，市场细分成为提升服务能力、优化服务质量的重要手段；老龄服务种类和数量极大丰富，各种服务模式有机融合，完全实现人性化、智能化、便捷化，老年人对美好晚年生活的向往变成现实。

八 我国老龄服务产业中长期发展主要建议

老龄服务业的发展状况，是衡量老龄社会产业体系现代化程度的一个显著标志。近些年来，我国老龄服务业发展取得了长足的进步，已经成为国民经济的重要产业部门，但总体来看，还存在对老龄服务认识站位不高、服务市场活力激发不够充分、有效供给不足、服务质量偏低等问题，这些问题制约着老龄服务业的长期健康发展。要达成前述发展目标，还需要进一步提高认识、创新观念、加大老龄服务业的政策扶持力度。

（一）对老龄服务进行再认识

1. 要充分认识到老龄问题是一个长期的战略性问题

老龄问题的本质是发展问题，老龄问题的本质是重大民生问题，无法毕其功于一役，不能一蹴而就。我国有着世界上最大规模的老年人口，应对养老问题的任务繁重，而基础相对薄弱。妥善解决这一世界性难题，不仅关系亿万老年人的基本福祉，也关系社会的长治久安。而发展老龄服务产业，是解决老龄问题的重要手段，必须站在战略高度、运用战略思维去认识和把握。

2. 要把老龄服务纳入积极应对人口老龄化国家战略统筹谋划

以照护、康复为主要内容的老龄服务是老年人的刚需服务项目，旨在满足这些需求的老龄服务产业，不仅是目前老龄产业的主要发展板块，与老龄制造、老龄健康等产业关系密切，更是老龄服务事业的有益补充与重要支撑。加快老龄服务产业的发展，不仅可以满足全体老年人群不断增长的晚年生活需要，更是培育和增大老龄产业服务需求、加快推动经济发展的重要内容。

3. 要充分发挥市场在老龄服务资源配置中的决定性力量

人类长期的实践证明，市场通常是组织经济活动的最优选择，在老龄服务领域也不例外。从更好地发展老龄服务的基本立场出发，结束老龄服务"市场性"或"公益性"的无谓纠缠，打破决策者局限于部门利益的偏狭思维，彻底放开老龄服务市场，真正发挥市场在资源配置中的决定性作用。科学划分政府和市场的责任边界，取消老龄服务领域的公办机构和民办非企业单位，明确市场属性，统一市场主体，实现公平市场竞争，需要兜底保障的由政府向企业购买服务。

4. 要积极推动老龄服务各主要行业协同发展

家庭、社区和养老机构是供给和获得老龄服务的不同场所，内容和功能上有所差异，但必须根据服务需求状况，对其结构和比例进行动态、科学调整，实现协调发展，不宜厚此薄彼、畸轻畸重。构建社区平台，加强社会组织的载体作用，优化社会工作制度，不断加强和发展社区、居家养老服务。发展居家期上门、康复期护理、稳定期生活照料、安宁疗护一体化的老龄服务体系。应充分认识到医疗护理和健康干预与老龄服务相互衔接、密不可分，必须以老年人为中心，有机整合服务资源，促进医养康养融合发展，建立全链条的综合性的老龄服务体系。

5. 要大力树立"积极养老""主动养老"理念

养老离不开政策保障和社会支持，但第一责任主体是老年人自己。应加强老龄化国情教育。面对汹涌而来的老龄化浪潮，引导人们及早做好养老准备，储备养老资源，强化健康管理意识，以积极的心态迎接老年期的到来。绝大多数老年人不仅是服务的接受者，也是服务的提供者，应鼓励老年人提高自我养老、自我服务意识，积极参与社会、服务社会，努力提升晚年期的生命质量和人生价值。

（二）补齐老龄服务的政策短板

1.完善老龄服务经济保障制度

将全体公民纳入社会养老保障体系，统一养老保障政策，实施城乡居民统一退休制度。合理分配社会财富，妥善化解养老金支付压力，稳步提高基本养老金发放水平。普遍实施个人税收递延型商业养老保险制度，适当降低领取时的适用税率。积极发展商业性养老保险、健康保险、养老信托和其他资产的老龄金融产品，建立养老保障的多重支柱并切实发挥作用，提高老年人的服务消费能力。

2.健全家庭养老支持政策

完善家庭护理政策，设置家庭护理病床，培训居家护理人员，明确家庭成员对失能居家老人的照护义务和法定带薪照护期，建立家庭照护信用体系。设立专项资金，对因赡养老人无法就业的家庭成员进行补贴，为长期承担家庭照护任务的人员提供"喘息服务"和心理疏导服务。不断强化居家和社区的服务网络，打造"15分钟养老服务圈"，加快完善社区老龄服务设施，加强社区、居家养老服务人员队伍建设，加强社区对家庭养老的配合与支撑。制订完善适老化设施建设和改造的技术标准，对老年人居室和活动场所进行适老化改造，优化居家环境。

3.完善长期照护保障制度

进一步修改完善社会保险法，建立普惠型的长期护理保险制度，将应对老年期的失能风险纳入社会保障体系。建立稳定的筹资渠道，不断完善需求评估、服务供给、服务监管等制度流程，适时拓展保险覆盖范围。鼓励保险机构开发商业性的长期护理保险产品，扩大保险服务范围，提高保障能力和水平，满足不同收入人群的参保需要。加强长期照护服务设施建设，完善长期照护人才培养制度，增加照护服务供给，提高照护服务水平。

4.完善农村老龄服务政策

将农村老龄服务体系建设纳入新农村建设和乡村振兴战略总体实施方案，衔接脱贫攻坚和农村危房改造等优惠政策，加快农村敬老院优化升级并加快运营模式市场化改革，完善基础服务设施，整合老龄服务、文化服务、卫生服务、全民健身等功能，配备服务人员，提升农村社区的综合老龄服务能力。引导、帮助村委会和社区老年协会充分发挥服务作用，倡导邻里守望，组织开展志愿服务活动，关爱帮助农村留守老年人。

5. 健全老龄服务人才培养政策

全面放开高等院校（含职业院校）老龄服务相关专业招生计划和招生地区限制，扩大专业服务人才招生规模，实施招生补助和学费减免政策。加强老龄服务职业技能培训，搭建线下、线上相结合的职业教育培训平台，积极开展上岗培训、转岗培训、技能提升培训，丰富培训内容和模式。建立老龄服务初级、中级、高级人才培养体系和薪酬等级体系，畅通职业发展渠道。推动老龄服务企业与相关职业院校深度合作，精准对接用人单位岗位培训需求。发展各类老龄服务志愿者队伍。

6. 进一步健全老龄服务市场促进政策

坚持老龄服务社会化、市场化方向，鼓励投资主体多元化，积极引进国外资本和知名服务品牌，支持老龄服务规模化、连锁化运营。简化老龄服务机构审批流程，优化营商环境。将养老服务设施用地纳入城乡发展规划和土地利用总体规划，优先予以保障，并切实降低养老用地成本。鼓励利用闲置场地、设施和资产发展老龄服务业。提升老龄服务市场主体的融资能力，设立产业投资引导基金，鼓励商业银行和政策性银行出台专项信贷政策，鼓励金融机构通过各种方式，如融资租赁、信托等，加大对老龄产业的金融支持力度。鼓励和支持从事老龄服务产业的企业通过上市、发行债券等来进行融资。鼓励非银行金融机构通过信托、融资租赁等方式，加大融资支持力度。

（三）实施老龄服务重大工程

1. 老龄服务质量提升工程

每3年一个周期，以各类养老机构为重点，持续开展老龄服务质量达标升级活动。不断完善老龄服务行业的标准、规范体系，严格标准执行，不断提高老龄服务产业的标准化建设水平，推行老龄服务机构等级评定制度，及

时调整完善重大疫情防控措施，建立服务质量日常监测机制和风险防控体系。全面实施老龄服务综合监管制度，建立信用黑名单及联合惩戒、退出机制。

2. 老龄服务科技应用工程

借助科技的力量，增加服务供给，提升服务质量。配合"新基建"规划的实施，促进人工智能、物联网、云计算、大数据、5G等现代科技在老龄服务领域的深度应用，强化科技赋能，推动实施智能化解决方案，促进线上线下资源整合、信息共享和服务质量提升。支持智能交互、智能操作、多机协作等关键技术研发，提升康复训练及康复促进辅具、健康监测产品、老龄服务监护装置、家庭服务机器人、可穿戴老年服装服饰等适老产品的智能化水平，增强实用性和安全性。制定相关技术标准和服务标准，培育和建设一批现代科技助推老龄产业发展的示范基地、试点与示范品牌。

3. "乐龄陪伴"工程

这是中国老龄事业发展基金会正在启动的、面向农村留守老人的公益慈善项目。借助公益慈善平台，整合社会各界资源，多渠道募集资金，建立"乐龄陪伴"工程专项基金，面向农村孤寡、独居、留守老人，开展生活服务和精神关爱活动；引导农村社区老年协会发挥作用，鼓励邻里守望，组织活力老年人为高龄、失能邻居提供上门探访、上门服务等；帮助建设和完善农村老龄基础服务设施。

4. 临终关怀工程

将安宁疗护项目纳入医疗保障体系，建立符合中国文化特点以及中国国情的临终关怀服务体系。利用家庭病床，开展居家的安宁疗护服务；在二级医院或社区医院建立安宁疗护中心，按一定比例配置安宁疗护床位；在三级医院普遍设立姑息治疗科室，培训专业人才，负责区域内安宁疗护中心的专业准入及质量控制。开展临终关怀宣传教育，帮助国民树立正确面对死亡的科学态度。

5. "时间银行"建设工程

从国家层面进行"时间银行"的顶层设计，加强政策性引导和规范，提升"时间银行"的公信力，建设老龄服务资源转换平台，优化服务资源配置，实现供需对接，整合各类社会主体和服务资源，实现跨地域、跨领域、跨时间运营。利用现代信息科技和区块链技术，建立用户的电子信息档案，对个人信息、服务信息集中管理，提升管理效率。制定公平的评分与考核标准及服务时间存储、支取机制，制定严格的量化标准以及精细的评估、换算体系。

（四）强化老龄服务发展保障措施

1. 健全老龄服务业发展促进工作机制

成立老龄服务体系建设领导小组，协调相关职能部门，统筹规划和推进老龄服务业发展，布局实施老龄服务重点项目，谋划重大改革创新举措，及时解决发展中面临的困难和问题。

2. 健全老龄服务发展相关法律体系

参照日本等相关国家在老龄服务、护理、保健等方面的相关法律，制定出台《老龄服务法》，明确老年人的服务需求评估、付费、服务内容、服务质量评价、服务纠纷处理等相关内容，确保从法律体系上保障老年人的基本服务需求得到满足、权益不受侵害。

3. 建立老龄服务领域社会信用体系

普遍建立老龄服务行业信用信息系统，实现信息共享。逐步完善老龄服务机构、组织及其从业人员的信用档案和信用记录，对守信主体进行表彰奖励和宣传，对失信行为加强约束和规范。实施老龄服务黑名单制度，建立全国统一的联合惩戒对象名单管理系统，对严重失信行为进行联合惩戒。

4. 建立全国老龄服务数据平台

利用大数据、互联网、云计算等现代信息技术，搭建老龄服务产业的信息统计数据库，建立老龄服务产业数据信息统计制度，规范统计目录、统计口径及统计方法，实施动态监测、汇总，开展相关统计分析并及时向社会发布，引导市场发展，促进供需对接。

5. 完善综合监管制度

制定老龄服务责任清单，完善消防、防疫等突发事件应急预案，建立服务质量标准、评价体系，实施跨部门协同监管。加大对老龄服务领域非法集资、消费侵权行为的整治力度，完善风险防控措施，切实保障老年消费者的合法权益。发挥老龄服务行业组织在权益保护、纠纷处理、行业信用建设等方面的积极作用。

6. 开展老龄服务领域国际合作

秉承开放、共享理念，与国际社会一起，共同应对人口老龄化的重大挑战。加强老龄服务领域的政策对话，分享最佳实践，交流成功经验。建立长效合作机制，开展相关重大课题的合作研究。

参考文献

1. Bloom, D. E. and Jocelyn, E. F. 2009. Demograohic Change and Economic Growth in Asia. *Asian Economic Policy Review*, (4).
2. Bloom, D. E. 2011. Population Dynamics in India and Implications for Economic Growth. PGDA Working Papers, No. 6511.
3. Choudhry, M. T. and Elhorst, J. P. 2010. Demography Transition and Economic Growth in China, India and Pakistan. *Economic Systems*, (34).
4. Thiessen, U. 2007. Aging and Structural Change. DIW Discussion Paper, No. 742.
5. Feyrer, J. 2004. Demographics and Productivity, Dartmouth College Working Paper.
6. Feyrer, J. 2005. Aggregate Evidence on the Link between Demographics and Productivity. Dartmouth College Working Paper.
7. Pekkarinen, T. and Unsitalo, R. 2012. Aging and Productivity: Evidence from Piece Rates. IZA Discussion Paper, No. 6909.
8. Raiser, M., Schaffer, M. E. and Schuchhardt, J. 2003. Benchmarking Structural Change in Transition. CERT Discussion Paper.
9. MacKellar L., 2004. *Economic Impacts of Population Aging in Japan*, Edward Elgar Publishing.
10. Futagami, K. and Nakijima, T. 2002. Population Aging and Economic Growth. *Journal of Macroeconomics* 23 (1).

11. 蔡昉：《人口转变、人口红利与经济增长可持续性》，《人口研究》2004年第2期。
12. 胡鞍钢、刘生龙、马振国：《人口老龄化、人口增长与经济增长——来自中国省际面板数据的实证证据》，《人口研究》2012年第3期。
13. 党俊武：《新时代中国老龄产业发展的形势预判与走向前瞻（上）》，《老龄科学研究》2018年第11期。
14. 党俊武：《我国老龄社会初期阶段发展老龄服务的战略思考》，《老龄科学研究》2017年第3期。
15. 王莉莉、杨晓奇：《我国老龄服务业发展现状、问题及趋势分析》，《老龄科学研究》2015年第7期。
16. 陆杰华等：《人口老龄化背景下老龄产业发展研究》，《"积极应对人口老龄化战略研讨会"会议论文》，2012。
17. 宋锐、仁青吉：《对青海省发展老年服务产业的调查与思考》，《青海民族学院学报》（社会科学版）2008年第4期。
18. 潘海生、何一枫、曹小锋：《积极发展养老服务产业》，《政策瞭望》2009年第11期。
19. 张斌、李军：《人口老龄化对产业结构影响效应的数理分析》，《老龄科学研究》2013年第6期。
20. 彭秀健：《中国人口老龄化的宏观经济后果——应用一般均衡分析》，《人口研究》2006年第4期。
21. 李军：《人口老龄化条件下的经济平衡增长路径》，《数量经济技术经济研究》2006年第8期。
22. 李军：《中国老龄产业发展预测研究》，载吴玉韶、党俊武主编《中国老龄产业发展报告（2014）》，社会科学文献出版社，2014，第9页。
23. 刘生龙、郭炜隆：《人口老龄化与经济增长——基于OECD与金砖四国跨国面板数据的实证结果》，《老龄科学研究》2013年第7期。
24. 钟若愚：《人口老龄化影响产业结构调整的传导机制研究：综述及借鉴》，《中国人口科学》2005（增刊）。
25. 杨光辉：《中国人口老龄化与产业结构调整的统计研究》，厦门大学博士学位论文，2006。
26. 穆光宗：《我国机构养老发展的困境与对策》，《华中师范大学学报》（人文社会科学版）2012年第2期。
27. 闫青春：《养老机构的"公办民营"与"公建民营"》，《社会福利》2011年第1期。
28. 董红亚：《基于主体弱势化的民办养老机构发展研究——以浙江省为例》，《中州学刊》2013年第5期。

29. 潘海生、何一枫、曹小锋:《积极发展养老服务产业》,《政策瞭望》2009年第11期。
30. 周云、陈明灼:《我国养老机构的现状研究》,《人口学刊》2007年第4期。
31. 李志宏:《中国老龄产业政策发展报告》,载吴玉韶、党俊武主编《中国老龄产业发展报告(2014)》,社会科学文献出版社,2014,第9页。
32. 江燕娟、李放:《我国养老机构服务的有效供给研究》,《广西社会科学》2014年第11期。
33. 赵婷婷:《我国养老机构的地位、性质及运行方式研究》,《社会工作》2012年第5期。
34. 陈无风:《民办养老机构行政补助研究》,《兰州学刊》2014年第6期。
35. 谢林吟、唐果:《老龄服务供给侧改革:供给主体的职责与关系》,《老龄科学研究》2018年第10期。
36. 李燕、伍梦:《老龄产业供给侧改革的政策演进路径研究——基于福利多元主义理论视角》,《老龄科学研究》2018年第2期。
37. 马岚:《改革开放四十年我国社会化养老服务的政策演进和发展趋势》,《重庆社会科学》2018年第12期。
38. 宋锐、仁青吉:《对青海省发展老年服务产业的调查与思考》,《青海民族学院学报》(社会科学版)2008年第4期。
39. 潘海生、何一枫、曹小锋:《积极发展养老服务产业》,《政策瞭望》2009年第11期。

B.6
老龄宜居产业中长期发展研究

曲嘉瑶[*]

摘　要： 当前，老龄宜居产业发展的社会共识与政策环境逐渐形成，发展机制逐渐完善，发展模式正在探索，行业组织发展迅速，但是仍处于发展初期，面临老龄宜居消费理念亟待树立、相关政策发展滞后、市场开发不足、缺乏有效投融资机制、产业链尚未形成、相关规范和标准不完善、适老部品体系不健全、风险防控能力有待成熟、智能化发展面临不适应性等问题。为推动老龄宜居产业发展，建议出台老龄宜居重大产业政策、建设重大工程、优化制度环境、加大政策扶持力度、打通产业链、提升科技赋能水平。

关键词： 老龄宜居产业　适老改造产业　老龄房地产业　老龄宜居服务产业

一　背景

老龄宜居产业是适应老龄社会需要的新型产业。老龄宜居产业是指，根据长寿时代全生命周期的客观需求，以满足人们在增龄过程中的功能补偿需求为目的，以设计、建设和改造硬件环境为主要业务的企业和部门的集合，包括对全社会硬件体系所进行的设计、开发、建筑、改造、运营和服务的产业。

随着中国经济社会的快速发展、老年人口规模的日益扩大和人们对美好

---

[*] 曲嘉瑶，北京市社会科学院城市问题研究所副研究员，博士，研究方向为老龄宜居环境、老龄政策、老龄产业。

环境的迫切需求，老龄宜居产业迎来了快速发展的良好机遇。大力发展老龄宜居产业，不仅是满足全体公民老年期宜居需求的客观需要，更是带动消费、拉动内需、推动国民经济发展的引擎。老龄宜居产业是适应老龄社会的新型产业，已成为老龄产业中快速发展的领域，引起各路资本的密切关注。"十四五"规划和两个"十五年"时期我国老龄宜居产业如何实现高质量发展、为全面建成小康社会提供良好的硬件载体，是本文关注的重点。

（一）宜居性已成为城镇化发展的新要求

我国的人口老龄化伴随着快速城镇化进程同时发展。人口老龄化既对城市规划、建设及管理的发展提出了新的要求，也为老龄产业发展尤其是老龄宜居产业的发展带来了新的机遇。在经济内循环的时代背景下，做好老龄产业发展模式的优化与更迭是保持我国社会经济健康稳定发展的核心要义。老龄宜居产业的有序发展，正是城镇化发展的关键落脚点，老龄宜居产业作为老龄经济产业中的热点领域，必将成为国内经济增长新的战略主攻方向。

（二）老年群体对宜居环境的需求日益突出

目前，我国老年群体的需求正在由生存必需型向享受型、发展型、参与型升级[1]。老年群体向往硬件设施和配套服务协同发展的老龄宜居环境，老龄宜居环境反映了包括老年群体在内的全体公民对美好生活的向往，是新时代品质化生活的标配。但是，由于整个社会建设缺乏全生命周期不同阶段的准备性、积累性和连续性[2]，存在大量社会环境与老年人需要不匹配的情况，社会环境不适老、不宜居的问题严峻，已不能满足新时代老年群体的新需求[3]。老龄宜居环境建设迫在眉睫，成为老龄宜居产业发展的巨大内推力。

---

[1] 吴玉韶：《从老龄政策看产业发展新趋势》，《中国社会工作》2020年第1期。
[2] 党俊武：《全面推进老龄经济产业是加快内循环的重大战略主攻方向（一）》，http://www.cncaprc.gov.cn/llsy/191633.jhtml，最后检索时间：2020年12月6日。
[3] 党俊武：《超老龄社会的来临——长寿新时代人类的伟大前景》，华龄出版社，2018，第147页。

（三）老龄宜居产业成为经济增长重要动力

随着社会经济发展水平的不断提高，老年人购买能力和消费观念逐步转变，老龄宜居产业的消费市场正在不断发展壮大。从全生命周期角度看老龄宜居，更是伴随着人的一生不断发展的重要需求。随着我国社会经济的不断发展，人们对社会环境的需要，已经从"有的用"不断升级为"用得好"，宜居环境成为老年群体甚至是全生命周期的刚性消费需求。无论是从存量还是从循环流量来看，中国未来两个"十五年"期间老龄经济产业发展潜力都是惊人的①，老龄宜居产业也必将在新发展格局中成为经济增长的重要动力。

二 老龄宜居产业的重大需求

面对两个"十五年"的国家重大发展战略，老龄产业的发展也要乘势而上，紧紧抓住第一个"十五年"即到2035年实现全面现代化、第二个"十五年"即2050年建成现代化强国的两个发展黄金期，紧紧契合人的需求，以保证产业定位清晰、发展有序。老龄宜居产业也不例外，必须以人为本，按需导向，着眼全生命周期，健康快速发展。

从2020年开始，"60后"群体即将陆续进入老龄期，与之前的老年人相比，新时代这些老人有更强的消费实力、消费意愿，有对品质化生活的追求②，对于老龄宜居环境的消费需求也更旺盛。本文根据老年人的身体机能及行动特点，从产业链细分的角度对老龄宜居市场需求进行分类分析。

---

① 党俊武：《全面推进老龄经济产业是加快内循环的重大战略主攻方向（一）》，http：//www.cncaprc.gov.cn/llsy/191633.jhtml，最后检索时间：2020年12月6日。
② 吴玉韶：《从老龄政策看产业发展新趋势》，《中国社会工作》2020年第1期。

（一）对适老化改造的需求

目前，我国房地产市场已进入存量时代，对既有建筑和设施进行适老化改造是城市更新以及发展老龄宜居产业的重要内容。适老化改造，是指通过施工改造、设施配备、辅具适配等方式，改善既有的设施和空间，对老年人缺失的能力进行补偿或代偿，缓解老年人因生理机能变化导致的生活不适应，提升生活品质。按照老年人居住和出行的活动范围，适老化改造适用于家庭住房内部、既有建筑以及建筑物之外的公共环境，因此，消费群体对老龄宜居环境的适老化改造需求可分为家庭适老化改造、既有建筑适老化改造以及公共环境适老化改造三部分，详见表1。

表1 适老化改造清单

	改造内容
家庭适老化改造	基本改造项目： 墙体保温；更换老旧管线；增强隔音性能；改善室内通风条件； 扩宽门洞，方便轮椅或担架通过；改造质量、开关方式和位置不适宜的门窗； 增加储藏空间； 室内各处灯光明亮； 每个房间都安装紧急呼叫系统； 过道、卫生间等处安装扶手等支撑设施； 消除地面高低差； 地面防滑处理； 对位置、尺寸不合理的插座和家具部品进行改造或更换。 卫生间：外开型门，便于救护；插座防水；有条件的要实现干湿分离；淋浴间配防滑垫；马桶、浴缸、洗脸盆各处都安装扶手；挂钩不宜过高。 厨房：安装燃气泄漏报警器；操作台、水槽高度适宜，且下部要留空，便于轮椅出入；吊柜高度不宜过高。 起居室和卧室：可安装木制地板以保暖；灯改为双控开关，分设在门口和床头处，增设夜灯；床上方安装吊环；床头处安装紧急呼叫系统。 阳台：改造为封闭式日光间；设置可升降晾衣架。
既有建筑适老化改造	出入口及门厅：建筑物出入口应设置轮椅坡道及扶手；门厅出入口应设置雨棚，防止高空坠物并防雨。 门：方便老年人开关，宽度要适宜乘坐轮椅者通行，避免门槛及室内外高差；门禁以及信报箱的高度降低。

续表

	改造内容
既有建筑适老化改造	楼栋内公共空间：公共走廊的宽度应适宜轮椅或担架通行；地面及楼梯应防滑并配有扶手；保证充分的灯光照明；每层楼应设置摄像头和紧急呼救设备。 电梯：没有电梯的应加装电梯，并确保一部无障碍电梯；无条件加装电梯的可设置爬楼机等无障碍升降设备。 卫生间：无障碍卫生间或厕位。 休憩设施：每层楼应配有休息座椅。 标识：建筑物门牌、楼层标识要醒目；应配有无障碍设施标志、安全疏散指示标识
公共环境适老化改造	人行道：应设置安全岛等安全设施，人行道平整及防滑；人行道出入口应设置缘石坡道；有条件的小区应实现人车分流并专门设置步行道。 无障碍通道：所有台阶都应是防滑且配有扶手；室外台阶处以及建筑物出入口设置配有轮椅坡道和扶手；公交车等公共交通工具应配有无障碍坡道。 环卫设施：一定数量的无障碍卫生间或厕位。 停车位：增设固定的老年人停车位及轮椅停车位。 绿地与景观设施：设置一定数量的花坛、植被、喷泉等景观；对既有植被进行无毒脱敏处理。 休闲场地：确保一定的健康场地与器材，设置便于交流与观景的空间。 休憩设施：保证一定数量的凉亭、游廊及休息座椅，要确保轮椅停驻空间，座椅要有靠背和扶手。 垂直交通设施：过街天桥、地下通道等处应设置无障碍电梯或无障碍升降设备。 服务台：低位服务台。 照明设施：应确保充分的亮度，并避免灯光直射入眼，在建筑物出入口、高差有变化的危险地区应增强照明强度。 标识/语音设施：所有设施的出入口以及无障碍设施都应配有醒目的标识设施或者语音提示设施，以发挥导向和定位作用，标识设施尽量利用色彩图形等强化信息的识别性，并配合夜间照明。

资料来源：赵尤阳：《老龄化背景下典型老旧居住小区适老化改造探索与研究——以北京海淀区北下关街道大柳树北社区5号院改造项目为例》，《建设科技》2017年第7期。

何凌华、魏钢：《既有社区室外环境适老化改造的问题与对策》，《规划师》2015年第11期。

王剑锋：《居家养老模式下的城市住宅区适老改造研究——以江西省为例》，南昌大学硕士学位论文，2016。

（二）对老龄房地产的宜居需求

新建适老地产项目是发展老龄宜居产业的内容。消费群体对老龄房地产宜居的需求涉及终身住宅、老龄宜居社区以及老龄服务机构建设。

1. 终身住宅

终身住宅是指采用"通用型"设计的单体建筑，同时按套出租或出售。目前，大量存量住宅在建造时没有考虑到全体公民老年期的需要，缺少无障碍设施及配套物业服务，无法满足老年群体的居住需要。应从全生命周期视角，打造适合不同年龄群体，尤其是老年群体需要的终身住宅。支持社会资本开发更多适合老年人居住的商业住宅产品。

2. 老龄宜居社区

老龄宜居社区通常是非单体建筑且按套出售或出租的产品。满足人在全生命周期不同阶段的需求是建设老龄宜居社区的基本出发点和最终归宿。完善的老龄宜居社区能充分满足老年人日常生活需求、照料需求、社会参与需求、终身教育需求等。从硬件设施，例如社区的无障碍化设施、住宅内外配备智能产品，到软件服务，如文化娱乐场所、完善的老龄服务等，方方面面都应满足老年群体对宜居环境的实际需求，充分体现以人为本的理念。

面对不同健康状况老年群体异质化的需求，老龄宜居社区可分为持续照料社区（简称CCRC）和活力老人社区（简称AAC）。一方面，为了满足老年人的照料需求，应支持市场主体利用自有土地、房屋开发建设持续照料退休社区。另一方面，可打造活力老人社区，满足家庭代际融合居住以及老人参与社区的需求。

3. 老龄服务机构

老龄服务机构，既包括提供短期照料服务的设施（如社区日间照料中心等），又包括单体建筑且按床位提供老龄服务的项目（如养老院、福利院、护理院等）。目前，我国的老龄服务机构尚处于发展初期，宜居环境建设没有得到充分的重视。从长远来看，随着老年人对品质化生活需求的不断提高，对于服务机构环境的诸多需求逐渐显现，老龄服务机构的宜居水平显得越来越重要。在新建老龄服务机构时，应贯彻全生命周期的设计理念，配备完善的无障碍设施、合理的功能分区、人性化的智能化管理体系、适老化的装修及色彩搭配等设计，为老龄服务机构注入亲情、温暖等元素，满足老年人对机构宜居性的需求。

（三）对老龄宜居服务的需求

除了硬件设施的改造和新建需求之外，全社会还会产生相关的宜居服务，主要围绕设计服务和老年人自有房产的流通服务两方面。具体的老龄宜居需求如下：一是新建住宅的通用型设计与规划服务；二是对已建成房屋及老龄服务设施进行适老、通用改造设计；三是老龄房地产中介服务，为老年客户提供房屋买卖、房屋租赁（不仅包括普通房屋的租赁，还包括入住各类老龄房地产产品），以及房屋置换（大房换小房、异地换房，以及自有房屋换老龄房地产产品）等房屋流通相关的咨询服务。

三 老龄宜居产业发展现状

（一）加快老龄宜居产业发展的社会共识逐渐形成

老龄宜居产业发展的社会环境逐渐优化。近年来，城市更新和老旧小区改造成为老龄宜居产业发展的重要机遇。2020年5月22日，十三届全国人大三次会议上，老旧小区改造的具体目标首次被写进政府工作报告，标志着城市更新进入发展快车道。在经济新常态下，我国房地产产业正在转型发展，从以增量为主的发展模式转变为存量、增量并重。在土地利用日益集约节约的约束条件下，城市内涵式发展、有机更新和既有建筑改造将成为未来中国城市发展的主要路径，存量房地产更新和既有建筑改造将成为房地产产业发展的重点和主战场①。

（二）老龄宜居产业发展的政策环境基本形成

国家鼓励老龄宜居环境建设走产业化的发展道路，从相关政策文件来

---

① 《全联房地产商会城市更新和既有建筑改造分会在京成立》，http：//news.ifeng.com/a/20161026/50159097_0.shtml.html，最后检索时间：2019年10月12日。

看,老龄宜居产业发展的政策环境已基本形成。以适老化改造产业为例,《全面推进城镇老旧小区改造工作的指导意见》指出,"建立改造资金政府与居民、社会力量合理共担机制",明确释放出一个信号,解决老旧小区改造问题完全依靠政府是行不通的,必须走市场化道路来解决改造资金的筹集问题。2019年,国务院办公厅印发《关于推进养老服务发展的意见》,在"促进养老服务基础设施建设"部分,提出要"实施老年人居家适老化改造工程"。《"十三五"国家老龄事业发展和养老体系建设规划》指出,"探索鼓励市场主体参与无障碍设施建设和改造的政策措施"。《关于全面放开养老服务市场提升养老服务质量的若干意见》指出,"通过政府补贴、产业引导和业主众筹等方式,加快推进老旧居住小区和老年人家庭的无障碍改造"。另外,《关于推进老年宜居环境建设的指导意见》指出,"引导市场、社会、家庭、个人多元参与,形成合力,发挥财政资金撬动功能,创新公共基础设施投融资体制,推广政府和社会资本合作模式",再次强调了多元主体参与老年宜居环境建设的重要性。

(三)老龄宜居产业的发展机制逐渐完善

在老龄产业的发展过程中,曾出现一些乱象。部分项目有过度"市场化"的倾向,打着"老年产业"的旗号,行商业地产开发之实,侵占了公共资源。还有的项目打着会员制的幌子牟取不法利益,坑害老年人。近年来,政府通过积极有效的养老土地政策,加强市场监管,对市场化运作的项目进行合理的引导和扶持,使老龄房地产开发建设不失其应有的福利属性,保障绝大多数老年群体的住房改善需求[①]。我国老龄房地产产业由无序开发转向规范化发展。

老龄宜居产业发展机制逐步规范。党的十九大后,我国政府坚持"房子是用来住的、不是用来炒的"定位,加大住房保障力度,越来越多的老龄房地产项目开始去地产化,聚焦老龄服务,增强项目的福利属性。以北京

---

① 李魏:《福利视野下的城市老年人居住对策研究》,天津大学博士学位论文,2014。

市为例，2018年，北京市发布《北京市养老服务机构监管办法》，首次明确支持养老会员制，并对会员制进行严格规范：除利用自建或自有设施举办的养老服务机构外，严禁实施会员制；会员制收费额度原则上不能超过经营者可抵押物估值；不得用会员费投资风险行业。

从实践层面看，北京正在推进共有产权养老社区试点工作。2017年投入运营的恭和家园是北京首个共有产权养老试点项目[①]，把居家养老服务充分融入养老社区之中。养老服务企业与符合条件的购买者分别持有5%和95%的房屋产权，而配套的医疗、护理、餐饮等公共服务设施则是由养老服务企业持有经营。企业持有的5%股份是一种"约束"，以此来保证养老社区的老年福利属性。在恭和家园项目中，政府和养老企业都出台了一系列措施防范养老项目过度市场化的风险。除了会对购买人的资格进行审核外，对入住人的资格也有严格限制，每间养老居室必须有一位老年人居住，并在民政部门登记备案。北京市将进一步扩大共有产权养老社区的建设试点工作。

（四）老龄宜居产业的发展模式正在探索

在新一轮城镇化推进过程中，要对不适老的硬件设施进行通用设计和改造，适老化改造产业是原有城市更新和再城市化过程中的大好机遇，商机无限[②]。目前，全国主要城市以家庭适老化改造为抓手，推进城市更新工作。例如北京市出台了《关于开展2016年老年人家庭适老化改造工作的通知》，旨在通过家庭适老化改造工作，为老年人创建安全、舒适的居家生活环境，尽可能提高老年人生活自理能力，延长居家生活时间[③]。适老改造产业是产

---

① 王琪鹏：《北京天桥地区四星级饭店变身养老社区：设施环境饮食堪称用心良苦》，https://baijiahao.baidu.com/s?id=1616263391363397185&wfr=spider&for=pc，最后检索时间：2019年9月12日。
② 党俊武：《超老龄社会的来临——长寿新时代人类的伟大前景》，华龄出版社，2018，第258页。
③ 《关于〈北京市老年人家庭适老化改造需求评估与改造实施管理办法（试行）〉的政策解读》，http://mzj.beijing.gov.cn/art/2016/9/30/art_4494_1686.html，最后检索时间：2020年1月5日。

品服务一体化的，需要有强大的供应链体系支撑。只有形成一条完整、成熟的产业链，才能保证适老改造产业的持续发展。适老改造产业与老龄用品产业的关系最为密切，主要涉及建筑材料、装饰材料、适老部品和辅具产品的生产部门，此外，适老改造产业还能拉动适老化设计、施工、装修等产业链的发展。

各类老龄房地产项目发展迅速。需要指出的是，老龄房地产业与普通房地产业的经营模式并不相同。普通房地产业项目大多是销售型的，以出售房屋为项目开发目标，即房子盖好了就向住户出售，优点是能快速回笼资金，但是老龄房地产业运用销售型模式就有"圈地""挂羊头卖狗肉"之嫌。另一种开发模式是租用型，住户缴付定金后支付租金、入住项目，对于老年群体而言，不但能居住在舒适的环境中，还能享受到配套的老龄服务[1]。近年来，随着政府对老龄房地产项目的规范化管理，越来越多的老龄房地产项目采用持有型物业的发展模式，为顾客提供优质的后续服务。普通房地产业追求高杠杆与快周转，而老龄房地产项目主要盈利点是依靠后期服务所带来的持续收入，更加突出了服务属性。

近年来，各类资本逐渐认识到老龄宜居服务产业具有巨大发展潜力，开始抢滩服务市场。一方面，大型建筑设计企业专门设立适老环境设计机构。例如，国资委下属的中国建筑设计研究院有限公司，于2014年成立了适老建筑实验室，专门从事适老建筑设计的实验和研究，为既有建筑提供空间、家居部品、物理环境等方面的适老化评估。北京居然装饰开始与易享生活合作，在适老装修产品线研发和适老设计人才培养等方面开展合作。另一方面，传统房地产中介企业开始转型进军老龄房地产中介服务行业。中原集团创立了老龄房地产中介服务平台——城市养老地图，并推出"北京养老地图"微信小程序。该平台旨在向老年群体展示养老机构、适老化产品及服务资源，为客户提供养老机构及服务机构的搜索查询、信息展示、电话咨询等服务。养老地图增强了老龄房地产企业和用户之间的信息互通，既拓展了

---

[1] 温文彬：《关于我国养老地产模式的若干思考》，《商业文化》2012年第3期。

商家的营销渠道、让企业随时掌握市场动态,更方便了用户快捷地选择养老机构。

此外,各门户网站纷纷进军老龄宜居服务产业。多家互联网信息服务提供商开始为用户提供养老机构及养老服务信息咨询服务。安悦民生网发布北京市民政部门设立许可的养老机构信息,还对接了天津、河北地区的养老机构数据库。养老网将有资质的养老院、敬老院、老年公寓、福利院等提供的养老服务信息汇集于互联网平台,供用户查阅,共存储各类养老机构25000余家,涉及养老院、老年公寓、居家养老服务中心等多种机构类型。上海养老网是一家立足上海、辐射长三角的养老服务信息的综合性门户网站,旨在打造上海本土养老行业的"114"。上海养老网通过微信订阅号定期发布上海市各个区详细的养老机构信息,方便用户检索老龄宜居服务信息。

(五)老龄宜居产业相关行业组织发展迅速

行业组织是产业发展的关键因素,在引导并推动老龄宜居产业健康发展方面的作用日益凸显。中国老龄产业协会是全国性的老龄产业管理组织,2015年设立老年宜居养生委员会,由老年宜居养生公寓、社区、基地建设和经营管理的企业、事业单位、社会团体和志愿者自愿组成。老年宜居养生委员会致力于探索和研究老龄公寓、社区、基地等老年宜居养生产业发展的规律和特点,推动老年宜居养生产业标准化建设及规范发展,促进具有中国特色的老年宜居养生产业的健康成长。近年来,老龄宜居产业的三个领域分别成立了行业协会。首先,适老改造产业的行业协会密集成立。(1)中国老旧小区暨建筑改造产业联盟于2015年成立。联盟融合相关的建筑检测和规划设计院所、咨询服务机构、投融资机构、建设施工企业、设施装备及建材企业、物业服务企业等上下游企事业单位,形成集投融资、项目建设施工、新技术研发和应用推广等服务于一体的协作平台。致力于整合包括检测、规划设计、投融资、施工、设施及材料、运营、后续维修养护等在内的各类资源,打通整个适老改造产业链条。(2)全国工商联房地产商会城市更新和既有建筑改造分会于2016年成立。为进一步拓展分会服务领域和市场空间，发挥商会在城市更新和既有建筑改造领域的主导作用，2017年又成立了二级机构"适老化改造促进中心"，旨在动员社会多种力量广泛参与、共同推动城市更新与适老化改造工作。（3）中国建材市场协会适老产业分会居家适老化改造示范中心于2017年设立。该组织是由国家建筑材料展贸中心与北京安馨养老产业投资有限公司共同发起，旨在促进资源整合，造福老年群体，服务会员单位。（4）中国建筑装饰协会适老产业委员会于2018年成立，旨在搭建中国适老产业交流、合作、共享的行业组织，引导建筑装饰行业相关企业做好适老化转型、整合适老产业资源、促进适老环境建设，会员单位涉及地产、建筑、养老、康复、保险等多个领域。

其次，老龄房地产业的行业协会持续发展。（1）全国工商联房地产商会于2001年成立，拥有包括房地产开发商、金融机构、规划设计企业及部品供应商等在内的5000多家会员。富力地产、恒大地产、碧桂园、万科地产、保利地产等众多持有养老项目的知名房企都是全国工商联房地产商会核心会员。该组织在金融创新、部品集采等方面开展了工作。（2）中国房地产业协会老年住区委员会于2011年成立，由从事老年住区设计、投资、开发、经营、管理的企业及有关社会团体组成。致力于新建老年住区项目的示范和推广，并对既有老年住区项目的改造、服务设施的完善提出意见与技术支持；发布老年住区建设和运营的信息，为政府、行业和主管部门提出建议，为会员单位提供系统和专业的咨询服务；组织经验交流、行业培训和研讨等活动，为老年住区开发企业、金融投资机构和商家搭建交流、交易平台。（3）地方老龄房地产业组织蓬勃发展。例如，山东省老年产业协会下设养老地产专业委员会，在促进地区老龄房地产业健康、平稳发展方面发挥了重要的作用。

老龄宜居服务产业组织开始萌芽。中国老年保健协会于2018年设立老年人健康环境专业委员会。中国老年保健协会成立于1995年，是中国健康产业领域的重要行业机构，老年人健康环境专业委员会的成立会进一步促进老年健康环境的营造及老龄宜居产业的发展。在地方层面，广州养老服务产业协会专门设立了养老安居委员会，在适老建筑设计与规划、养老社区园林设计、老年人居住建筑标准宣传与引导、老年人居室设计与部品摆设规范，以及居家信息化管理与配置等方面发挥引导作用。

四 老龄宜居产业发展过程中的重大问题

当前，我国老龄宜居产业处于发展初期，发展过程中面临着许多制约因素，主要存在九个方面的问题。

（一）老龄宜居消费理念亟待树立

健康的消费理念是支撑产业良性发展的核心要素。从收入角度看，目前我国老年人收入相对较低，消费意愿不强，成为制约我国老龄产业发展的主要因素。从消费角度看，我国老年人消费仍以生存型消费为主，享受型与发展型消费支出较低，2014年，我国老年人消费支出主要集中在食品烟酒（占总支出的47.0%）和医疗保健（占总支出的21.3%）两类，居住支出仅占总支出的8.1%[1]。老年群体对于改善自己居住环境的消费意识比较落后，虽然对宜居环境有很强的需求，却不愿真正拿出钱来改善环境或购买服务，老龄宜居消费理念还未正确树立，有效需求亟待释放。

（二）相关政策发展滞后

现阶段，政府在推动我国老龄产业发展中发挥着重要的作用，出台政策来鼓励社会资本发挥引擎作用。但是，许多政策和配套措施缺位，制约了老龄宜居产业的发展。

在实践层面遇到的最大困难不是技术难题，而是社会治理、社区治理难题。以适老改造产业为例，目前缺乏具有激励作用的土地使用政策和规划管

---

[1] 王莉莉、邹海峰、杨晓奇：《制约我国老年人消费与需求意愿的原因分析与建议》，《中国体育科技》2020年第9期。

理程序①。老旧小区以单位产权为主,随着我国住房政策社会化、商品化,居民逐渐自行购买住房,导致小区产权复杂、多样,阻碍了更新和改造的进行②。改造闲置用房也面临土地用途变更的条件限制。例如,广州市许多利用工业厂房改造的老龄服务设施,土地用途多是"临时养老用地",大多采取租借、合营等方式,签约使用期多为15~20年,涉及场地能否长期使用、规划是否变更等问题。此外,由于在出让条件中没有明确老龄服务设施用地建成后的权属转移问题,虽然部分小区配建了一定面积的老龄设施用房,却被挪作他用③。相关配套政策的滞后,限制了市场和社会参与的积极性,导致多方协作和利益协调的平台难以形成。

(三)市场开发不足

以适老化改造产业为例,从北京等一线城市适老化改造项目的实施情况可以看出,目前所有城市适老化改造都存在服务内容相对单一、改造对象较为局限、难以真正有效符合老年人对居住环境的适老化需求的问题。例如,对部分老年人比较集中的老旧住宅小区进行改造,主要内容仅仅围绕对地面、出入口、通道的无障碍改造,扶手及抓杆安装,地面防滑处理等,个别条件允许的住宅楼安装了建筑外部电梯。其余诸如家装改造、辅具设置、智能化产品融入等方面的内容几乎完全未涉及。由此可以看出,适老化改造市场化目前程度不足,仍需有效开拓。

完整的适老化改造市场服务过程应包括:首先对既有环境进行适老化评估,基于用户的家庭环境和用户个体能力进行详细评估后,再有针对性地给出多个适宜的设计方案,明确给出各个方案的详细报价,并标明每项改造所参照的相关标准,最后为客户提供稳定及良好的售后服务。目前的产业发展还远远达不到这一程度,亟待进一步发展。

---

① 刘剑:《住区适老化改造的困境与规划管理对策》,《规划师》2015年第11期。
② 咸光军:《大连市既有住宅(区)更新改造的方法研究》,大连理工大学硕士学位论文,2009。
③ 刘剑:《住区适老化改造的困境与规划管理对策》,《规划师》2015年第11期。

（四）缺乏有效投融资机制

有效而持续的投融资是产业良性发展不可或缺的环节，也是最终取得收益的基本前提。目前，从已经实施的改造项目来看，大多是对公共区域的改造项目，或者是为困难老年人家庭提供免费改造服务，项目建设资金仍主要以城区改造专项资金的形式由财政负担。这种单一资金来源的改造方式难以满足众多老年家庭的需求。在疫情影响下，经济发展增速变缓，财政投入缺口较大、地方政府和社会力量投资手段单一、力量不足等问题比较突出，严重制约了老龄宜居产业的发展。

政府的政策引导性不强，投融资的有效途径不足，适老化改造服务项目的多渠道融资途径和融资机制尚未开发和建立。由于投资量大和资金回收周期长，项目难以获得银行贷款的支持；民间融资的高利息会导致资金成本过高，影响现金流；信托基金刚刚起步、尚不成熟，上市融资程序繁杂且受国家严格管控。老龄房地产项目的融资主要来源于保险资金[①]。老龄宜居产业相关投资项目融资难、融资贵问题较为突出，必须加快投融资体制机制创新，加大投融资规模，提高投融资效率，调动社会资本的积极性，促进产业发展步入正轨。

（五）产业链尚未形成

在整个产业链的生态发展过程中，硬件产业和软件产业需同步提升，上下游产业的通力配合也不可或缺。老龄宜居产业除了涉及土地、规划、建材、用品、装修等硬件设施外，更核心的是投融资、咨询及运营服务。目前国内老龄宜居产业处于萌芽般的初级发展阶段，各个行业的发展规模和水平都不尽相同，比如老龄宜居金融产品、房屋置换咨询服务、相关项目的运

---

① 毛明清、吴展昌：《老龄社区建设前提下我国养老地产发展模式探究》，《中国经贸导刊》2015年第20期。

营服务等发展相对滞后。在当前的市场环境下,迫切需要在政府的引导下,充分研究制定支持老龄宜居产业发展的政策法规,进一步探索和实践老龄宜居产业链的形成和发展,充分发挥市场的作用,敦促上下游行业加强合作、互补互动,尽快形成完整的产业链条。

(六)相关规范和标准不完善

行业标准的出台对于我国老龄宜居产业的规范化发展具有非常重要的意义。近年来,我国老年宜居环境建设相关标准和规范正逐步完善,国家标准、产业标准、地方标准不断出台。然而,当前仍尚未出台强制性、可操作化的相关标准和规范,只有部分倡议性、建议性的标准和规范,住房和城乡建设部门无法强制性要求开发商按照老龄宜居环境建设标准和规范执行,其结果是大量规范和标准出台后,我国老龄宜居环境建设效果仍未得到显著提升。①

老年人照料设施相关建筑规范较完善,但普通老年住房的建筑标准仍然空缺。2018年3月,住房和城乡建设部发布公告,原国家标准《养老设施建筑设计规范》(GB50867-2013)和《老年人居住建筑设计规范》(GB50340-2016)同时废止。虽然行业标准《老年人照料设施建筑设计标准》(JGJ450-2018)于2018年10月已经开始实行,但是老年人照料设施仅指为老年人提供集中照料服务的设施,该标准只适用于公共建筑的建设,并未涵盖普通老年住房、老年公寓等设施类型,导致适老化改造产业和老龄房地产业发展处于无标准可依的境地,不利于市场监管和老龄宜居产业的持续健康发展。

(七)适老部品体系不健全

由中国房地产业协会组织编制的《养老设施与适老居住建筑部品体系标准》指出:我国在养老设施和适老住宅建造过程中,适老化部品种类单

---

① 党俊武、周燕珉主编《中国老年宜居环境发展报告》,社会科学文献出版社,2015。

一，产品质量参差不齐，难以满足老年人的使用需求，同时，国内适老部品的科技含量总体较低，与国际领先标准相距较大，或与国内的实际情况融合度较低。例如，在数量庞大的卫浴品牌中，专为老年人设计的产品较少，由于缺乏相关的标准及基础研究，一些部品的形式、设计尺寸并不能很好地满足使用需求，也有一些部品通过引进国外技术或参照国外标准进行设计，但并没有与我国的人体尺度特征、使用方式、制造业发展水平以及国家经济条件相结合，造成部品不符合国情的问题[①]。部品是建筑的组成部分，也是应用技术的载体，部品品质不高、智能化程度低，限制宜居环境中先进科技的有效注入，影响老龄宜居产业的高质量发展。

（八）风险防控能力有待成熟

在整个老龄产业中，老龄宜居产业由于涉及硬件设施的改造及建设，是一项相对具有高风险性的产业，是真正不光有利于"民生"，也可能导致"民死"的产业。很多不确定的外部因素，如设计方案偏差、施工人员不专业等，导致宜居工程建设面临不可避免的各种风险，如技术不落地等前期风险及建筑质量问题导致人员伤亡等后期风险。所以在工程实施过程中必须了解、识别和准确预测风险，并做好各类风险防控，保证项目建设正常开展，以期产业良性、可持续发展。

（九）智能化发展面临不适应性

随着智能化、数字化技术在社会各个领域的全面渗透，老龄宜居产业不断发展的过程，也是智能化家居、高科技设备与社会环境不断融合发展的过程。设备设施的科技含量越来越高，却给老年人的生活带来很大的冲击。一是经济方面不适应，随着产业不断发展，智能化家居科技升级，所需要的成本越来越高，享受其便捷所需要付出的经济代价就越来越大，老年人的收入及消费习惯难以为其埋单。二是数字鸿沟问题，老年人群对新事物和新生活

---

① 代丹丹、张佳岩：《老年人居住建筑适老化部品研究》，《中国住宅设施》2017年第9期。

节奏的接受能力普遍较低，加之大多数老年人受教育程度不高，他们要实际使用智能化用品有相当难度。

五 老龄宜居产业中长期发展目标

（一）近期目标：2020~2035年

党的十九届五中全会指出，要构建国土空间开发保护新格局，推动区域协调发展，推进以人为核心的新型城镇化。在此目标下，老龄宜居产业必然是实现以人为核心的新型城镇化的重要桥梁产业。发展老龄宜居产业，促进老龄宜居环境建设，才能帮助全社会各年龄人群融入健康有序的城镇化发展进程。

目前，我国成为世界上唯一老年人口超过2亿人的国家，预计2035年前后，中国老年人口占总人口的比例将超过1/4。当前，我国目标是使人民逐步富裕起来，提高消费能力，从而满足多方面的生活需求。包括提高老年群体的可支配收入，满足其对宜居环境的需求。中共中央总书记习近平在党的十九大报告中提出，中国2020~2035年，在全面建成小康社会的基础上，再奋斗"十五年"，基本实现社会主义现代化。在这关键的"十五年"中，政府要做好政策设计和引导工作，建立健全投融资机制，同时，全面开拓市场，从做好城乡适老化改造、加快房地产业转型、加快老龄科技产品创新和发展老龄宜居服务产业等多方面全方位快速发展，打通产业链，使老龄宜居产业基本成型，逐渐步入发展快轨并良性运行。

（二）远期目标：2036~2050年

2050年前后我国的人口老龄化程度进一步加深，老年人口占总人口的比例将超过1/3。届时富强、民主、文明、和谐、美丽的社会主义现代化强国也即将建成。经济发展和社会文明程度将极大提升，国家积极应对人口老龄化的能力将进一步提高,孝亲敬老的文化氛围更加浓厚,成为新时代应对老龄化社会挑战的精神支撑。老龄宜居产业的上下游产业得到快速发展并有效衔接,产业链进一步完善成熟。老龄宜居产业在老龄产业中的比重日益突出,对经济内循环、社会发展、文化提升发挥更加突出的作用。

六 老龄宜居产业发展的重大政策

(一)出台重大产业政策

国务院应出台重大的老龄宜居产业指导政策,以市场化为基础,以城乡一体化为导向,着力打通闲置国有资源流通环节,做到物尽其用,杜绝浪费。指导政策应强调适老化设计理念,将适老化设计贯穿于建设全过程,提高城市及农村老龄宜居环境建设质量,尽量避免二次改造而形成巨大浪费。

(二)建设老龄宜居重大工程

加快实施老年人居家适老化改造专项工程。实施老年人居家适老化改造工程有助于促进养老服务消费提升、推动居家养老服务提质扩容。各地应继续实施特殊困难老年人家庭适老化改造,有条件的地方应尽快将改造对象范围扩大到普通高龄、失能、残疾老年人家庭等。专项工程应努力克服此前开展行动中出现的覆盖面小、缺乏规范标准、消费市场尚未全面打开等问题。一是丰富产品种类。着力开发基础产品服务包、专项产品服务包和个性化产品服务包。其中,基础产品服务包指安装抓杆类产品、燃气与火灾报警装置,地面防滑处理等;专项产品服务包提供"浴改淋"等服务;个性化产品服务包主要提供智能家居类、健康监测类等产品及服务,以及老旧电气线路改造等适老化施工改造服务。二是完善资金分担机制。由福利彩票公益金给予一定补贴,对改造实行差别化的资金补贴,对于低保、低收入、高龄的老年人,根据老年人的照护需求评估等级,按照不同比例给予补贴。三是保障工程质量和售后服务。各地住建和市民政部门应发布《既有住宅适老化

改造技术导则》，对适老化改造设计、施工与验收等全流程进行规范，注意细化每个改造场景的具体标准。

老龄宜居服务提升专项工程。一是实现老龄宜居服务扩容。加强老龄宜居服务培训，增加老龄宜居服务供给量，扩大服务覆盖面。二是促进老龄宜居服务提质。强化重点服务企业帮扶，强化专项老龄宜居服务活动组织，在常态化疫情防控背景下应注意强化线上线下服务衔接。三是加强服务平台建设，建立各地统一的老龄宜居服务平台，加快与相关机构及部门数据共享和比对分析，提升业务管理和服务能力。加强与电信企业合作，探索大数据在老龄宜居服务领域的应用，开展"租房+换房+老龄服务"一体化服务。

严打老龄房地产诈骗专项工程。在打击整治养老诈骗专项行动中严打"养老地产"相关的养老诈骗。老龄房地产诈骗套路包括：在商品住房销售中以"老年社区""老年公寓""养老基地""养老山庄"等养老名义进行虚假宣传、诱骗老年人购买等，也包括打着"以房养老"等旗号，诱骗老年人抵押自己房屋，再借助诉讼、仲裁、公证或者暴力、威胁等非法占有老年人房屋。一是提高思想认识，落实专项行动整治要求。二是规范广告宣传，依法诚信经营。三是多措并举宣传，营造防诈反诈浓厚氛围。各地住房城乡建设部门、房地产业协会以及房地产开发企业、物业服务企业、经纪机构等应联合起来，全力遏制商品住宅销售中以"养老"名义进行虚假宣传等涉诈问题，进一步规范各地房地产行业秩序。

（三）优化制度环境

各级政府应按照各地发展规划和不同地区老年人的实际情况，将适老化改造和宜居服务等老龄宜居产业的硬件和软件内容逐步纳入有关制度中。相关的各项制度设定要有坚定的战略导向性，既要立足于老年群体的实际需求，也要充分考虑人口老龄化社会的长远发展，同时要注重产业内部的整体协同性和产业外部的广泛开放性，充分体现制度的科学性与包容性。

（四）加大政策扶持力度

合理的政策扶持是老龄宜居服务产业发展的有效保障，政府应该通过出台政府补贴方案、产业政策、产业规划，同时采取科学有效的财政税收政策、金融政策、价格政策甚至是工资政策等，来进一步加大引导和扶持力度。一方面，为了盘活社会闲置资源，应调整土地出让、税收及城市规划的政策。可以借鉴韩国活用空置房屋的策略，通过政府出台法律来引导空置房屋的更新与改造，以此增加低成本老年公寓及公共老龄服务设施的供给。另一方面，要提升金融精准服务能力。2017年第五次金融工作会议定下基调，金融要把为实体经济服务作为出发点和落脚点。而老龄宜居产业作为老龄产业的重要组成部分，涵盖二、三产业，既是实体经济的重要组成，也应该是金融服务所支持的重点对象。金融领域的银企对接，将进一步疏通产业融资对接渠道，提升金融服务精准度，有效解决融资难问题，促进产业发展。

（五）打通产业链

产业培育和发展关键在于产业链的打造和龙头企业的培育。产业链环环相扣，一个环节阻滞，上下游环节都难以得到快速发展。老龄宜居产业在目前产业链相对碎片化的现状下，应该重视产业上下游延伸，一方面抓住上游金融领域，开展相关投融资业务，开发混业经营的老龄宜居产品；另一方面联合制造业，从上到下进行强链、补链、延链，加速产业升级，提升产业品质。同时，培育和发展宜居产业龙头企业，明确发展方向，增强产业辐射力，带动产业集聚发展。

（六）提升科技赋能水平

现代老年人自身知识素养的提高和对新事物的充分认知，决定了他们对老年期的居住环境和生活模式有了更高的要求。随着生物科技、人工智能等技术的迅猛发展，过去的生活方式被一步步颠覆，传统的养老方式也必然被撼动,老龄宜居产业的发展也必须注入科技实力。智慧型养老产品和智能性养老服务、"互联网+"的理念应该深度融合到老龄宜居产业的发展中。老年人的居家生活品质的提升,离不开智能硬件软件的多元化配套服务模式,老龄宜居产业发展所带来的科技力量可以满足老年人不同层次的生理、精神的需求。老龄宜居产业也将带动整个老龄产业向国际领先水平靠拢。

七 加强老龄宜居产业发展的保障措施

人才是产业发展的第一资源,也是产业发展的核心竞争力。人力资源的有效供给,是保证产业有序发展的重要保障。老龄宜居产业方兴未艾,相关的人才培育模式尚未成熟,应用型人才紧缺问题亟待解决。老龄宜居产业涉及建筑、设计、金融、物业管理、中介服务等多方面,需要政府建立有效的人才教育体系,例如人才定向培养机制,社会团体、院校、企业等共同携手配合解决人才培育瓶颈问题。同时采取"走出去、引进来"的方式加强人才国际流通,培育高端人才,以适应老龄宜居产业发展的潜在需求。

与此同时,还要加强行业监管。科学而有效的监管制度是产业健康发展的保障。目前,老龄宜居产业发展尚未完善,还没有形成公平有序的市场,个别项目野蛮生长,项目团队唯利是图,侵害了老年人的合法利益,影响了产业有序发展。引入科学合理的行业监管制度迫在眉睫。首先,应建立政府监管机制,建立行业标准和规范,出台相应监管制度,设立监管部门定期进行检查,加大监管力度。其次,要大力发展民间监管力量,指定相关民间组织和社会团体进行监督和评估,及时快速反馈监督情况,提高监管效率。最后,加强行业自律,建立诚信体系,鼓励依法办事、守信经营,形成良好的市场环境,推进老龄宜居产业高质量发展。

B.7
老龄文化产业中长期发展研究

李 晶 肖文印*

摘 要： 本文介绍国家发展老龄文化产业的背景、我国老年人的文化生活状况，以及老龄文化产业的发展状况。本文指出当前我国老龄文化产业发展中存在的主要问题包括：总量供给不足、产品种类偏少、市场需求疲软、产业人才短缺、产业政策缺位等。继而提出我国老龄文化产业的中长期发展目标为：坚持社会主义核心价值观引领、精准对接老年消费者文化需求、不断丰富文化产品供给、着力构建老龄文化服务体系等。本文进一步提出未来发展老龄文化产业的重大政策和重大工程。重大政策包括：重视财政资金引导、实行税费优惠、加大金融支持力度、做好产业用地规划、激发老龄文化消费需求、加强基础设施建设等；重大工程包括：实施老年教育工程、实施老年体育工程、实施老年旅游工程、实施老年文化创新工程等。最后本文提出未来促进老龄文化产业发展须加强党的领导、建立健全产业政策、培育老龄文化市场、强化科技支撑功能、重视产业人才培养、加强政府监管职能、积极动员社会力量等保障措施。

关键词： 文化产业 老龄文化 老龄文化产业

---

* 李晶，中国老龄科学研究中心老龄社会与文化研究所所长，研究员，主要研究方向为老龄社会学、老龄社会政策。肖文印，中国老龄协会机关服务中心副主任，研究方向为老龄政策和老龄产业。

一　引言

当今世界，正面临百年未有之大变局，国家之间的竞争出现了很多新的特征，文化软实力之间的较量是一个重要方面。我国的经济发展取得了举世瞩目的成就，科学技术获得了前所未有的进步。国力的强盛提升了中华民族的向心力，强化了中华文化的凝聚力，世界各地华人的文化认同达到一个新的高度。

文化实力是国家竞争力的核心内容，是形成国际影响力的重要因素。在全球化背景下，我们强调"文化自信"，就是要突出中华文化的独特性、优越性，增强民族自豪感和自信心。繁荣中华文化，增强文化自信，离不开文化产业的快速健康发展。2000年，国家"十五"计划首次提出"推动文化产业的发展"，标志着文化产业被纳入国家总体发展规划予以统筹考虑和安排。2005年12月，中共中央、国务院发出《关于深化文化体制改革的若干意见》，强调以发展为主题，以改革为动力，促进社会主义先进文化繁荣发展。2009年，国务院常务会议审议通过《文化产业振兴规划》，这是我国第一部文化产业专项规划，标志着文化产业上升为国家的战略性产业。2011年10月，中共十七届六中全会提出"加快发展文化产业，推动文化产业成为国民经济支柱性产业"。

2020年10月，中共十九大五中全会公报再次强调"繁荣发展文化事业和文化产业，提高国家文化软实力"的发展目标，推进社会主义文化强国建设。也是在本次大会上，积极应对人口老龄化被提升为国家战略，为老龄产业和文化产业融合发展、形成老龄文化产业提供了良好的契机。

二　研究背景

（一）国家重视老龄文化工作

2017年10月，党的十九大报告指出，新时代社会主要矛盾是人民日益增长的美好生活需要和不平衡不充分的发展之间的矛盾。美好生活需要，包括的范围很广泛，比如更好的教育、更稳定的工作、更可靠的社会保障、更高水平的医疗卫生服务、更舒适的居住条件、更优美的环境等，其中更具有"美好"特征的是，更丰富的精神文化生活，因为"美好""幸福"更多的是精神层面的体验。在物质生活得到基本保障的基础上，人民的美好生活需要是否得到满足的主要判断依据是精神文化生活质量。和年轻型社会相比，老龄社会人们的需求结构将从物质生活需求为主转变为物质生活需求、服务需求、精神文化需求三位一体协同发展。① 其中，数量日益庞大的老年人群的精神文化生活受关注程度日趋提升。

国家重视发展老龄文化事业。《中华人民共和国老年人权益保障法》第66条规定："国家和社会应当重视、珍惜老年人的知识、技能、经验和优良品德，发挥老年人的专长和作用，保障老年人参与经济、政治、文化和社会生活。"第71条规定："老年人有继续受教育的权利。国家发展老年教育，把老年教育纳入终身教育体系，鼓励社会办好各类老年学校。"第72条规定："国家和社会采取措施，开展适合老年人的群众性文化、体育、娱乐活动，丰富老年人的精神文化生活。"

国家发布了一系列发展老年人文化教育事业的重要政策性文件。1999年8月，文化部发布《关于加强老年文化工作的意见》，提出要切实做好老年文化工作，丰富老年人精神文化生活。2000年《中共中央、国务院关于加强老龄工作的决定》指出：各级文化、体育、广播电视等部门和工会、妇联等群众团体要进一步加强老年文化体育工作，发展老年文化体育事业。2004年，文化部、国家文物局下发通知，要求各级文化场所对老年人优惠，为老年人参加各种公共文化活动提供便利。2010年发布的《国家中长期教育改革和发展规划纲要（2010-2020年）》提出了重视老年教育，把老年教育纳入继续教育和终身教育体系。2012年10月，全国老龄委16个成员

---

① 党俊武：《树立老龄经济新思维》，《老龄科学研究》2020年第1期。

单位联合印发了《关于进一步加强老年文化建设的意见》，明确了加强老年文化建设的指导思想、目标任务、基本原则、主要内容和保障措施。2016年10月国务院出台了我国第一部老年教育专项规划《老年教育发展规划（2016-2020年）》，明确提出了我国老年教育的发展重点、推进计划和发展目标。2018年9月，中共中央办公厅、国务院办公厅印发《关于加快构建现代公共文化服务体系的意见》，明确提出要将老年人等特殊群体作为公共文化服务的重点对象，保障其基本文化权益。

2021年11月，《中共中央　国务院关于加强新时代老龄工作的意见》发布，提出了"扩大老年教育资源供给"和"提升老年文化体育服务质量"的工作要求，具体措施主要是从硬件设施和人员队伍方面为开展老年文化活动提供保障，同时将老年旅游作为老年文化产业的重要内容，予以进一步的强调。次月，由国务院印发的《"十四五"国家老龄事业发展和养老服务体系规划》，将发展老年文化作为践行积极老龄观的重要方式和手段，除强调要创新发展老年教育之外，还把丰富老年人文体休闲生活进一步具体化，在鼓励社会力量或市场力量运营老年公共文体活动场所、繁荣老年文艺作品创作、鼓励老年文化交流、倡导体育健身消费、促进养老和旅游融合发展等方面，都进行了新的表述。

（二）老年文化需求日趋旺盛

进入21世纪后，我国养老保障制度逐步健全，养老服务体系基本建立，老年人的精神文化保障和文化服务被各级党委、政府列入议事日程。近年来，随着老年人消费能力增强、生活方式转变，消费观念随之发生变化，从满足基本物质需要，发展到对更加丰富的精神文化生活的追求。在文化生活领域，老年人的需求向多元化、高层次发展，是促进老龄文化产业发展的强劲动力。

与发达国家相比，我国进入人口老龄化社会的时间不长，低龄老年人是老年群体的主体。2015年第四次中国城乡老年人生活状况抽样调查显示，60~69岁的低龄老年人占比为56.5%，70~79岁的中龄老年人占比为

29.7%，80岁及以上的高龄老年人占比为13.7%。从生命历程的角度看，我国现阶段的高龄老人，生命早期生活在社会动荡和物资匮乏的年代，养成了较为节俭的生活习惯和保守的消费观念。从收入水平看，高龄老人的财富积累相对较少，退休金水平也较低。相对而言，中低龄老年人的生活经历不同，其生命中后期赶上国家经济快速发展、生活水平大幅提高的时代。这部分老年人的收入水平相对较高，消费观念相对开放，消费习惯更加接近现代社会期望，也更愿意在文化消费方面支出。

老年群体代际更迭，也为文化产业发展提供了更多机遇。20世纪50年代到60年代出生的老年人被称为"新老年"，他们将是未来文化消费的主力。2020年，"60后"开始进入老年期。我国"60后"人口超过2亿人，未来10年，"60后"将陆续成为低龄老人的主体。"60后"整体文化水平较高。研究显示，老年人的文化消费支出与受教育水平呈正相关关系，受教育水平较高的老年人，用于文化消费的支出一般较高。一方面，受教育水平高，意味着获得较好工作的机会增大，收入会相应提高，消费能力随之提升，除用于物质消费的支付能力外，还有进行文化消费的能力。另一方面，受教育程度高，也意味着老年人对精神文化生活会有更多更高的追求。教育大大拓展了人们的关注领域和精神世界，使他们不再局限于物质的丰裕和满足，还希望通过丰富的文化产品和文化服务进一步提升生活质量。

与较为保守的老年消费习惯相比，"新老年群体"有一定财富积累，有一定的消费能力和消费意愿；熟悉互联网，观念较新；大多数是独生子女父母，依赖子女养老观念较弱，有一定的自我养老储备。因此，除对于物质生活质量的要求进一步提高外，他们更愿意在休闲娱乐文体活动等文化领域消费。如在学习方面，相当一部分年轻老人已经养成知识付费的习惯，愿意参与更具拓展性的文化活动，购买品质较高的文化产品，享受更加个性化的文化服务等。除了老年人自身外，子女给父母购买老龄文化产品、资助父母参与文化活动、购买付费文化服务等，这些孝心文化消费，对老龄文化产业消费市场的培育和成熟，也具有重要的拉动作用。

（三）老龄文化产业成为新经济增长点

老龄文化产业属于老龄产业，是银发经济的重要构成板块，也是老龄社会经济体系的组成部分。2020年召开的中国共产党第十九届五中全会通过的《中共中央关于制定国民经济和社会发展第十四个五年规划和二〇三五年远景目标的建议》提出，"积极开发老龄人力资源，发展银发经济"。2021年《中华人民共和国国民经济和社会发展第十四个五年规划和2035年远景目标纲要》提出，"发展银发经济，开发适老化技术和产品，培育智慧养老等新业态"。随着规划纲要的颁布实施，相关配套政策将陆续出台，银发经济将会成为新的经济增长点，为社会各界所关注。其中的老龄文化产业也势必随之获得快速发展的机遇。

经济发展与消费群体的构成密不可分，人口老龄化将成就新的文化大市场。中国是世界上老年人口最多的国家，蕴藏着巨大的老龄文化消费潜能。这种潜能一旦被激发出来，势必形成巨大的文化消费的有效需求。在巨大的老年人口总量下，老年人的消费潜力吸引社会资本，老龄产业成为资本关注领域之一。老龄文化产业既是文化产业的重要组成部分，也是老龄产业中较具增长潜力的部分。疫情防控常态化时代的经济格局中，国内消费是最大经济驱动力，而老年消费最具潜力。正是在这个意义上说，老龄文化产业将成为国民经济中一个新的经济增长点。老龄文化产业发展前景广阔，将创造更多就业机会，其经济贡献将更为突出。

三 老年文化生活与老龄文化产业

（一）老年文化生活状况

根据2015年第四次中国城乡老年人生活状况调查数据，可将我国老年人的文化活动分为四大类别：休闲娱乐、体育健身、学习教育、旅游。每类可细分为1~4项具体的活动内容。第一类休闲娱乐包括：①看电视/听广播，②去影院看电影/去戏院听戏，③打麻将/打牌/下棋等，④钓鱼/书画/摄影/收藏；第二类体育健身包括：①散步/慢跑等，②跳舞（广场舞/扭秧歌），③打太极拳/做保健操等，④打门球/乒乓球/羽毛球等；第三类学习教育包括：①读书/看报，②上老年大学；第四类旅游包括旅游规划。

调查显示，绝大部分老年人都不同程度地参与了各个类别的文化活动（见表1）。老年人文化活动的总体参与率为92.1%，城镇老年人的参与率（94.8%）略高于农村老年人（89.2%），男性老年人的参与率（94.1%）略高于女性老年人（90.3%）。总体看，城乡差异和性别差异都不大，显示出我国老年人文化参与的均等化程度还是比较高的。

表1 老年人文化活动参与情况

单位：%

性别	文化活动		
	城镇	农村	总体
男性	96.2	91.9	94.1
女性	93.5	86.7	90.3
合计	94.8	89.2	92.1

分项来看，老年人参与最多的活动排名前五的依次是：看电视/听广播（89.0%），散步/慢跑等（42.8%），读书/看报（20.9%），种花养草等（18.1%），打麻将/打牌/下棋等（13.5%）（见表2）。

城乡比较而言，城镇老年人参加各项文化活动的比例均高于农村老年人。如城镇老年人中91.1%经常看电视/听广播，56.0%经常散步/慢跑等，32.0%经常读书/看报，26.8%经常种花养草等，16.1%经常打麻将/打牌/下棋等，而农村老年人参加上述活动的相应比例依次为86.6%、28.5%、9.0%、8.6%和10.6%。总体来看，由于农村老年人受教育程度普遍较低，经济水平相对落后，其精神文化生活比较单调。除了看电视/听广播城乡老年人的参与率都较高外，其他文化活动城乡差距则较大。

表2 老年人参加文化活动的状况

单位：%

文化活动	城镇			农村			全国		
	女性	男性	合计	女性	男性	合计	女性	男性	合计
看电视/听广播	89.5	92.9	91.1	83.8	89.6	86.6	86.8	91.3	89.0
读书/看报	22.8	42.4	32.0	3.0	15.3	9.0	13.5	29.1	20.9
去影院看电影/去戏院听戏	2.9	3.2	3.0	1.5	2.0	1.7	2.2	2.6	2.4
散步/慢跑等	53.5	58.9	56.0	26.5	30.6	28.5	40.8	45.0	42.8
打太极拳/做保健操等	4.9	4.7	4.8	0.3	0.5	0.4	2.8	2.6	2.7
跳舞（广场舞/扭秧歌）	10.5	2.3	6.7	3.9	0.8	2.4	7.4	1.5	4.6
打门球/乒乓球/羽毛球等	1.3	3.2	2.2	0.1	0.4	0.2	0.7	1.8	1.2
打麻将/打牌/下棋等	12.4	20.2	16.1	6.9	14.6	10.6	9.8	17.4	13.5
种花养草等	26.4	27.3	26.8	8.8	8.4	8.6	18.1	18.0	18.1
钓鱼/书画/摄影/收藏	1.2	6.7	3.7	0.1	1.7	0.9	0.7	4.2	2.4
上老年大学（学校）	3.1	2.8	2.9	0.6	1.2	0.9	1.9	2.0	1.9
其他	0.7	0.9	0.8	0.6	0.6	0.6	0.7	0.7	0.7
都没有	6.5	3.8	5.3	13.3	8.1	10.6	9.7	5.9	7.9

老年人是一个异质性很强的群体，老年人群体内部按照不同的标准可分成不同类型的小群体，他们的文化生活呈现不同的特点。在大多数文化活动中，参与最多的是那些年龄较轻、活动能力较强和受教育程度较高的老年人。下面按照老年人的人口学特征对其文化生活状况进行综合分析。

不同性别老年人活动偏好有差异。如女性老年人跳舞的参与比例（7.4%）显著高于男性老年人（1.5%），参加球类活动的男性老年人占比（1.8%）高于女性老年人（0.7%）。女性在看电视/听广播、读书/看报、去影院看电影/去戏院听戏、散步/慢跑等、钓鱼/书画/摄影/收藏等的参与比例，均低于男性老年人。而在打太极拳、种花养草、上老年大学等项目上，性别差异不大。总体看，女性老年人更愿意参与互动性较强的文化活动；男性老年人整体受教育水平高于女性，对文化含量较高的社会文化活动参与率较高。

老年人参加文化活动受年龄影响较大。如表3所示，低龄老年人是各项活动的主要参与群体。随着年龄增长，老年人对各项文化活动的参与率大部分都在下降。老年人打太极拳或做保健操活动随年龄增长呈现先增后减的趋势，参与率从60~64岁的2.6%增加至70~74岁的3.2%，之后又从75~79岁的2.7%逐年下降至85岁及以上的1.2%。由此可见，一方面，老年人的健康水平和活动能力随年龄增长而下降，整体参与率逐年降低；另一方面，随着年龄的增加，老年人的社会文化活动呈现不同特点。低龄老年人的文化活动最为丰富，尤其是参与更多动态类型的活动。随着年龄增长，老年人参与文化活动的比例降低，内容减少，范围缩小，且以节奏慢、体力要求较小的活动为主。

表3 分年龄老年人参加社会文化活动的状况

单位：%

文化活动	60~64岁	65~69岁	70~74岁	75~79岁	80~84岁	85岁+	合计
看电视/听广播	93.2	91.6	89.6	85.2	80.9	70.5	89.0
读书/看报	21.7	22.4	22.6	19.5	17.7	13.4	20.9
去影院看电影/去戏院听戏	2.9	2.7	2.3	2.0	1.5	1.1	2.4
散步/慢跑等	44.3	44.9	44.8	41.8	37.8	28.8	42.8
打太极拳/做保健操等	2.6	3.0	3.2	2.7	2.4	1.2	2.7
跳舞（广场舞/扭秧歌）	7.3	5.4	3.5	1.9	1.0	0.4	4.6
打门球/乒乓球/羽毛球等	1.8	1.5	1.0	0.7	0.5	0.2	1.2
打麻将/打牌/下棋等	16.4	14.7	12.7	10.7	8.7	5.7	13.5
种花养草等	19.2	19.3	19.1	17.3	14.7	9.3	18.1

续表

文化活动	60~64岁	65~69岁	70~74岁	75~79岁	80~84岁	85岁+	合计
钓鱼/书画/摄影/收藏	2.9	2.7	2.3	1.8	1.4	0.9	2.4
上老年大学(学校)	1.9	2.3	2.0	1.8	1.8	1.0	1.9
其他	0.7	0.8	0.8	0.7	0.7	0.5	0.7
都没有	4.4	5.5	7.2	10.9	14.8	24.4	7.9

老年人参加文化活动受到文化水平的限制。如表4所示，总体而言随着文化程度提高，老年人各项文化活动的参与率上升。不同文化程度的老年人对文化活动类型有不同的选择。文化程度较高的老年人对文化活动的质量和品位有更多要求。老年人的文化程度越高，所参与的文化活动的类型越多样，且越可能选择参加技术要求较高的文化活动。

表4 分文化程度老年人参加社会文化活动的状况

单位：%

文化活动	未上过学	小学	初中	高中/中专/职高	专科	本科及以上	合计
看电视/听广播	80.0	91.1	94.9	95.0	94.8	95.7	89.0
读书/看报	1.4	13.6	41.4	64.1	83.0	85.9	21.0
去影院看电影/去戏院听戏	1.4	2.0	3.0	4.4	8.8	9.9	2.4
散步/慢跑等	28.8	39.6	56.5	67.9	79.2	79.6	42.9
打太极拳/做保健操等	0.5	1.4	4.6	9.3	14.5	14.4	2.7
跳舞(广场舞/扭秧歌)	2.1	4.2	7.3	9.3	9.2	6.6	4.6
打门球/乒乓球/羽毛球等	0.1	0.5	2.3	4.7	8.6	8.5	1.2
打麻将/打牌/下棋等	6.3	14.0	20.0	20.9	19.9	15.4	13.5
种花养草等	9.0	14.6	26.9	38.9	50.4	52.7	18.1

续表

文化活动	未上过学	小学	初中	高中/中专/职高	专科	本科及以上	合计
钓鱼/书画/摄影/收藏	0.3	1.3	3.9	7.2	16.1	17.5	2.4
上老年大学(学校)	0.6	1.0	2.8	6.4	11.0	11.0	1.9
其他	0.7	0.6	0.7	0.9	1.9	2.5	0.7
都没有	15.9	6.1	2.5	2.1	1.4	0.8	7.9

一定的健康条件是老年人参加文化活动的基本条件。健康自评是衡量老年人健康状况的一个常用指标。调查显示，自评健康较好的老年人，各项文化活动的参与率均较高；自评健康较差的老年人，文化活动的参与率则较低。如表5所示，各项文化活动都没有参加的老年人中，27.8%自评健康非常差，自评健康非常好的只占2.9%。

表5 分健康状况老年人参加社会文化活动的状况

单位：%

文化活动	非常好	比较好	一般	比较差	非常差	合计
看电视/听广播	93.8	93.1	90.4	83.4	69.5	89.0
读书/看报	32.6	27.6	21.2	11.2	6.7	21.0
去影院看电影/去戏院听戏	4.1	3.1	2.3	1.4	0.8	2.4
散步/慢跑等	54.0	51.1	44.1	31.5	18.3	42.9
打太极拳/做保健操等	4.7	3.8	2.8	1.0	0.5	2.7
跳舞(广场舞/扭秧歌)	7.9	6.5	4.5	2.2	1.0	4.6
打门球/乒乓球/羽毛球等	3.1	1.9	1.1	0.3	0.1	1.2
打麻将/打牌/下棋等	20.8	18.0	13.2	7.9	3.8	13.5
种花养草等	27.2	23.2	18.4	10.5	6.3	18.1
钓鱼/书画/摄影/收藏	4.7	3.6	2.2	0.9	0.4	2.4
上老年大学(学校)	3.2	2.6	2.0	0.9	0.6	1.9
其他	1.3	1.0	0.6	0.5	0.4	0.7
都没有	2.9	3.7	6.5	13.1	27.8	7.9

经济状况是直接影响老年人文化生活的另一重要因素。如表6所示，随着老年人自评经济状况等级的下降，老年人参加各项文化活动的比例逐渐下降。各项文化活动都没有参加的老年人中，23.9%自评经济状况非常困难，自评经济状况非常宽裕的只占1.8%。经济状况也决定着老年人是否能参与需要一定经济条件支持的文化活动，如书画、摄影和收藏等活动，都需要一定的财力基础。

表6 分经济状况老年人参加社会文化活动的状况

单位：%

文化活动	非常宽裕	比较宽裕	基本够用	比较困难	非常困难	合计
看电视/听广播	94.8	94.5	90.8	83.0	71.6	89.0
读书/看报	45.1	36.1	21.9	9.3	6.3	21.0
去影院看电影/去戏院听戏	5.1	4.0	2.4	1.4	1.1	2.4
散步/慢跑等	61.7	56.3	44.9	30.6	23.0	42.9
打太极拳/做保健操等	5.9	5.3	2.8	0.8	0.5	2.7
跳舞（广场舞/扭秧歌）	9.1	7.3	4.9	2.3	1.6	4.6
打门球/乒乓球/羽毛球等	4.2	2.5	1.3	0.3	0.2	1.2
打麻将/打牌/下棋等	23.1	19.8	14.1	8.3	4.9	13.5
种花养草等	34.6	28.7	19.0	9.4	6.8	18.1
钓鱼/书画/摄影/收藏	7.3	4.8	2.4	0.8	0.5	2.4
上老年大学（学校）	4.9	3.9	1.9	0.8	0.5	1.9
其他	1.0	1.1	0.7	0.5	0.6	0.7
都没有	1.8	2.8	6.2	13.3	23.9	7.9

（二）老龄文化产业发展状况

鉴于不同国情和历史背景，各国对文化产业有不同界定。如美国的文化产业是指通过工业化和商业化方式进行的文化产品和文化服务的生产、交换和传播，主要包括文化艺术业、影视业、图书业和音乐唱片业四大产业。英国的文化产业强调文化产品的个人独创因素，文化产业范围包括出版、音乐、艺术表演、电影、电视广播、游戏软件、广告、建筑、设计、时装、艺术品与古董交易、手工艺品等十几个行业。在日本，文化产业统称为娱乐观光业。日本的文化产业分为三类：一是生产与销售以相对独立的物态形式呈现的文化产品的行业，二是以劳务形式出现的文化服务行业，三是其他商品和行业中提供文化附加值的行业。[①] 2004年，国家统计局制定《文化及相关产业分类》，将文化及相关产业界定为，为社会公众提供文化、娱乐产品和服务的活动，以及与这些活动有关联的活动的集合。并将文化产业划分为六大活动范围，分别为：为社会公众提供实物形态文化产品和娱乐产品的活动，为社会公众提供可参与和选择的文化服务和娱乐服务，提供文化管理和研究等服务，提供文化、娱乐产品所必需的设备材料的生产和销售活动，提供文化、娱乐服务所必需的设备、用品的生产和销售活动，以及与文化、娱乐相关的其他活动。[②]

我国通常将广义的文化分为物质文化和精神文化，狭义的文化则指精神文化。老龄文化产业是指，为老年人提供文化产品和文化服务的产业制度和组织，涉及影视出版、娱乐休闲、体育健身、教育培训、旅游观光、展览展示等诸多方面。老龄文化产业的出现，主要是由人口年龄结构快速老化所带动的。在需求刺激之下，市场上针对老年人的文化产品和服务越来越多，逐渐形成一个新兴产业领域。老年人绝对数量增加，老年期特定文化需求增长，必然带来针对老年人群体的文化产业的蓬勃发展。

体育健身是最受老年人欢迎的文化活动。上海是我国第一个步入老龄化的城市，近年来老年人对于专业性健身场所和设施的需求快速增长。2018年上海体育学院针对社区1500名老人的运动健康需求进行的问卷调查显示，

[①] 尹章池等编著《文化产业概论》，北京大学出版社，2014，第4~5页。
[②] 尹章池等编著《文化产业概论》，北京大学出版社，2014，第6~7页。

75.71%的老人平时锻炼项目以步行为主，66.10%的社区老人表示需要专业的室内健身场所，其中34.19%的老人表示非常需要专业的室内健身场所。2019年底，上海出台《上海市社区嵌入式养老服务工作指引》，倡导体养结合服务，依托社区养老服务机构、社区老年人健康促进中心等场所，为老年人提供健身辅导、身体机能训练、慢病运动干预等服务。同时明确推进"公建民营"方式。社区老年人体养融合中心"乐活空间"项目，2019年被评为国家体育产业示范项目。

广场舞是综合性文化体育活动的代表，通常是群众自发组织和参与、集健身和娱乐于一体的集体性活动。2017年在天津市举办的第十三届全国运动会增设了群众比赛项目，广场舞成为其中一个比赛项目。从广场舞切入的糖豆App，现已成为服务中老年人的文化娱乐社区，在满足老年人广场舞学习需求的同时，糖豆App还提供生活、搞笑、健康、养生等方面的内容，并开展基于老年人线下社交需求的各类活动。

老年旅游是目前老龄产业体系中规模最大的一部分。根据全国老龄委调查，我国每年老年旅游者人数占到全国旅游总人数的20%以上。2016年，中国老龄产业协会老龄旅游产业促进委员会与同程旅游联合发布《中国中老年人旅游消费行为研究报告2016》，对50岁及以上中老年人的旅游消费行为进行了系统分析。根据报告，月收入5000元以上的中老年旅游者占比57.8%，其中月收入超过7000元的高收入者占比31.3%。区域方面，发达地区占绝对优势。来自上海、江苏、北京、广东、天津、浙江、河南、四川、湖北、江西10个地区的中老年旅游者占73.5%，其中前3名地区占比高达36.7%。出游次数上，42.7%的中老年旅游者每年出游2次，20.2%每年出游3次及以上。多项行业调查都显示，50岁及以上的中老年人中"有闲又有钱"的群体，正在成为我国旅游业的主要消费者。近年来旅居养老、候鸟式养老兴起，进一步拓展了老年旅游的方式。旅游是集吃、住、行、游、购、娱等要素于一体的综合性行业，老年旅游产业的发展将会带动旅游产业集群的整体发展。

老龄影视业近年来也得到一定发展。如江苏老来俏影视文化传媒有限公司是一家集老年影视剧制作、老年综艺节目及广告的策划、制作、发行的演艺经济与市场推广于一体的专业传媒运营公司，其业务覆盖全江苏，在浙江、山西、四川、山东、安徽、北京等地成立了分部。《乐龄唱响·全国老年合唱大赛》是一档为老年人打造的专属音乐节目，自2020年6月起在中央电视台综合频道播出，是目前国内唯一一个老年群体的竞赛类合唱节目。随着老年人物质生活条件不断提高和社会基础设施日趋完善，为老年人提供更多高品质的精神文化产品成为迫切需要。

在报业出现集体衰退的背景下，一些传媒集团积极向老龄传媒转型。如中南传媒旗下的《快乐老人报》自2009年创刊，创刊3年发行量突破百万份，2017年发行量突破200万份。除《快乐老人报》外，2012年由《快乐老人报》经营性资产改制成立的湖南快乐老人产业经营有限公司还经营着《康颐活过100岁》杂志、老年门户枫网、快乐人生出版事务所、美时美刻国际旅行社、快乐老人生活馆等多个老龄文化产业项目，为老年人提供综合性的文化产品和服务。① 2018年末，大连新闻传媒集团旗下发行19年的《新商报》休刊，代之以《老友时代报》，② 亦显示了传统文化产业向老龄文化产业转型的趋势。

总的来看，近年来我国老龄文化产业得到一定发展，但还处在起步阶段，对社会经济的影响尚未充分彰显。随着社会发展，必将从重视物质形态的产品及服务发展到重视精神形态的产品和服务。在老龄社会条件下，老龄经济将成为文化产业新的切入点和爆发点。随着老年群体受教育程度和收入水平普遍提高，老年人文化需求的逐步释放将推动老龄文化产业的进一步发展。老龄文化产业将逐步升级，向着多元化、个性化、信息化、智能化方向发展。

---

① 赵宝泉：《〈快乐老人报〉发行量突破200万份的战略棋局——把握老龄社会大趋势，构建老年文化产业平台》，《中国记者》2017年第11期。
② 《大连新闻传媒集团〈新商报〉宣布拟转型〈老友时代报〉》，https://baijiahao.baidu.com/s?id=1621099397820502685&wfr=spider&for=pc。

四 老龄文化产业发展中的主要问题

(一)总量供给不足

老龄文化产业是为老年人生产文化产品、提供文化服务的产业。随着老龄化程度不断加深和社会经济的持续发展,老年群体的精神文化需求日益旺盛,层次逐渐提高,要求获得更多更好的精神文化产品和服务。但目前看,老龄文化市场所提供的文化产品和服务数量不足,与迅速发展的文化产业相比较,我国老龄文化产业的不足和差距更为突出。在国家文化产业政策的推动下,目前我国初步形成了由娱乐业、演出业、音像业、网络文化业、文化旅游业、文物和艺术品业等构成的文化产业体系。但传统的图书出版、音像、影视、演出等,很少以老年人为目标人群。虽然针对老年群体的文化产品和服务在逐渐增多,但面对快速增长的老年人数量及其文化需求,老龄文化市场规模不大、供给不足的问题仍然突出,尤其缺少知名品牌和骨干企业。

老年群体的多样性决定了老年人需求的丰富性。不同人口学特征的老年人有不同的文化需求,不同生命历程的老年群体因经历不同而有不同的消费习惯。如前所述,"新老年"群体将成为文化消费的主力。中低龄老年人文化程度较高,消费意愿增强,个性化需求突出,其精神文化需求快速增长。但目前我国老年人可选择的文化产品和服务非常有限,如老年影视作品较少、老年教育供不应求、老年体育适宜性不强等。老年旅游市场是目前老龄产业体系中规模最大的一部分,但规范适老的老年旅游产品仍然比较稀缺。

(二)产品种类偏少

目前我国的老龄文化产业还处在起步阶段,总体看还不能满足老年人的精神文化需求。由前述我国老年人的文化生活状况来看,目前大部分老年人的文化活动以看电视/听广播等被动模式为主,活动形式上以自娱自乐为主,尤其缺少以组织化形式开展的老年群众性文化活动。

总体看，我国老年人文化产品种类偏少，同质化明显，市场空白很多。例如，老年人玩具市场需求巨大。相比于其他文化活动，老年玩具具有稳定、便携等特点，因而受众更广泛，持续时间更长久。研究发现，经常玩益智玩具可降低老年痴呆症的发病率，而轻度老年痴呆患者玩益智玩具可以减缓病情发展。但我国供老年人消费的玩具很少，很多是机械复制国外产品，与我国老年人的心理习性不相吻合。相当多老年人没有，甚至不知道有所谓的老年益智玩具，认为玩具都是为孩子准备的，因此潜在需求没有开发出来，企业也就不投入。老人玩具需要科学设计，需要包括老年学、老年医学、心理学、康复医学、设计学等跨学科团队共同研发。企业应了解适合老年人身心特点的玩具需求，科学设计产品。除此之外，文化产业各品类之下都可以发展老年相关产品和服务。

（三）市场需求疲软

从我国老年人文化活动调查可见，我国大部分老年人的文化程度不高、经济状况一般，尤其是居住在农村地区的老年人。因此，目前我国老年人整体的消费能力有限，文化消费理念相对保守。大部分老年人更愿意参加免费或低成本的文化活动，如看电视/听广播等。在他们心目中，衣食住行是硬性消费，是刚需，文化娱乐则是弹性的、额外的支出，很多老年人还没有这样的消费意识。这种对文化产品和服务的免费心理或低价依赖现象在现实中十分普遍，导致老龄文化产业的有效需求不足，延缓了老龄文化产业的发展速度。针对这种消费心理和消费习惯，老龄文化产业界缺乏有力的消费引导手段，难以有效激发老年人的文化消费需求，老龄文化市场相对疲软、活力不足。

（四）产业人才短缺

任何产业的发展，核心资源是人才，老龄文化产业也是如此。老龄文化产业人才包括创意人才、技术开发人才、经营管理人才、市场营销人才等。

老龄文化市场活力不足，消费潜能未能有效开发，市场回报率不高，导致其成为产业人才的盲区，愿意从业者不多，高素质的从业人员更少，这又进一步阻碍了产业的发展。老龄文化产业有其自身特点，不仅不同于其他产业门类，也有别于其他消费群体的文化产业，因此对从业者有着特定的要求。这些人才既要了解文化产业，熟悉老年文化市场的特点，又要了解老年人的实际需求，了解老年人的消费习惯。由于对市场前景认识不足、对发展现状认可度不高，老龄文化产业对人才吸引力不够，造成人才相对匮乏，这是制约老龄文化产业发展的一个重要因素。

（五）产业政策缺位

比较而言，我国的文化产业政策较多，但针对老年消费群体的老年文化产业政策则明显偏少。这突出反映了政府决策部门对老龄文化产业的认识不到位，没有充分认识到老龄文化产业在提高老年人精神文化生活水平方面的重要意义和价值，意识不到老年消费群体在文化产业中的特殊性。认识不足导致政策缺位，老龄文化产业发展所需要的相关政策没有出台，甚至没有被纳入议事日程，这就导致对老龄文化产业的扶持不到位、引导不到位。不能不说，老年文化产品种类不多、质量不佳，老年文化消费市场疲软、需求不旺，乃至老龄文化产业从业人员不足，职业认可度、认同感不高，都跟缺乏相应的产业引导政策和有效的扶持措施不无关系。

五 老龄文化产业的发展潜力和发展模式

（一）发展潜力

衡量一个产业的发展潜力，最重要的指标是看它的市场主体的规模及消费主体的消费能力。老龄文化产业是老龄产业和文化产业相交叉融合的部分，其发展状况与我国的人口老龄化形势密切相关。从供给侧的市场主体来看，从事老龄文化产业、提供老龄文化产品和服务的市场主体还比较少，如上文所述，这既有政策引导不够的原因，也与市场主体认识不够有关。如在老年教育领域，很多文化产品和服务是由带有福利性质的老年大学（学校）所提供，受众也主要是一定级别的离退休干部，绝大部分老年人被排除在外。因此，老龄文化产品和服务的供给相对短缺，与需求明显不匹配，产业市场发育迟缓。

有需求就会有市场，需求越旺盛，促使市场供给能力提升的激发能力就越强。从需求侧的消费主体来看，老龄文化产业市场潜力巨大，发展前景广阔。截至2020年底，我国老年群体已经达到2.64亿人，是一个庞大的消费群体。随着各项社会保障制度的健全和完善，特别是脱贫攻坚战取得历史性的伟大胜利，我国人民的生活水平得到了极大提高，退休职工的养老金已经17年连增，农村养老保险也普遍实施，老年群体的生活状态达到了历史最好水平，消费能力有了明显突破。在全面解决温饱问题的基础上，小康社会的目标基本实现，老年人对精神文化生活有了更高追求。除了公共文化服务和产品之外，市场化的产品和服务业越来越受到老年人的认可和青睐。中国旅游研究院、上海创图公共文化和休闲联合实验室联合开展了文化消费专项调查，90%以上的受访者认为，文化消费能提高人的生活质量和幸福感，跟衣食住行一样重要，甚至比衣食住行更重要。调查表明，2019年，接受调查的城镇居民每年文化消费500元以上的超过60%，农村居民也达到了46%。如果老年群体的文化消费能力平均都达到这个水平，每年的市场消费能力就是1300亿元。随着老龄化程度的提高和老年群体收入的增加，文化方面的消费潜能将远远超过物质消费的增长潜能。由于老年群体异质性很强，文化消费也分为不同的层次和水平，不同地域、阅历、文化程度的老年人对文化产品和服务的要求千差万别，这对老龄文化产业的市场细分提出了更高的要求。

（二）发展模式

文化产业是个很大的概念，老龄文化产业的外延也很宽泛，包括所有针对老年群体生产和提供精神产品的系列活动。不同的文化市场需求，对应着不同的文化产品和服务供给。除了相对传统的出版发行、影视制作、印刷复制、广告、演艺娱乐等产业之外，近些年老年教育、文化会展、文化创意、数字内容和动漫等文化产业发展较快，受众也越来越多，对老年群体的吸引力也越来越大。如老年教育领域中，传统的老干部系统的老年大学，显然不适合产业属性的老年教育的发展。随着老年人消费能力提高和精神文化生活需求旺盛，老年教育需要走社会化、市场化的道路。除了在实体空间集中学习外，还可以借助电视、网络、移动终端等媒介开展线上教育，扩展受众范围，提高教与学的灵活性、便捷性。

老龄文化产业是一类跨界融合的复合型产业，可以与多种业态相结合，这也为其发展提供了多种值得期待的模式。以老龄文化为核心，向外延展，与其他领域结合，与新科技结合，可以形成多种老龄文化产业业态。比如，文化与养老结合，即形成所谓的文化养老，这是一种比较新颖的养老模式。文化养老注重老年生活中文化氛围的营造，除了物质生活保障外，更注重精神生活的富足康乐。有些大型养老机构或养老社区，同时创办老年书院或老年大学，为老年人提供丰富多彩的选择，有效提升晚年生活的质量和水平。比如，文化与旅游结合，是老年旅游的重要内容，颇受老年人的欢迎。尤其是接受过一定程度教育的老年人，更重视旅游目的地的历史积淀和文化底蕴。一些面向老年游客的旅游景点和旅游项目，很重视打造文化旅游品牌，同时为老年人提供各种适老化设施和服务，这也是近年来老年旅游方兴未艾的重要原因。又如，文化与健康相结合，一方面，弘扬主旋律，传播正能量，创造积极向上的老龄文化产品，提高审美情趣和情操；另一方面，通过文化产品传播健康知识，培养健康生活方式，发展老年体育服装、健身用品、健身器械等。再如，农村老龄文化产业发展。在实施乡村振兴战略、推进新农村建设过程中，农村老龄工作和老龄事业发展是其中重要内容。在保障农村老年人随经济社会发展获得日益丰富的物质生活之外，更应该关注其精神文化生活。调查发现，因子女外出工作，农村空巢老人、留守老人孤独感较强是一个突出问题，由此导致农村老人消沉悲观、抑郁绝望，乃至自杀等现象相对突出。在送文化下乡过程中，要注重面向老年群体，采取其喜闻乐见的形式。在农村老人购买力不断提升的过程中，应注重探索和尝试老龄文化的产业化道路，发展具有中国特色的农村老龄文化产业。

六　老龄文化产业中长期发展目标

文化建设是我国"五位一体"总体布局的重要组成部分。全面建设社会主义现代化国家新征程有两个阶段，2020~2035年为第一阶段，在全面建成小康社会的基础上，基本实现社会主义现代化，到那时，将建成文化强国，国家文化软实力显著增强，中华文化对世界的影响力更加广泛深入。从2035年到21世纪中叶为第二个阶段，在基本实现现代化的基础上，把我国建成富强、民主、文明、和谐、美丽的社会主义现代化强国，到那时我国物质文明、政治文明、精神文明、社会文明、生态文明将全面提升。在开启全面建设社会主义现代化国家的新征程中，老龄文化事业和产业的发展都是重要目标，对总目标的实现发挥积极作用。

（一）坚持社会主义核心价值观引领

老龄文化产业既是文化产业的一部分，也是老龄产业的一部分，其核心要素是文化，而文化有其自身的特点和功能。我国是社会主义国家，国家主导的文化事业具有宣传引导社会主流价值观的作用，文化产业同样具有此功能。发展老龄文化产业，应坚持以社会主义核心价值观引领文化建设和产业发展，坚持满足老年人文化需求和增强人们精神力量相统一。老龄文化产业的发展有助于实施积极应对人口老龄化国家战略，有利于老年文化从边缘走向主流，也有助于老龄群体建立起文化自信。

发展老龄文化产业，就要在文化产品创作、生产和供给的整个过程中，融入社会主义核心价值观的要求，融入中华传统优秀文化，融入积极应对人口老龄化的观念。注重弘扬主旋律，突出正能量，坚持把社会效益放在首位，实现社会效益与经济效益相统一。注重文化特色，创造文化精品，为亿万老年人提供积极上进又令人喜闻乐见的精神食粮。

（二）精准对接老年消费者文化需求

促进老龄文化产业健康发展的首要目标是满足老年人日益增长的精神文化需要，同时达到促进健康、愉悦身心、缓解焦虑等作用。根据老年人特点，老龄文化产业应满足老年人以下需求。

一是知识技能性需求，满足老年人退休后继续充电学习、提升自我的需要。二是社交性需求。孤独感是城乡老年人普遍存在的痛点问题。在一定的经济保障和健康状态下，老年人最主要的需求就是保持一定的社会联系，因此具有社交属性的文化产品和服务有更大的开发潜力和市场前景。三是休闲性需求。休闲时间是指人们扣除睡眠时间、学习/工作时间、家务时间之外剩余的时间。相对于青少年和中年人，老年人的闲暇时间较多，这为他们进行休闲活动提供了必要的时间保障。四是价值性需求。在人口老龄化背景下，老年人不仅是文化消费者，还是文化供给者。尤其对中低龄老年人，参与文化活动，不仅有益身心健康，也能体现自身价值和社会价值。因此，从产品和服务来看，可同时实现多目标的综合性文化活动更受老年人欢迎。

（三）不断丰富文化产品供给

老年人精神文化生活的丰富程度，与文化产品的种类多寡息息相关。书报杂志等纸质媒介的内容和广播电视等传播媒介的节目，是老年人习惯的文化产品种类。应根据老年人的文化偏好，丰富老年出版物，制作更多面向老年受众的影片、电视剧和电视节目。发展老年演艺产业，为老年观众提供丰富精彩的舞台艺术和文艺节目。通过产业化道路，促进老年教育的快速普及。开发集吃、住、行、游、购、娱乐等要素于一体的老年旅游项目和旅游产品，打造老年文化旅游景点，改善其旅游体验。开发面向老年群体的健身、益智类玩具和游戏。建立老龄文化产品名录，打造符合社会主义核心价值观、适合老年人心理特征和接受特点的文化产品体系。

不同人口学特征的老年人有不同的文化需求。如前所述，"新老年"群体在很大程度上改变了人们对于老年人消费习惯的刻板印象，这一代新老年人是未来老龄文化产业最主要的消费群体。新老年不仅是老年人群中消费能力最强的人群，与中青年相比，他们也有更强的消费潜力。针对不同区域、不同社会经济地位的老年人，应对文化产品进行细化分类，提高产品的个性化特征，实现供需精准对接。如大部分老年人所喜欢的休闲方式是看电视、听广播、读报纸、看杂志，就应该根据不同的受众，编排不同内容、不同风格的电视、广播节目和报纸、期刊、专栏等，扩大他们的可选择范围。

（四）着力构建老龄文化服务体系

文化产品和服务密不可分，如老年体育、休闲、教育、旅游等，除了实体产品、运动场所和设施外，服务至关重要。与中青年群体的文化需要相比，老年人对于文化服务的要求更高，更讲求服务的专业化、个性化、多样化、智能化。要丰富老龄文化服务载体，构建老龄文化服务体系，更好地满足老年人精神文化需求。

文化服务活动的供给主体，既可以是政府文化部门，也可以是企事业单位，还可以是各类社会组织。老龄文化服务体系既包括公共文化服务网络建设，也包括市场化的各类文化供给主体。通过完善老龄文化管理体制和生产经营机制，加强图书馆、博物馆、文化馆、美术馆、广播电台、电视台等公共文化基础设施建设，鼓励老年文化企业和其他市场主体为老年人提供各种文化服务，满足老年群体多层次、多样化的文化服务需求。产业化是老龄文化发展的重要方向，市场主体理应成为老龄文化产品和服务的主要提供者。政府可以采取购买服务等方式，支持市场主体及各类社会组织为老年人提供文化服务。

七 重大政策

（一）重视财政资金引导

通过贷款贴息、项目补贴等方式，鼓励老龄文化产业企业发展，支持文

化领域新产品、新技术的研发。由中央财政注资引导，吸收国有骨干文化企业、大型国有企业和金融机构认购，建立老龄文化产业发展基金，实行市场化运作，推动资源重组和结构调整，扶持一批头部企业和创新企业。

（二）实行税费优惠

贯彻落实国家支持文化企业发展的相关税收优惠政策，明确老龄文化产业税费减免的具体范围。老龄文化企业在用水、用电、用气、用暖等方面，享受相应的减免或补贴优惠。

（三）加大金融支持力度

鼓励金融机构加大对老龄文化企业的支持力度，开发促进老龄文化企业发展的贷款担保业务品种。支持有条件的老龄文化企业上市融资，鼓励已上市的老龄文化企业进行并购和重组、做大做强。

（四）做好产业用地规划

将老龄文化产业用地纳入政府用地规划，统筹考虑和规划，满足老龄文化企业合理用地需求。推动老龄文化产业园区和基地建设，引进知名老龄文化企业，打造一批有影响力和代表性的老龄文化知名品牌，促进形成老龄文化产业带，充分发挥规模效应和集聚效应。

（五）激发老龄文化消费需求

将发展老龄文化产业纳入"双循环"的新发展格局，面向日益庞大的老年消费群体，积极扩大老年文化内需，在促进传统文化消费的同时，大力培育新型文化消费。探索建立文化消费补贴制度，鼓励老年人购买文化产品和服务，丰富晚年精神文化生活，繁荣老年文化产业市场。

（六）加强基础设施建设

完善适合老龄文化产业发展的基础设施，确保产业活动正常进行。利用闲置土地或设施，进行适老化改造，使之转变为老龄文化设施。对公办或公建的老龄文化设施进行改革，倡导公建民营，将部分公办文化设施交给社会力量运营，提高设施的使用效率。

八 重大工程

（一）实施老年教育工程

扩大老年教育供给，推动有条件的高等院校和职业院校开办老年教育课程。增强老年大学教育属性，引导老年人进行高质量学习。鼓励有条件的老年大学开设老年学历教育，完善课程体系，满足老年人个性化、多层次学习需求。鼓励社区发展互助形式的老年人学习共同体。针对老年教育多样化、个性化的发展趋势，通过发展老年教育产业弥补公共事业的不足。

（二）实施老年体育工程

根据老年人身心特点和健身需求，有针对性地建设体育健身场所和设施。普及老年人运动常识，避免运动不当带来伤害。依托社区养老服务平台，在社区建设老年人室内健身场所，如社区老年人健康促进中心等。配备专业健身辅导人员，为老年人提供健身指导、身体机能训练服务。整合政府、市场、社会多方资源，调动老年人主观能动性，推进老年人体养融合。

（三）实施老年旅游工程

充分考虑老年人的身心特点，设计和提供适宜的老年旅游产品和服务，尤其注重心理感受和精神抚慰。老年人的生理机能开始退化，心理上往往呈现执着、谨慎、依赖等特点。同时，老年人是一个异质性很强的群体，对于旅游路线、日程、住宿、餐饮、购物、医疗等方面的服务有不同需求。细分老年旅游市场，发展面向不同亚群体的特色旅游。

（四）实施老年文化创新工程

利用互联网、数字技术等信息产业，促进老龄文化产业升级，由单一介质向多种介质形态的文化产业转型。运用高新技术改造传统娱乐设施和舞台技术，推动移动多媒体广播电视、网络广播影视、数字多媒体广播发展。消除"数字鸿沟"，帮助老年人跟上智能科技时代的发展步伐。

九　老龄文化产业发展的保障措施

大力发展老龄文化产业，不断丰富老年人精神文化生活，提升晚年生活的获得感、幸福感，既要重视老龄、健康、文化、教育、工商、物价等部门分工负责、协同合作，为市场主体发展营造良好的市场环境，又要重视发挥市场的作用，通过市场促进产业资源和要素的优化配置。为此，应做好以下保障工作。

（一）加强党的领导

文化是一种精神价值体系，文化产业具有鲜明的价值引导属性。为了满足亿万老年人日益增长的精神文化需要，不断丰富他们的精神世界，增强他们的精神力量，凝聚向美向善的社会共识，在推动老龄文化产业发展的过程中，应加强党的领导，坚持正确的舆论导向，重视发挥社会主义核心价值观对老龄文化市场的引领作用，重点发展和弘扬积极乐观、健康向上的先进文化。老龄文化产业的从业者，应遵守国家法律法规，坚决抵制低俗庸俗媚俗，做到经济效益服从社会效益、市场价值服从社会价值。

（二）建立健全产业政策

将老龄文化产业发展纳入各级政府规划和文化发展目标，制定出台引导和扶持老龄文化产业发展的优惠政策，构建适宜老龄文化产业发展的政策环境。将老龄文化产业企业用地纳入整体用地规划，科学设计布局，保障土地供给，满足文化企业合理的用地需求。完善老龄文化产业企业金融扶持政策，帮助企业解决融资难题，对有市场潜力和发展前景的企业，应进行财政资金扶持，给予相应的资金补贴。探索建立老龄文化产业基金，支持企业做大做强，形成龙头企业和知名文化品牌。对老龄文化产业企业实行税收优惠，合理减轻企业税负。积极引进企业发展所需要的高端人才，为人才安居乐业提供便利政策。通过政策推动建立企业信用体系，规范企业依法依规运营，切实保护老年消费者的合法权益。建立老年文化消费促进体系，鼓励老年人对文化产品和服务进行合理消费、理性消费。建立健全行业标准，定期发布产业发展报告。

（三）培育老龄文化市场

市场是配置资源的决定性力量。为繁荣老龄文化产业，要发挥市场主体的积极作用。要加强老龄文化产业市场的培育，支持企业等市场主体发挥资源配置高效的优势，瞄准老年群体中的多元化、多层次需求，提供个性化、多样化的文化产品和文化服务。既要注重文化产品的普惠性，通过政策补贴，为全体老年人提供基本文化服务和产品；更要重视文化产品的商品属性，通过市场行为，满足中高端老年群体个性化的文化需求，通过扩大文化产品和服务消费，拉动内需，促进经济增长。降低市场准入门槛，鼓励社会资本参与老龄文化产品和服务的提供，鼓励国外资本和企业走进来，引进国外产品和技术。同时，鼓励老龄文化产业企业走出去，积极参与国际市场的竞争，提升中华文化的世界影响力。

（四）强化科技支撑功能

注重现代科技在老龄文化产业中的应用。当前，"互联网+"概念已经深入人心，并在很多领域进行了实践，也包括老龄产业领域，成为提升老龄产业产品质量和服务效率的重要手段。老龄文化产业也应积极利用互联网、物联网等现代科技，通过信息平台的打造、信息系统的建立，将老年文化产品和服务融入各类智能化设备和终端，促进产品和服务更快速、更便捷传播。市场主体也应该重视采用先进管理技术和运营模式，提高产品的科技含量和附加价值，增强企业的市场竞争力。

（五）重视产业人才培养

"人才是第一资源。"老龄文化产业的发展，离不开产业人才的参与。根据市场发展需要，通过高等院校和职业院校的学历教育为企业开展的订单式短期培训，积极培养老龄产业创意人才、技术开发人才、经营管理人才、市场营销人才等，为产业发展提供更多智力支持。表彰做出突出贡献的产业人才，增强从业人员的职业认同感和荣誉感。重视老龄文化产业理论研究，引导研究者和从业者积极开展调查研究，了解老年人文化需求，发现产业发展中存在的矛盾和问题，为企业发展出谋划策，为出台针对性政策提供科学依据。支持科技创新，促进科技成果转化，促进产学研用相结合。

（六）加强政府监管职能

文化主管部门和市场监管部门努力创造良好的营商环境，完善市场准入、生产经营和退出机制，深化文化产业领域的"放管服"改革，更大力度激发市场活力，增强发展的内生动力。同时，加强对老龄文化产业的监管，促进老龄文化市场规范运营、良性发展。依法打击扰乱文化市场秩序、侵害老年人文化权益的违法行为，保障老龄文化产业沿着正确的轨道发展。

（七）积极动员社会力量

老年文化是精神文明建设的重要组成部分，其形式丰富多彩，供给主体多种多样。很多老年文化活动属于自娱自乐性质，市场性并不明显，因此，还要重视发动社会力量，增加老年文化产品和服务的供给。支持老龄文化社会组织建设，为其开展活动提供良好环境和便利条件。发挥社区平台的作用，聚集社会企业、社会组织、志愿者团体等，利用自身优势，扎根社区和基层，为满足老年人的需要提供各类文化产品和服务，发挥补足政府和市场空白的作用。

参考文献

党俊武：《树立老龄经济新思维》，《老龄科学研究》2020年第1期。
尹章池等编著《文化产业概论》，北京大学出版社，2014。
赵宝泉：《〈快乐老人报〉发行量突破200万份的战略棋局——把握老龄社会大趋势，构建老年文化产业平台》，《中国记者》2017年第11期。

专题报告
Special Reports

B.8 老龄产业政策中长期发展研究

杨晓奇*

摘　要： 产业政策对产业发展有重要的推动作用。本文分析了老龄产业政策存在的问题，如缺乏中长期规划、产业政策体系不完善、政策效力不足、政策操作性不强、扶持政策覆盖面窄；阐述了完善产业政策应当处理好长期和短期、城市和农村、扶持政策力度和经济发展水平、老龄事业和老龄产业、供给和需求、国内市场和国际市场、政策支持和法律保障之间的关系；最后提出了完善产业政策的建议，如制定老龄产业中长期规划、完善产业体系、加大扶持政策的支持力度、扩大扶持政策覆盖面、加强政策评估。

关键词： 老龄产业　产业政策　扶持

---

* 杨晓奇，博士，中国老龄科学研究中心老龄经济与产业研究所副所长，研究员，研究方向为老龄经济、老龄政策。

一　引言

出台产业政策是促进产业发展的重要手段，对于提高产业竞争力、扩大产业规模、促进产业结构合理布局有着非常重要的作用。老龄产业是弱质产业，产业政策对其发展有着更为重要的作用。近年来，各级政府先后出台了300多项老龄产业政策[1]，有力地推动了老龄产业的发展，但整体来看，很多方面急需完善，如中长期规划缺失、产业政策体系不完善、政策覆盖面窄、政策效力不足等。

对此，《中共中央　国务院关于加强新时代老龄工作的意见》提出，编制相关专项规划，完善支持政策体系，统筹推进老龄产业发展。《"十四五"国家老龄事业发展和养老服务体系规划》也提出，要加大制度创新、政策供给、财政投入力度，推动老龄事业和产业协同发展。本报告将梳理目前老龄产业的政策内容，分析存在的问题，在此基础上，进一步提出完善老龄产业政策的建议。

二　我国老龄产业政策的内涵及发展历程

（一）老龄产业政策的内涵

老龄产业政策是指国家权威部门制定并组织实施的旨在鼓励和规范老龄产业发展的一系列政策的总和，是国家产业政策的重要组成部分[2]。老龄产业的政策不同于一般的产业政策，具体来看有以下特征。一是老龄产业政策具有复杂性。老龄产业以人群作为划分产业的标准，而人的需求是非常复杂

---

[1] 党俊武：《新时代中国老龄产业发展的形势预判与走向前瞻（上）》，《老龄科学研究》2018年第11期。
[2] 李志宏：《中国老龄产业政策发展报告》，载《中国老龄产业发展报告（2014）》，社会科学文献出版社，2014。

的，涉及方方面面，既有精神层面的，也有物质层面的，所以老龄产业涉及很多行业的集合，是一个综合性的产业，老龄产业的综合性就决定了老龄产业政策的复杂性。二是老龄产业政策以支持和鼓励为主。老龄产业带有一定的福利性，营利空间小、周期长，社会资本不愿意介入，因此需要鼓励和支持，通过各种经济手段引导社会资本进入。这就决定了老龄产业政策以鼓励和扶持为主，要在不断推动老龄产业发展的同时加强规范化管理，营造公平的市场环境。

（二）老龄产业政策发展历程

老龄产业政策伴随着老龄产业的发展而不断发展。从2000年我国进入老龄社会到现在，老龄产业政策的发展基本上可以分为两个阶段。

1. 2000~2012年，老龄产业开始受到重视，老龄产业政策开始出台

一是老龄产业政策随着老龄产业的发展而逐步出现在官方正式文件当中，这一点从老龄事业发展的五年规划中可以发现。《中国老龄事业发展"十五"计划纲要（2001—2005年）》提出鼓励社会团体、民办非企业单位、私营企业和国内外人士投资老龄事业，发展老年产业。该计划首次提出了"老年产业"的概念，这是老龄产业表述的萌芽。《中国老龄事业发展"十一五"规划（2006—2010）》中正式出现了"老龄产业"的概念，并从政策扶持、养老服务业、老年用品和老年服务产品、老年消费、人才培养等五个方面，对我国老龄产业发展做出了系统部署。老龄产业概念正式出现在官方规划当中，意味着社会各界对老龄产业的概念基本接受，也意味着老龄产业发展开始受到重视。《中国老龄事业发展"十二五"规划（2011—2015）》首次提出了"老龄产业政策"，并从扶持老龄产业发展的信贷政策、投资政策、消费政策以及鼓励社会资本进入老龄产业等方面作了阐述。上述三个五年计划/规划中，文本表述从"老年产业"到"老龄产业"再到"老龄产业政策"，很显然老龄产业政策是随着老龄产业的不断发展、受到重视而制定出台以推动老龄产业发展的。

二是这段时间出台了一些以养老服务业为主的老龄产业政策。虽然"老龄产业政策"表述在官方文件中首次出现是在"十二五"老龄事业发展规划中，但是以养老服务业为主的老龄产业政策早于这个时间已经陆陆续续出台，如《关于加快实现社会福利社会化的意见》（国办发〔2000〕19号）、《关于加快发展养老服务业的意见》（国办发〔2006〕6号）、《关于全面推进居家养老服务工作的意见》（全国老龄办发〔2008〕4号）、《民政部关于鼓励和引导民间资本进入养老服务领域的实施意见》（国发〔2010〕13号）等文件，这些推动养老服务业发展的政策，都属于老龄产业政策的内容。

2.2013年至今，老龄产业中的各子产业开始加快发展，相关产业政策不断出台

一是老龄产业政策从以养老服务业为主开始向老龄文化产业、老龄健康产业、老龄金融产业、老龄宜居产业、老龄制造业扩展。2013年以后，老龄产业政策快速增加，虽然老龄服务业政策还是主体，但是与2013年以前相比，老龄产业其他子产业政策开始出台，改变了过去基本上只有老龄服务业政策、其他子产业政策几乎空白的状态。因此，我们甚至可以说2013年开启了老龄产业发展元年。

二是规范类老龄产业发展政策逐步增多，开始注重提升服务质量。这一段时间，随着国家的重视，社会资本不断进入老龄产业，在推动老龄产业发展的同时也导致老龄产业市场比较混乱、服务质量参差不齐。因此，整顿和规范老龄产业发展的政策不断增多。

三是老龄产业政策内容多以鼓励和支持为主。老龄产业处于起步阶段，发展比较缓慢，相对于老年人的需求而言还有很大距离，因而目前出台的老龄产业政策基本上以鼓励和支持老龄产业发展为主。

三 我国老龄产业重点领域政策的发展现状

老龄产业范围很广，我们重点分析以下六大重点领域老龄产业政策[①]，

---

① 党俊武：《全面推进老龄经济产业是加快内循环的重大战略主攻方向》，《老龄科学研究》2020年第9期。

分别是老龄文化产业、老龄金融产业、老龄宜居产业、老龄健康产业、老龄服务产业、老龄制造产业。

（一）老龄文化产业

从需求层面来看，老龄文化产业属于精神需求方面的产业。它包括很多子产业，目前发展比较快的主要在老年教育、老年人图书报刊、老年人旅游等方面。

一是老年教育方面。随着老年人规模的不断扩大，老年教育需求不断增加，但老年教育的发展相对比较缓慢，接受老年教育的老年人规模还比较小，目前的老年教育领域社会资本投资比较少，政府的政策更多集中于动员社会力量参与老年教育发展。如《老年教育发展规划（2016—2020年）》提出鼓励社会力量参与老年教育，充分激发市场活力，推进举办主体、资金筹措渠道的多元化，支持和鼓励各类社会力量通过独资、合资、合作等形式举办或参与老年教育，促进老年教育与相关产业联动。《中国老龄事业发展"十二五"规划（2011—2015）》提出积极支持社会力量参与发展老年教育。《"十三五"国家老龄事业发展和养老体系建设规划》提出支持、鼓励各类社会力量举办或参与老年教育。

二是大力发展老年人喜爱的图书报刊等文艺作品。老年人喜爱的图书以及报刊等纸质文艺作品种类不多，政策一直在鼓励发展。如《"十三五"国家老龄事业发展和养老体系建设规划》提出鼓励创作发行老年人喜闻乐见的图书、报刊以及影视剧、戏剧、广播剧等文艺作品。鼓励制作适合微博、微信、手机客户端等新媒体传播的优秀老年文化作品。《"十四五"国家老龄事业发展和养老服务体系规划》提出鼓励编辑出版适合老年人的大字本图书。

三是促进老年旅游产品发展。老年旅游一直是近年来政府力推的精神文化产品。但缺乏专项政策，目前已有的相关政策基本都是在老龄事业相关的政策中出现。如《"十四五"国家老龄事业发展和养老服务体系规划》提出鼓励企业开发老年特色产品，拓展老年医疗旅游、老年观光旅游、老年乡村旅游等新业态。支持社会力量建设旅居养老旅游服务设施，打造旅居养老旅游市场。《关于加强新时代老龄工作的意见》提出要开发老年旅游产品和线路，提升老年旅游服务质量和水平。

（二）老龄金融产业

老龄金融是围绕着社会成员对老年期各种财富和服务的需求所开展的金融服务，它的服务对象既包括年轻人，也包括老年人，主体是年轻人。《关于金融支持养老服务业加快发展的指导意见》（银发〔2016〕65号）提出鼓励银行、证券、信托、基金、保险等各类金融机构针对不同年龄群体的养老保障需求，积极开发可提供长期稳定收益、符合养老跨生命周期需求的差异化金融产品。老龄金融产业政策主要集中在银行类老龄金融产业政策、证券类老龄金融产业政策、保险类老龄金融产业政策方面。

银行类老龄金融产业政策。2021年银保监会下发了《关于开展养老理财产品试点的通知》（银保监办发〔2021〕95号），决定在湖北、四川、青岛、深圳四省市开展养老理财产品试点，这次试点启动了真正意义上的养老理财产品发展。2022年银保监会下发了《关于扩大养老理财产品试点范围的通知》，将养老理财产品试点地区由原来的四地扩大到十地，试点机构扩大到十家理财公司，部分机构养老理财产品募集资金总规模上限扩大到500亿元人民币。养老理财产品试点规模的不断扩大可为后续出台养老理财政策奠定基础。

保险类老龄金融产业政策。为了推动商业养老保险的发展，2017年国办下发了《关于加快发展商业养老保险的若干意见》（国办发〔2017〕59号），从创新商业养老保险产品和服务、促进养老服务业健康发展、推进商业养老保险资金安全稳健运营、提升管理服务水平、完善支持政策等方面提出了意见。2018年，财政部、国家税务总局等五部门联合发布了《关于开展个人税收递延型商业养老保险试点的通知》，通过税收优惠的方式加大商业养老保险发展力度。2014年原保监会下发了《关于开展老年人住房反向抵押养老保险试点的指导意见》（保监发〔2014〕53号），

在老年人中进行住房反向抵押养老保险试点，扩大老年人收入来源，丰富养老保障方式。

证券类老龄金融产业政策。养老基金政策是证券类老龄金融产业政策的核心。2018年证监会发布了《养老目标证券投资基金指引（试行）》，这也是第一个关于养老目标基金的文件，旨在为养老基金发展提供方向。

（三）老龄宜居产业

老龄宜居产业主要包括适老化改造产业、老龄房地产业和老龄宜居服务产业三大部分[①]，目前老龄宜居产业政策主要集中在适老化改造产业和老龄房地产业两个方面。

适老化改造产业政策。适老化改造主要对小区的公共设施、老年人家庭住房以及养老院等进行改造。如《关于加强老年人家庭及居住区公共设施无障碍改造工作的通知》（建标〔2014〕100号）提出对老年人家庭无障碍改造和居住区公共设施无障碍改造。《关于推进老年宜居环境建设的指导意见》（全国老龄办发〔2016〕73号）提出从居住环境、出行环境、健康支持环境、生活服务环境等方面进行适老化改造。适老化改造既包括对硬件设施的适老化改造，也包括提高服务的便利性、满足老年人的需求。虽然适老化改造作为一种产业逐步兴起，但社会资本并不是适老化产业发展的主要资金来源，财政资金是宜居产业发展的重要来源。很多有关适老化改造的文件中都提出要将适老化改造列入地方政府财政预算，明确资金补助标准，同时也鼓励社会资本参与。

老龄房地产业政策。老龄房地产产品主要包括养老社区、养老机构和老龄服务设施。目前出台的政策仅在个别文件中提出要支持开发老年宜居住宅和代际亲情住宅，大量的政策集中在养老机构和老龄服务设施方面，鼓励养老机构和老龄服务设施的建设，如《进一步扩大养老服务供给　促进养老

[①] 曲嘉瑶等：《老龄宜居产业发展及其指标体系研究》，载《中国老龄产业发展及指标体系研究》，社会科学文献出版社，2021。

服务消费的实施意见》（民发〔2019〕88号）提出要实施社区养老服务设施建设行动计划，新建住宅小区配套养老服务设施、老旧小区补足养老设施，切实解决设施不足的问题。

（四）老龄健康产业

2013年，国务院印发了《关于促进健康服务业发展的若干意见》（国发〔2013〕40号），老龄健康产业开始了快速发展。老龄健康产业包含内容比较广泛，核心产业主要包括健康管理、医疗服务和康复护理等。政策主要集中在医疗服务和康复护理方面。

在医疗服务方面，主要是大力发展医疗服务，鼓励企业、慈善机构等以多种形式投资医疗服务业，同时大力支持社会资本举办非营利性医疗机构、提供基本医疗卫生服务，形成多元办医格局。支持大力发展医疗服务的文件很多，如《国务院关于促进健康服务业发展的若干意见》（国发〔2013〕40号）、《促进健康产业高质量发展行动纲要（2019—2022年）》、《"健康中国2030"规划纲要》等。

在康复护理方面，逐步构建护理服务体系，以机构为支撑、社区为平台、居家为基础。护理服务要覆盖急性期诊疗、慢性期康复、稳定期照护、终末期关怀。对此，《关于印发促进护理服务业改革与发展指导意见的通知》（国卫医发〔2018〕20号）做了非常明确的规划。另外，随着互联网应用不断扩大，互联网+护理服务模式不断兴起，2019年，国家卫健委发布《关于开展"互联网+护理服务"试点工作的通知》，在北京、天津等六个省市试点。2020年，国家卫健委下发了《关于进一步推进"互联网+护理服务"试点工作的通知》，将试点扩展到全国所有省份。

（五）老龄服务产业

老龄服务产业是老龄产业中出台政策最多的子产业，也是目前发展比较成熟的子产业。目前出台的政策涵盖了服务供给、发展质量、强化监管等各个方面。

一是促进老龄服务供给的政策。如《关于进一步扩大养老服务供给促进养老服务消费的实施意见》提出从社区居家养老服务、机构养老服务、农村养老服务等方面加大养老服务的供给。

二是提升老龄服务质量的政策。如《关于开展养老院服务质量建设专项行动的通知》（民发〔2017〕51号），提出到2020年底，养老服务质量治理和促进体系更加完善，养老院服务质量总体水平显著提升，所有养老院能够以不同形式为入住老年人提供医疗卫生服务，形成一批品牌形象突出、服务功能完备、质量水平一流的连锁化养老院。也就是说，用三年的时间，全面提高养老院服务质量。《关于做好2019年养老院服务质量建设专项行动工作的通知》，提出从重大风险隐患清除、《养老机构服务质量基本规范》达标、养老机构等级评价、养老机构医疗卫生服务质量、民办养老机构消防安全等方面加大力度提高养老院服务质量。

三是完善老龄服务发展环境的政策。《关于加快推进养老服务业放管服改革的通知》（民发〔2017〕25号）提出要进一步调动社会力量参与养老服务业发展的积极性，降低创业准入的制度性成本，营造公平规范的发展环境，培育和打造一批品牌化、连锁化、规模化的养老服务企业和社会组织。《国务院办公厅关于全面放开养老服务市场提升养老服务质量的若干意见》（国办发〔2016〕91号）提出要持续深化简政放权、放管结合、优化服务改革，加快推进养老服务业供给侧结构性改革。

四是加强老龄服务监管的政策。老龄服务关系广大老年人的切身利益，服务质量的好坏关系到老年人的生活质量。由于信息不对称，老年人处于信息的弱势地位，很容易被欺诈。因此，服务监管问题一直是重中之重，出台的每个老龄服务政策文件基本上都会涉及监管。

五是促进医养结合服务的政策。《关于推进医疗卫生与养老服务相结合的指导意见》（国办发〔2015〕84号）是2013年加快养老服务业发展以来非常重要的一个文件，全面阐述了医养结合政策，此后，关于医养结合出台了很多政策，刚刚出台的《"十四五"国家老龄事业发展和养老服务体系规划》也对医养结合政策做了具体阐述。

（六）老龄制造产业

老年用品自从出现在"十一五"老龄事业发展规划中以来，以后每个老龄事业发展规划都会阐述老年用品的发展，如《中国老龄事业发展"十二五"规划》提出要促进老年用品、用具和服务产品开发。《"十三五"国家老龄事业发展和养老体系建设规划》从增加老年用品供给、提升老年用品科技含量两个方面阐述了要繁荣老年用品市场。《"十四五"国家老龄事业发展和养老服务体系规划》从老年用品的研发制造、应用推广及发展产业集群三个方面阐述了如何发展壮大老年用品产业。很多促进老龄服务业发展的政策当中也涉及老年用品发展政策。如《关于进一步扩大养老服务供给 促进养老服务消费的实施意见》（民发〔2019〕88号）从创新优质老年用品供给、激发老年用品消费潜能两方面阐述了如何繁荣老年用品市场。

2019年工业和信息化部等五部门联合出台了《关于促进老年用品产业发展的指导意见》（工信部联消费〔2019〕292号），全面阐述了促进老年用品产业发展的政策。这也是近年来第一个促进老年用品产业发展的专项政策文件。文件提出要加快老年服装、智能化日用辅助产品、养老照护产品、康复训练及健康促进辅具和适老化环境改善产品的发展，夯实老年用品产业发展基础，如增强产业创新能力、加快构建标准体系、提升质量保障水平、推动智能产品应用、强化知名品牌建设等。

四 我国老龄产业政策存在的问题

（一）老龄产业发展缺乏中长期发展规划

老龄产业发展规划是老龄产业发展的顶层设计，它对老龄产业的长远发展做出明确的安排。缺乏长远的发展规划，老龄产业就处于一种自发无序的

发展，出台政策就没有方向。近年来，针对我国老龄产业的发展已经出台不少政策，但一直缺乏全国性的老龄产业中长期发展规划，之所以这样，一是老龄产业包含行业太多、太复杂，对老龄产业的研究深度不够，老龄产业规划缺乏基础。二是老龄产业是弱质产业，带有一定的福利成分，与老龄事业之间的边界非常模糊，如何明确界定哪些属于老龄产业的内容，哪些属于老龄事业的内容，争论和分歧都很大，所以要做出一个中长期的老龄产业规划也非易事。三是老年人的有效需求不足，老龄产业始终不温不火，老龄产业相对于其他产业市场，分量比较小。

（二）老龄产业政策体系不完善

老龄产业政策体系不完善主要体现在两个方面。一是从组成老龄产业的各重点领域来看，有些领域产业政策非常多，比如老龄服务产业，从2013年以来，从中央到地方出台了几百个政策，涉及老龄服务产业发展的方方面面。老龄健康产业领域也出台了一系列产业政策。老龄产业其他重点领域如老龄文化产业、老龄制造产业、老龄金融产业、老龄宜居产业等，出台的专项的产业政策就很少。老龄制造产业领域2019年出台的《关于促进老年用品产业发展的指导意见》（工信部联消费〔2019〕292号）是近年来这个领域唯一比较综合性的产业政策，老龄文化产业领域基本上没有出台专门的产业政策。二是从产业本身的政策体系来看，很多政策缺失。产业政策体系一般包括产业发展政策、产业结构政策、产业布局政策、产业组织政策。从目前的产业政策来看，由于老龄产业还是幼稚产业，处于起步阶段，所以产业政策以产业发展政策为主，产业结构政策和产业布局政策基本缺失，地方政府制定的产业政策基本上和国务院制定的政策差别不大，缺乏地方特色。从长远来看，制定产业政策必须完善政策体系，才能促进老龄产业快速发展。

（三）老龄产业政策效力不足

老龄产业政策按照效力等级可以划分为法律、行政法规、部门规章制度和规范性文件①。一般而言，法律和行政法规权威性较高，部门规章制度和规范性文件权威性较低，执行过程中随意性较大。我国老龄产业政策大部分以"意见""通知""办法"等规范性文件出现，上升到行政法规和法律层面的政策很少。尤其是税收、土地、财政这类扶持政策，牵扯到部门利益，缺乏权威性，落实起来就会非常困难。此外，很多老龄产业内生于老龄事业活动②，因而很多老龄产业政策内嵌于老龄事业文件当中，在老龄事业文件中原则性地提及一些鼓励老龄产业发展的政策，促进产业发展的作用非常有限。老龄产业政策之所以这样，与老龄产业的发展阶段、社会各界对老龄产业发展规律的把握有很大关系。

（四）老龄产业政策可操作性不强

老龄产业属于弱质产业③，因而政府在推动老龄产业发展的过程中，制定了很多优惠政策，鼓励产业发展。但是在实践操作过程中，很多政策难以落实。一方面，很多政策原则性、口号性、倡导性条款多，缺乏配套措施。例如在养老机构用电和用水政策上，养老机构按照规定可享受居民水电价格，但是，政策执行单位为自来水公司和电力公司这些自主经营的企业，它们承担了政策优惠的成本，而政府并没有及时制定相应的补贴政策对这些企业进行补偿，从而导致政策很难落实④。另外，老龄产业的扶持政策涉及很多部门，如民政、国税、卫生、教育以及人力资源和社会保障部，政策执行分属于不同单位，由于缺乏牵头单位，很难协调，加之服务观念落后，基层缺乏相应人才，这些都增加了政策的落实难度。

---

① 李志宏：《中国老龄产业政策发展报告》，载《中国老龄产业发展报告（2014）》，社会科学文献出版社，2014。
② 郭正模等：《老龄产业的弱质特征与政府对老龄产业的扶持政策探讨》，《天府新论》2014年第3期。
③ 郭正模等：《老龄产业的弱质特征与政府对老龄产业的扶持政策探讨》，《天府新论》2014年第3期。
④ 高雅：《我国养老产业财税政策探析》，《合作经济与科技》2021年第15期。

（五）老龄产业扶持政策覆盖面窄

老龄产业带有一定的福利性，完全依靠市场实现供需平衡非常困难，需要政府充分利用经济手段加以扶持，促进其发展。因此，这里的扶持政策指的并不是产业政策本身，而是促进产业发展的手段如财政、税收、金融、土地等优惠政策。目前扶持政策主要集中在老龄服务产业，其他产业如老龄金融产业、老龄宜居产业、老龄制造产业、老龄文化产业扶持政策都很少，这在一定程度上制约了这些产业的发展，这些产业也是满足老年人需求的重要组成部分。目前针对老龄服务产业的扶持政策覆盖面也很窄，如企业所得税、房产税、城镇土地使用税、耕地占用税等税收优惠政策主要针对非营利性养老机构和社区养老服务，其他养老服务就享受不到这些优惠[①]。养老服务从业人员不足一直是制约养老服务行业发展的因素，目前对养老服务从业人员的税收优惠政策也缺失。另外，针对老龄产业新业态的优惠政策不足。如养老服务业和健康、体育健身、教育、文化娱乐相互融合的新产业，以互联网为媒介的互联网+养老产业，这些都是老龄产业发展过程中出现的一些新业态，也是老龄产业的一部分，如何扶持这些产业的发展就成为制定产业政策要面对的一个重要问题。新业态出现后，无法确认其是不是在已有政策扶持范围之内，即使按照原有标准，部分新业态属于政策扶持内容，但由于难于计量，政策很难执行，这一点在税收优惠政策上体现得尤为突出。所以老龄产业的扶持政策必须随着产业的不断发展而进行调整，不断完善。

五 健全老龄产业政策需要把握的几个关系

完善老龄产业政策，需要处理好各方面的关系，具体分析如下。

（一）长期和短期之间的关系

老龄产业是老龄社会下的支柱性产业和基础性产业。随着老龄社会的到

---

① 徐捷：《促进我国养老服务业发展的财税政策研究》，《中国物价》2021年第6期。

来，老龄产业发展的重要性日益凸显。健全老龄产业政策，既需要从长远的视角考虑老龄产业发展方向、理念，也需要考虑短期老龄产业发展的重点、思路。将长期的发展方向和短期的发展重点相结合。从长期来看，国民老年期的各种需要都应该得到满足，从健康需求、服务需求、产品需求、居住需求、金融需求到文化娱乐需求，都需要得到满足。从短期来看，满足老年人的最急迫的刚性需求，发展相对比较成熟的行业，生产老年人最需要的产品。比如老龄服务产业、老龄健康产业，这是目前急需大力发展的，也是目前发展相对比较成熟的。总之，健全老龄产业政策既需要从长远角度对产业发展作通盘考虑，也需要根据目前的经济发展状况、财政税收支持能力，重点发展刚性需求产业。

（二）城市和农村之间的关系

我国城乡差别很大，无论是经济发展水平、人口老龄化程度还是老年人需求水平，城乡都有很大的差别。由于农村经济发展水平低，老年人有效需求远低于城市，所以目前农村的老龄产业发展水平远低于城市，以养老机构为例，大部分民营养老机构位于城市，农村主要是福利性的养老机构。但城乡老龄化程度倒置，农村高于城市，因而农村更需要加快老龄产业发展。目前老龄产业扶持政策城乡没有太大区别，农村老龄产业发展没有更优惠的政策，如税收没有给予农村养老服务特殊的优惠政策[1]。因此，健全老龄产业政策，必须考虑到城乡经济社会发展现状的不同，加大农村老龄产业发展的政策优惠力度，弥补农村老龄产业发展不足的短板。

（三）政策扶持力度和经济发展水平之间的关系

毋庸置疑，随着人口老龄化的不断加剧、老年人规模的不断扩大，对老龄产业的需求肯定会持续递增。因此，从理论上来说应该加大力度发展老龄产业。但事实上，老年人的有效需求有限，老龄产业并不像其他产业那样能

---

[1] 徐捷：《促进我国养老服务业发展的财税政策研究》，《中国物价》2021年第6期。

够得到丰厚的利润,因此,为了扩大老龄产业的发展规模,政府需要利用经济手段如税收、财政、金融、土地等优惠政策进行扶持。如果对老龄产业减税、降费、进行财政补贴,势必就会增加国家的财政支出,因此,在扶持老龄产业的过程中,一方面需要考虑加大力度发展老龄产业,另一方面还要考虑国家财政的承受能力,考虑国家整体经济的发展水平,需要将二者结合起来统筹考虑。

(四)老龄事业和老龄产业之间的关系

从大老龄事业的角度来讲,老龄产业是老龄事业的一部分,老龄事业的目标是满足广大老年人的需求,政府居于主导位置,但政府不是促进老龄事业发展的唯一力量,推动老龄事业发展需要动员社会各方面的力量,其中包括市场。政府可以利用财政政策、税收政策、土地政策、金融政策等经济手段引导和促进市场发展,扩大老龄产业规模,调整产业结构,提高产业质量。对于低收入人群,政府可以通过购买服务的方式来满足他们的需求,其他收入人群,则直接通过市场来满足需求。所以,老龄事业和老龄产业在发展过程中是密不可分的。政府在推动老龄产业发展过程中必须考虑老龄事业发展的方向、重点。当然,政府在发展老龄事业过程中也必须考虑老龄产业发展的现状①。

(五)供给政策和需求政策之间的关系

老龄产业发展的制约因素很多,最重要的当属老年人的有效需求,老年人收入水平低,有效需求不足,老龄产业很难发展起来。因此,在制定老龄产业政策时,既要从供给侧视角考虑如何促进老龄产业的发展,也需要从需求端的视角考虑提高老年人的有效需求。提高老年人的有效需求,要考虑完善社会保障制度,如:养老保险制度,解决全体老年人的基本生活问题;医疗保险制度,解决全体老年人的医疗费用问题;长期护理保险制度,解决失能老年人长期护理资金的来源问题。也要考虑老年人收入的其他来源,如鼓

---

① 杨晓奇:《我国老龄事业发展面临的问题及建议》,《社会福利》(理论版)2021年第8期。

励老年人再就业，通过劳动获得收入；发展以房养老模式，利用存量资产获得收入。农村老年人还可以考虑利用承包的土地获得收入。

（六）国际市场和国内市场之间的关系

2020年，中央提出构建国内国际双循环相互促进的新发展格局。老龄产业作为经济发展的一个增长点，应该充分利用好国际和国内这两个大市场。我国老年人规模非常大，预计到2050年，我国60岁及以上的老年人将接近5亿人，这对老龄产业发展来说是一个非常大的市场。我们可以引进外资，填补国内市场的一些空白。通过竞争，提高我国老龄产业发展的质量。同时可以将国内的一些成熟产品出口到国外，占据国外市场。因此，在制定老龄产业政策时，既要考虑我国的国内市场，也要考虑国际市场，不断提高产业发展质量。

（七）政策支持和法律保障之间的关系

老龄产业的产品与服务在市场定价方面多数以生产成本为基础，企业投入的资金回本慢，盈利水平普遍偏低[①]。为了鼓励老龄产业的发展，需要政府制定一些税、财政、土地等优惠政策，鼓励和吸引民间资本进入老龄产业。目前这些政策多以"通知""意见"形式的文件出台，影响到政策执行的权威性。借鉴日本经验，可将一些重要的政策通过立法的形式固定下来，提高政策的权威性，解决政策在执行过程中的落实难问题。所以，在健全老龄产业政策时，需要将政策支持和法律保障相结合，做到重要的政策有法可依。

六 完善老龄产业支持政策的建议

（一）出台老龄产业发展的中长期规划

老龄产业规划对引领和促进老龄产业发展有重要意义。目前，我国缺乏

---

① 郭正模等：《老龄产业的弱质特征与政府对老龄产业的扶持政策探讨》，《天府新论》2014年第3期。

老龄产业发展的短期和中长期专项规划，仅仅在老龄事业五年规划中对老龄产业的发展做了少量的阐述，这远远不能满足老龄产业发展的需要。目前需要加快老龄产业五年规划和中长期规划的制定。尤其是中长期规划，是关乎老龄产业顶层设计的重要政策，需要加大力度研究。中长期规划应该明确老龄产业在国民经济中的定位、到2035年的发展目标和2050年的发展目标。明确老龄产业中长期发展的主要任务和实施的重大工程。从老龄文化产业、老龄金融产业、老龄服务产业、老龄制造产业、老龄宜居产业以及老龄健康产业六个方面，具体分析每一板块的发展现状和问题，以及未来的发展规划。从整体出发对六个板块的发展做出统筹安排，分清轻重缓急，做好规划设计。

（二）完善老龄产业政策体系

从老龄产业包括的六大板块内容来看，目前老龄产业中老龄服务业政策最多，老龄健康产业被纳入大健康产业中，出台了一些专项政策，老龄金融产业、老龄宜居产业、老龄制造产业、老龄文化产业专项政策相对都比较少，这些都在制约着产业的快速发展。因此，完善老龄产业政策，需要弥补短板产业的产业政策，促进老龄产业各大板块共同发展。此外，在制定产业政策时，完善产业布局、产业结构政策，促进全国的老龄产业有一个合理布局，各地形成有特色的老龄产业。

（三）提高政策的可操作性

提高老龄产业政策可操作性，一是提高老龄产业政策的权威性。如促进老龄产业发展的税收优惠政策，政出多门，法律监督主体不明确。各地制定的老龄产业税收优惠政策并非完全对接国家规定，有对税种做扩大解释的，也有对优惠方式做缩小解释的，带来了执行过程中的随意性[①]。因此，需要

---

① 杨复卫：《税收优惠激励养老产业发展的法律效果评估》，《大连理工大学学报》（社会科学版）2020年第4期。

提高税收政策的立法层级，强化相关财税政策的法律性和权威性，为财税政策的实施提供制度基础和法律保障[①]。二是加强政策制定的协调性。在政策制定过程中，各部门往往从自己部门的角度出发，制定了相应的政策，但在口径、范围上有时和其他部门不一致，政策在执行过程中就很难落实。所以政策在制定过程中就应该加强统筹协调。三是明确政策执行的牵头部门。加强对政策落实的统筹协调，减少因政出多门带来的推诿现象。

（四）加大政策的扶持力度

税收政策、财政政策和金融政策是促进老龄产业发展的三大政策。加大扶持政策的力度需要从以下三个方面着手。一是加大税收优惠政策力度。如对提供老龄服务和产品的营利性企业，在企业经营的前5年免征企业所得税，对企业自用房产、土地、车船免征房产税、城镇土地使用税、车船使用税。对于以个人分红和利润再投入老龄产业的给予一定程度的税收减免。营利性养老机构在运营阶段所产生的研发费用，在计算应纳税所得额时加计扣除。对养老机构运营过程中实际使用的设备可考虑加速折旧。二是财政政策。如在中央和省级层面设立老龄产业发展的专项资金，并纳入财政预算管理。加大对民间资本参与老龄产业发展的财政补贴。补贴对象和补贴标准不以老龄产品和服务提供主体的性质和类别为标准，而是以提供产品和服务的内容和服务对象的类别作为依据。加大对经济困难的高龄、空巢、失能等老年人群的补贴力度，增加这类人群的有效需求。三是金融政策。如充分发挥政府信用担保作用，由政府推动设立小额贷款融资平台，为老龄产业企业提供融资。将老龄产业信贷担保作为各地政府扶持中小企业发展信贷担保计划和扶持青年创业就业担保计划的重要组成部分。

（五）扩大扶持政策的覆盖面

老龄产业是一个包括众多行业的综合性产业。目前的扶持政策主要在老

---

① 高雅：《我国养老产业财税政策探析》，《合作经济与科技》2021年第15期。

龄服务产业、老龄制造产业、老龄健康产业、老龄宜居产业、老龄金融产业、老龄文化产业等领域的扶持政策很少。从全面发展老龄产业的角度来说，应该也给予老龄服务产业以外的其他所有产业以扶持政策，促进这些产业的快速发展，以满足老年人的需求。对于老龄服务产业，目前的扶持政策也不够，需要继续扩大覆盖面。对于新兴的智慧养老产业，需要加大扶持力度，促进这些产业快速发展。对于在老龄服务一线的从业人员如养老护理员，减免所得税的纳税额，减少养老护理员的流失。

（六）加强对政策的评估

一项政策从出台、执行到评估应该是闭环系统，如果缺乏政策评估，政策的制定就缺乏依据。实践当中，很多政策并没有很好地被落实，政策基本上就变成了一纸空文，政策在政府部门之间空转，没有推动实体经济的发展。因此，针对目前制定的老龄产业政策，需要加强政策评估，哪些政策执行得到位，哪些政策执行得不到位，为什么不到位，是政策本身的问题还是执行问题导致的。分析这些政策对推动产业发展的效果如何，如果效果不好，如何改进。总之，让老龄产业政策从制定到落地形成一个闭环系统，切实推动老龄产业的发展。

参考文献

李志宏：《中国老龄产业政策发展报告》，载《中国老龄产业发展报告（2014）》，社会科学文献出版社，2014。

党俊武：《新时代中国老龄产业发展的形势预判与走向前瞻（上）》，《老龄科学研究》2018年第11期。

党俊武：《全面推进老龄经济产业是加快内循环的重大战略主攻方向》，《老龄科学研究》2020年第9期。

高雅：《我国养老产业财税政策探析》，《合作经济与科技》2021年第15期。

杨晓奇：《我国老龄事业发展面临的问题及建议》，《社会福利》（理论版）2021年第8期。

郭正模等：《老龄产业的弱质特征与政府对老龄产业的扶持政策探讨》，《天府新论》2014年第3期。

徐捷：《促进我国养老服务业发展的财税政策研究》，《中国物价》2021年第6期。

杨复卫：《税收优惠激励养老产业发展的法律效果评估》，《大连理工大学学报》（社会科学版）2020年第4期。

曲嘉瑶：《老龄宜居产业发展及其指标体系研究》，载《中国老龄产业发展及指标体系研究》，社会科学文献出版社，2021。

B.9
老龄产业中长期发展的研究进展

刘妮娜 刘笑菲 朱茜茜 *

摘　要： 随着中国全面建成小康社会，中国将进入急速人口老龄化（2020~2035年）和深度人口老龄化（2036~2050年）阶段。随着中国经济实力的增强，面对疫情、萧条、战争（对抗）以及由此带来的世界秩序变化，面对国内经济增速放缓以及人民对美好生活的需要，我们应当重新审视中国特色老龄产业发展的重要问题——经营性质和方式问题，也即社会化（互助合作化）和市场化的关系问题，进而进行相关理论探索和制度设计。与强大的政府和市场相比，社会往往被置于辅助或补充地位。由此社会化也空洞化，表征了非家庭化的意义。在这种发展思路下，政府主导建设以及政府依赖市场发展的老龄产业并没有达到预想效果，老年人有效需求不足，养老机构、社区（村居）养老照料中心等虽然硬件设施齐备，但是运营状况不佳，不少机构收不抵支，老年用品、保险、房地产等亦面临产品参差不齐、行业监管乏力、老龄金融业发展滞后、覆盖范围小等问题。故本课题组认为中国应该有自己的中国特色老龄产业话语，市场仍然在资源配置中起决定性作用，社会在资源配置中起基础性作用，依靠党委领导、政府负责下的部分互助合作化而非完全依赖政府或市场化来发展中国特色老龄产业。

关键词： 老龄产业　老龄事业　市场化　社会化

---

* 刘妮娜，华北电力大学人文与社会科学学院副教授，硕士生导师；刘笑菲，华北电力大学经济与管理学院硕士研究生；朱茜茜，华北电力大学人文与社会科学学院硕士研究生。

面向中长期来看，中国老龄产业发展与国家发展、人口老龄化进程以及人民经济社会生活变化密切相关。一方面，国家发展基本与人口老龄化进程同步进行。根据党的十九大战略部署，在 2020~2035 年间，中国将完成"两步走"战略，实现建成社会主义现代化强国的第一阶段历史任务——基本实现社会主义现代化。这是我国将要经历的急速人口老龄化阶段，也是我国应对人口老龄化最艰难的阶段。届时中国人口老龄化水平（60 岁以上老年人口占总人口的比例）将从 2020 年的 17.8% 提高到 2035 年的 28.5%，总人口规模将达到峰值并转入负增长。从 2035 年到 21 世纪中叶，中国将完成"两步走"的第二阶段历史任务——把我国建成富强、民主、文明、和谐、美丽的社会主义现代化强国。这一时段中国将一直处于深度人口老龄化阶段，人口老龄化水平从 2035 年的 28.5% 提高到 2050 年的 34.1%，人口高龄化趋势显著加强将导致过高的社会抚养负担[①]。

另一方面，与国家发展、人口老龄化进程相伴随的还有人民经济社会生活的变化。中国在 2035 年和 2050 年将分别基本实现社会主义现代化和全面实现社会主义现代化，中国整体国力、经济发展水平、社会文明程度、参与全球治理能力都将显著提高，在此期间，伴随第四次科技革命的深入推进，中国也将进入信息、科技、知识深度融合的新型网络经济和网络社会。但面对经济发展阶段变化以及中西方的矛盾，中国的经济增长可能会进入中低速增长状态，同时，人们对于美好生活的认识、对于公共领域目标的追求、对于社会参与的要求都将发生转变。到那时，1970~1975 年出生的人口进入老年。与现在的老年人相比，一是他们自身的文化程度、经济水平、对美好生活的需求更高；二是他们的家庭结构将进一步缩小，老年人生活将更加要求自由，居住方式将更加独立；三是在包括老年人在内的全部人口更加常态化流动的同时，老年人对社区的依赖性增加，整个社会的流动性降低；四是老年人生活环境将更加科技友好化和互联网友好化，智能化的老龄家居、医养、辅具用品、网络沟通可以消除时间和

---

① 资料来源于《中国人口老龄化发展趋势预测研究报告》。

空间上的信息鸿沟,增加老年人参与社会的渠道,降低老年人独立生活的风险。

一 老龄产业概念界定

(一)老龄产业与老龄事业的关系

对于老龄产业与老龄事业的关系,学术界目前主要存在三种观点。

1. 包含关系

观点一认为老龄事业包含老龄产业。如郑志刚、陆杰华根据老龄事业的社会主体来界定老龄产业和老龄事业的关系[①]。老龄事业的社会主体主要包括:国家、政府、事业单位、社会组织、企业/个体工商户、志愿者、其他。其中由企业/个体工商户等在工商部门注册的单位完成的工作归属于老龄产业。观点二认为老龄产业包含老龄事业。如王娜认为老龄产业的概念有狭义和广义之分,广义上的老龄产业包括狭义上的老龄产业以及老龄事业。狭义上的老龄产业是直接为老年人提供产品或劳务,满足老年人物质和精神需求的行业的统称。广义上的老龄产业是为老年人提供产品或劳务,满足老年人物质和精神需求的各种行业的统称,具有经济和社会、企业和事业双重属性。[②]

2. 并列关系

该类观点认为老龄产业与老龄事业是两个界限分明的概念。如田香兰指出,养老事业属于政府提供公共物品、公共服务的范畴,体现了保障老年人基本生活需求的政府责任,是普遍性福利概念;养老产业是满足老年人多样

[①] 郑志刚、陆杰华:《中国语境下老龄事业和老龄产业相关概念的关系界定》,《老龄科学研究》2017年第1期。

[②] 王娜:《沈阳市老龄产业发展研究》,沈阳大学硕士学位论文,2008。

化、更高层次生活需求的市场模式的产业概念。① 有学者从分配方式的角度对老龄事业及老龄产业进行区分，认为老龄事业是通过政府的行政管理机制对财政公共产品进行二次分配，为老龄人口提供产品与服务的经济活动；而老龄产业则是利用市场及价格机制，以初次分配方式为老龄人口提供产品与服务的经济部门与行业。② 从营利性看，老龄产业属于市场行为，具有营利性特征，老龄事业属于政府行为，具有福利性质③；从服务对象看，老龄产业以具有一定购买能力的中高端老年人为主要服务对象，老龄事业则以购买能力不足的中低端老年人为主要服务对象；从属性看，老龄事业是一种公共物品，老龄产业提供的产品是私人产品。

3. 相互转化关系

该类观点认为老龄产业与老龄事业可以相互转化。如殷俊、杨政怡指出了老龄产业与老龄事业在责任主体、产品和服务性质以及服务内容上的不同，但认为老龄产业与老龄事业也存在联系，它们都是以老年群体为服务对象，为老年群体提供商品或服务。两者的联系集中体现在他们各司其职，双向互动。老龄事业中的某些部分逐步面向市场放开，由市场调节完成时便转化成老龄产业；老龄产业中的某些部分无法通过市场选择来完成，需要政府调控与指导时，就逐步转化为老龄事业。④ 杨宏指出，老龄产业与老龄事业存在内在联系，政府在努力通过市场来解决养老问题，老龄事业中的一部分已在向老龄产业转化、走产业化道路。⑤

综上，课题组认为：老龄事业与老龄产业是两个不同维度的概念，但他

---

① 田香兰：《养老事业与养老产业的比较研究——以日本养老事业与养老产业为例》，《天津大学学报》（社会科学版）2010年第1期。
② 杨立雄：《北京市老龄产业发展研究》，《中国软科学》2017年第3期。
③ 根据商务印书馆2016版《现代汉语词典》（第7版）的解释，"赢利"（盈利）是获得利润，"营利"是谋求利润（中国社会科学院语言研究所词典编辑室，2016）。赢利和盈利强调的是结果或事实上的一种状态，即是否盈余，而不强调过程。营利强调的是一种目的或理想，侧重经营的过程，而不管结果是获利还是亏损。
④ 殷俊、杨政怡：《老龄产业与老龄事业协调发展路径研究》，《求索》2015年第6期。
⑤ 杨宏：《人口老龄化形势下发展中国老龄产业》，《大连海事大学学报》（社会科学版）2006年第2期。

们之间存在转化关系。首先，老龄事业是政府保障及服务维度，老龄产业是产品和服务供给维度，两个维度并不相同。老龄事业具有广义和狭义之分。狭义的老龄事业是指政府针对老龄工作制定的各种制度、计划和任务以及政府面对社会底层困难老年群体所提供的兜底保障及服务。广义的老龄事业是指政府针对老龄工作制定的各种制度、计划和任务以及政府为所有老年群体所提供的保障老年人基本生活需求的福利保障及服务。而老龄产业，从供给的角度分析，它是由市场和社会面向全体公民老年期提供产品和服务的各相关产业部门组成的业态总称。需要说明的是，老龄产业并不意味着市场化，而是市场化与社会化兼顾，二者同样重要。由非营利的社会组织提供的产品及服务同样是老龄产业的重要组成。

其次，老龄事业和老龄产业可以相互转化。一方面，老龄事业以政府为责任主体，但并非服务或产品全部由政府提供，它可以利用社会和市场力量供给，由此即转化为老龄产业。另一方面，老龄产业虽然是产业，但针对的群体是老年人——这一特殊年龄群体，尤其针对高龄、独居、失能、生活困难的老年人，需要政府进行兜底保障，提供这部分产品及服务的老龄产业则又属于老龄事业范畴。

（二）老龄产业与其他概念的比较

老龄产业，国外多称作健康产业、银色经济、银发服务等，其概念存在较多争议，至今尚未形成一个明确统一的概念。如有学者认为银发服务是由市场型供给组织根据福利需求论，为老年人提供适度的或满足其更高生活质量需求的服务。2008年，欧洲议会将银色经济定义为老年人"产品消费和休闲、照料和服务"，同时也将老年劳动力参与纳入银色经济范畴。[①] 欧盟委员会（2009）将银色经济定义为：由人口老龄化导致的政府和消费者支出不断增加，以及基于50岁以上人群的特殊需求而产生的新兴经济机遇。牛津经济学从操作性出发，将银色经济定义为满足50岁及以上人群需求的

---

① 杨立雄、余舟：《养老服务产业：概念界定与理论构建》，《湖湘论坛》2019年第1期。

所有经济活动的总和,包括公共部门及私人直接购买的产品和服务以及这种消费所产生的进一步经济活动。因此,银色经济涵盖了与老年人相关的商品和服务的生产、消费和贸易等经济活动。我国于1997年在第一届老龄产业座谈会上正式提出"老龄产业"概念。① 目前,在相关概念的关系界定方面,学界采用不同的名称,界定也不相同。目前,国内使用的名词包括"养老产业""老年产业""老年企业"等。②

本文课题组认为,第一,"老龄产业"不同于"养老产业"。老龄产业既要强调从生产、经营和服务等方面为老人提供产品和劳务,又要注意从保护老年人的合法权益(包括老人的再就业权益)出发,服务于老有所养、老有所医、老有所为、老有所学、老有所乐。而"养老产业"主要属于老有所养范畴,并不包含其他"四有"。

第二,"老龄产业"不同于"老年产业"。老龄产业比老年产业涵盖的面要宽,因为不能以人群作为划分产业的标准,老龄产业的层次、范围以及相应产品和服务体系都远远超出老年期人群需求的边界。

第三,"老龄产业"不同于"老年企业"。相较于老龄产业,老年企业更强调它的市场作用,而老龄产业不仅强调发挥市场的作用,也强调发挥社会的作用。

第四,"老龄产业"不同于国外的"健康产业"。从发展背景与动力看,大部分学者认为健康产业发展的直接背景是人们对于健康的重视程度不断加深③,还有部分学者在前者的基础上,还提出了老龄化程度的不断加深也是

---

① 张文范:《顺应人口老龄趋势推进老龄产业发展——在中国老龄产业座谈会上的讲话》,《市场与人口分析》1997年第4期。
② 田香兰:《养老事业与养老产业的比较研究——以日本养老事业与养老产业为例》,《天津大学学报》(社会科学版)2010年第1期;管萍、李正龙:《国外老龄产业发展对我国的启示》,《经济导刊》2010年第8期;郭正模、魏宇菲:《我国老年产业的特点分析与统计途径探讨》,《决策咨询》2013年第3期。
③ 范月蕾、毛开云、陈大明等:《我国大健康产业的发展现状及推进建议》,《竞争情报》2017年第3期;邵刚、徐爱军、肖月等:《国外健康产业发展的研究进展》,《中国医药导报》2015年第17期。

健康产业发展的一大重要背景①;而老龄产业的发展的直接背景是老龄化程度的不断加深,老龄人数不断增长;对于健康的重视,尤其是老年人对于健康的重视程度加深是老龄产业发展的间接动力。从目标人群看,健康产业的目标人群是全体民众,而老龄产业的第一目标人群是老年人,尽管现在强调老龄产业不能排除其他年龄阶段人群,但目前老龄产业的最大目标人群仍是老年人。从外延看,国外的健康产业逐渐由原来以医药、医疗器械制造和医疗卫生服务为主向医疗保健、健身疗养、休闲养生、健康保险等更广领域拓展②,而老龄产业则包括老龄文化、老龄健康、老龄金融、老龄用品、老龄服务以及老龄宜居六个部分③,二者外延属于相交关系而非包含关系。

二 老龄产业的需求视角

我国人口规模庞大,但是存在"未富先老"的情况,且区域差异、城乡差异大,老龄消费受收入、健康程度、家庭结构、消费观念等的影响,老龄产业处于发展的初级阶段。

未富先老:2019年,我国60岁及以上的老年人口达到2.54亿人,占总人口的18.1%,其中65周岁及以上的老年人口为1.76亿人,占总人口的12.6%。预计到2053年,60周岁及以上老年人口将增至4.87亿人的峰值,占总人口的34.8%,中国老龄人口的规模之大可见一斑。但是,与发达国家相比,中国老龄化速度非常快,与日本相近但远快于欧美国家。日本经济在"二战"后迅速发展,人口老龄化与经济发展相适应;欧美国家的老龄化更是出现在经济社会达到发达程度之后。与之相比,我国的经济发展水平处于社会主义初级阶段,属于"未富先老"。中国老年人的收入较低,2010

---

① 程承坪、吴琛:《健康战略下发达国家发展养老健康产业借鉴研究——以美国、德国、日本为例》,《当代经济管理》2018年第3期。
② 倪春霞、张晓燕:《从公共产品理论看健康产业的概念与分类》,《卫生经济研究》2016年第6期。
③ 党俊武:《新时代中国老龄产业发展的形势预判与走向前瞻(上)》,《老龄科学研究》2018年第11期。

年第六次全国人口普查资料显示，中国老年人群主要生活来源集中在家庭其他成员供养、劳动收入与离退休金（养老金）三方面，而其中以离退休金（养老金）作为主要生活来源的老年群体所占比例为24.12%，而且到2015年时企业退休人员月均养老金才首次超过2000元①。综合来看，我国老龄产业看似规模大，实则"虚胖"，实际需求并不如估计，而实际供给更达不到实际需求的数量和质量要求。

地区发展不平衡：一方面，由于我国区域经济发展水平不均衡，区域老龄化程度也各不相同，因此我国老龄产业的市场潜力的地区分布也是不均衡的，根据张丹萍等综合人口规模、人口老龄化程度、经济发展水平等因素后的测算，江苏、山东、广东、四川和浙江等地区的老龄产业市场潜力相对较大②；另一方面，我国城乡二元结构对老龄产业的影响也特别深刻，表现为城市、农村老龄产业发展不平衡，老龄产业的有效需求主要由城市退休老人带动，虽然农村老年人口基数大③，但农村老年人的收入远远不如城市退休老人，他们在消费意愿和消费能力方面有较大差异。

（一）老年人消费需求

1. 老年人消费需求分类

恩格斯将人的需要分为：第一，生活资料的需要，为了生存和绵延后代所需的吃、穿、住、用、行等物质生活资料；第二，享受资料的需要，为了保持身心健康所需要的物质和服务；第三，发展资料的需要，为发展体力、智力所需要的物质资料和服务。曹娟等据此进一步划分出生存需求上的健康需求和安全需求，关系需求上的亲情需求、尊重需求和交往需求，成长需求上的求知需求和价值需求；生存需求、关系需求和成长需求并存，其中健康

---

① 陈友华：《中国老龄产业的发展规模及其影响因素研究》，《现代经济探讨》2015年第11期。
② 张丹萍、李军：《中国区域老龄产业市场潜力测算与分析》，《老龄科学研究》2016年第4期。
③ 我国农村老年人口基数大，第六次全国人口普查资料显示：2010年时中国生活在城市的老年人仅占26.08%，这一状况在2025年前不会发生根本性改变。

需求是基础需求，关系需求是主导需求，价值需求是重要需求但基本处于受挫状态。① 另外，从年龄角度出发，老年人可以划分为：60~85岁处于生命周期第三年龄的低龄老年人，他们身心健康程度高，自我服务程度高，其主要需求是积极到户外活动、融入社会、参与社会活动；85岁以上处于生命周期第四年龄的高龄老年人，他们普遍有3种以上慢性病，其主要的需求是解决精神孤独与日常生活照料、医疗保障及护理问题②等。

2.老年人消费需求特征

老年人消费需求特征从内容上来看，可以划分为求实性消费、方便性消费、习惯性消费、补偿性消费、利己性与利他性消费、服务性消费、情绪性消费等③。老年人对衣着、奢侈品、装饰品等方面的需求呈弱化趋势，在消费需求的取向上表现出多层次、多样化、专项化④。一方面由于老年人生理机能下降，健康护理和生活照料的刚性需求增加；另一方面老年人的精神生活需求也在大幅增加，一些老年人非常注重自己的生活品位和享受生活，喜欢购买自己喜欢的时尚产品。

从年龄来看，低龄老年人的特征是更年轻、文化程度较高，在职和离退休比例较高，收入较高，健康程度较高，更乐于有丰富精神生活⑤，生理上一般只有预防和保健需求，而高龄老年人则对医疗、护理和生活照料服务的需求增多；在消费观念上，老年人消费需求有"利他主义"特征，隔代消费支出大，各地老年人普遍愿为子女后代补贴购房、教育等支出，而自己的消费更注重实用、物美价廉，青睐传统品牌，消费受周围人群影响大。⑥ 由

---

① 曹娟、安芹、陈浩：《ERG 理论视角下老年人心理需求的质性研究》，《中国临床心理学杂志》2015 年第 2 期。
② 原新等：《中国老龄政策体系框架研究》，《人口学刊》2009 年第 6 期。
③ 王兰英：《老年消费市场特征及企业营销策略选择》，《现代财经·天津财经大学学报》1999 年第 8 期。
④ 原新等：《中国老龄政策体系框架研究》，《人口学刊》2009 年第 6 期；田扬：《老龄产业需求群体特征及发展对策研究》，《东岳论丛》2017 年第 8 期。
⑤ 张艳、金晓彤：《中国老龄人口消费行为的制约因素分析》，《学术交流》2010 年第 10 期；王菲：《我国城市老年人消费行为的实证研究》，《人口与发展》2015 年第 3 期。
⑥ 刘超、卢泰宏：《21 世纪中国老年消费市场解读》，《商业经济与管理》2005 年第 11 期。

于老年人健康状况和生活自理能力随年龄下降，这种服务需求具有刚性且不断增强，同时老年人享有闲暇和稳定的收入，这为服务消费提供了时间和财力保证，老年人相比年轻人倾向于消费更多的服务，这也决定了老龄化社会的总消费结构必然向服务倾斜。①

（二）老年人消费意愿、能力与实际消费

1. 消费意愿

在老年用品方面，由于老年用品涉及的领域非常广，涉及老年人生活的方方面面，随着我国老年人口规模增大，老年用品需求也在不断增加。相关研究显示，老年人对老花眼镜、假齿和医辅器材等老年辅具需求量较多②，同时目前在服饰、化妆品领域，花色、式样、种类都无法满足老年人的消费需求；在消费类电子产品领域，老年人追求信息化和网络化的意愿并没有得到重视，国内针对老人研发的电话、手机、电脑、电视遥控器等产品几近空白。在老龄金融方面，目前，很多老年人的收入除去生活开支外仍有结余，他们都希望有个保值增值的渠道，特别是富裕阶层的老人对投资理财的需求更为强烈。

在老龄服务方面，老年人普遍具有渴望获得老龄服务的需求，特别是随着年龄的增长，其在生活照料、应急服务等方面的服务需求会更加凸显。从购买意愿的角度分析，价格是影响老年人购买居家养老服务最为关键的因素。③ 老年人希望购买的居家养老服务内容排名前三的分别是医疗服务、护理服务和应急服务。全国老龄办 2014 年发布的《十城市万名老年人居家养老状况调查报告》中，老年人对于提供上门讲座辅导、看病服务、健康体检以及长期医疗服务的需求分别为 57.6%、30.1%、19.8%和 21.5%，在老

---

① 陈卫民、施美程：《人口老龄化促进服务业发展的需求效应》，《人口研究》2014 年第 5 期。
② 张兴杰、张开云、李倩：《老龄产业发展：需求评估与问题梳理——基于 400 份问卷数据的分析》，《浙江学刊》2012 年第 5 期。
③ 张国平、杨青：《老年人居家养老服务的市场化需求及其影响因素研究》，《东吴学术》2019 年第 1 期。

年商品服务价格上,被访老年人对居家养老服务的预期价格远低于实际市场价格。如家政服务,被访者自报现在均价为 19.10 元/次,期望均价为 15.15 元/次,可以发现老年人在购买老年相关服务时还存在理念滞后的情况。

在老龄宜居方面,目前,我国整个社会硬件体系并不适应老龄社会的要求,特别是20世纪80年代住房改制之前的老旧住宅,改革开放之前建造的基础设施等。据调查,对自有住房的生活环境感到不满意的老年人约占60%,居家适老化改造的潜在市场规模可达 1.5 亿人。此外,很多年轻人在买房置业时也考虑自己老年期的居住环境。① 从老龄地产来看,老年人青睐集餐饮、娱乐、养生、保健于一体,将住宅、医疗、旅游、度假、教育等全方位结合且具备完善的配套和增值服务的综合性地产。②

在老龄文化方面,老年人的精神文化需求强烈,消费意愿强劲,老年教育产业在江浙地区更是蓬勃发展。随着生活水平的提高,我国老年人消费观念正开始由温饱型朝生活高质量型转变,老年人逐渐开始追求集娱乐性、知识性与自身美化于一体的文化生活。我国有一定文化程度的老年人尤其是江苏、浙江等地老年人群求学欲望较大,多出于发展需求和享受需求。此外,文化产品能够带给人独特的心理抚慰,老年人在老年题材影视作品方面的市场消费需求潜力巨大。2017年底上映的《芳华》,45岁以上中老年观众贡献了总票房中 35% 的份额,打破了"中老年人不爱看电影,不舍得花钱"的偏见。

在老龄健康方面,老年人群和亚健康人群成为我国老龄健康产业的主要目标群体。据全国中老年网的调查,我国老龄健康产业市场消费需求在5万亿元以上,2020年和2030年估计分别达到8万亿元和22万亿元,对GDP的拉动率分别达到6%和8%。另外,目前我国老年人主要存在"看病难"和"照顾难"问题,因此老年人医疗服务和护理服务是老年人的基础需求。

---

① 原新、李志宏、党俊武等:《中国老龄政策体系框架研究》,《人口学刊》2009年第6期。
② 姚平、林左鸣:《基于广义虚拟经济的我国老年经济发展研究》,《上海大学学报》(社会科学版)2015年第5期。

但是老年人在医疗和护理的相关消费上，青睐于选择低成本（目前家政市场上老人服务的价格偏贵）、倾向于集体化的生活，低龄老年人与高龄老年人结对互助养老也许是未来更为实际的解决方式。①

2. 消费能力

根据测算，中国老年人消费市场呈快速上升趋势。如朱国宏、卢元②首先计算出1999年老年人口与总人口各自平均消费需求量之间的比值为1.04，假设中国2050年达到中等发达国家水平（与美、日水平相近）时该比值为2.01，按年增长率1.3%计算得出，2020年、2035年、2050年我国老年消费市场占总人口消费市场的9.52%、23.19%、41.65%，再根据1988~1999年我国市场消费的变化确定总人口消费市场回归方程，计算得出2020年、2035年、2050年我国老年消费市场达到17万亿元（总消费市场117万亿元）、358万亿元（总消费市场1207万亿元）、5093万亿元（总消费市场12229万亿元）的水平。陆杰华等③利用各年龄段人口、居民人均消费水平、GDP基础变量及各类人口相对于劳动力人口的消费比例系数计算标准消费人口和标准消费水平，并以此为基础根据标准消费比例系数预测2010~2050年老龄人口消费水平和老龄消费市场规模，测算结果为中国老年人消费规模在2020年为3.18万亿元（占GDP的6.88%），在2035年为12.87万亿元（占GDP的12.87%），在2050年为19.67万亿元（占GDP的17.25%），等等。

3. 实际消费

一方面，改革开放以来，居民消费水平不断提高，老年人的实际消费也在增加。另一方面，农村老人与城市老人年收入和年消费水平都有较大差距。根据对2015年第四次中国城乡老年人生活状况抽样调查数据的计算，

---

① 刘妮娜：《自治和共治：互助式养老的体现与诠释》，《中国社会工作》2019年第2期。
② 朱国宏、卢元：《中国老龄产业的发展潜力：一个需求方面的分析》，《人口研究》2001年第6期。
③ 陆杰华、王伟进、薛伟玲：《中国老龄产业发展的现状、前景与政策支持体系》，《城市观察》2013年第4期。

2014年，中国城市老年人的平均年收入为23930元，平均年消费为20186元，农村老年人的平均年收入为7621元，平均年消费为8884元，农村老年人的年收支结余为负。同时，食品烟酒、医疗保健和居住占据了城市老年人总消费的75%、农村老年人总消费的82%，其他方面年开支仅分别为5000元、1600元左右，其中包括了衣着、生活用品、交通、文娱等。

综上所述，可以看出我国老年人多偏于传统消费观念，但是新型老年人也渐渐追求个性化、时尚化、信息化。消费能力上，城市老人与农村老人还有较大差距，城市老人有较多收入来源，农村老人消费较少甚至"零消费"。

三 老龄产业的供给现状

总体来看，中国目前的老龄产业整体上尚处于起步阶段。

（一）老龄用品

据了解，目前全球共有6万多种老龄用品，其中日本生产的近4万种，德国生产的有2万多种，而我国市场上自主开发的老龄用品只有2000多种[①]。同时，根据《2016年中国老年用品市场现状及未来趋势前景研究》，我国老龄用品中老年服饰用品的供给不断扩大，各种老龄家居日用品不断出现在市场上，但并未得到热烈响应。主要原因还是在于老龄产品供给以市场为主导，供需不平衡，老年人更需要物美价廉的老龄用品，目前一些比较好的产品价格偏高，同时老龄用品租赁业务在我国目前还比较少。国家社科基金项目"养老消费与养老产业发展研究"课题组的一项调研结果显示，仅8.4%的老年人表示，自己所在区（镇）有老龄用品租赁店，仅有1.9%的老年人表示，自己租用过老龄用品。事实上，对于老龄用品器械和器具，在老年人购买能力不足的情况下，可以利用互助共享的形式相对低成本、低价格地提供。

---

① 刘长庚、张磊：《新时代消费发展需推动消费量质齐升》，《消费经济》2018年第4期。

（二）老龄金融

目前，我国已初步建立起由社会基本养老保险、职业养老金（包括企业年金和职业年金）和个人储蓄性养老保险计划相互结合的三支柱养老金体系，但仍是以基本养老保险为主，职业养老金发展缓慢，个人养老金制度仍处于试点阶段。此外，目前我国的部分地区以互助合作的形式成立了基层的互助金融机构，通过将老人的储蓄集中起来进行运营投资来实现集体财富的流动增值，组织内成员共享合作成果。然而目前我国对老龄金融的供给研究主要集中于商业领域，互助金融这一领域尚未得到学界的关注。笔者认为比较值得借鉴的，如江苏张家港发展乡村医疗互助经验，由政府出台指导意见，完善筹资、偿付、供给制度设计，企业运用先进技术测算保障规模并提供专业服务，村居民主决策，村民广泛参与，等等。

（三）老龄服务

进入21世纪以来，中央及各地方政府均出台了一系列扶持老龄服务业发展的政策措施，引起了社会各界的强烈关注。一方面，大型、高端、综合性，且兼具持续照顾性的老龄服务项目成为市场投资的热点[1]；另一方面，智慧化老龄服务亦广泛发展。以北京市社区养老服务驿站建设为例。目前，北京市建立了市、区、街道（乡镇）、社区（村）四级养老服务体系的基层基础，也是解决老年人居家社区养老服务需求问题的主要阵地。其主要特点：一是向连锁型、专业化转型。根据调研，不少社区养老服务驿站是租用民房而非民政或街道、社区免费提供住房，这种倒逼机制让很多希望依靠政府各类补贴和购买服务存活的机构难以维持经营，尤其疫情前后不少驿站的经营单位发生变更，而存活下来的社区养老服务驿站逐步趋向连锁型、专业化，依托大型医院、医疗器械企业、药企或基金会，进行统一管理和布局，

---

[1] 王莉莉、杨晓奇：《我国老龄服务业发展现状、问题及趋势分析》，《老龄科学研究》2015年第7期。

提供以康养护理为主的各类营利服务。二是社区和社区社会组织逐渐发挥重要作用。老年人比其他群体更有集体活动和归属的需要，面对市场的不确定、不安全，他们更加信任家庭、亲朋和社区（代表政府）。也正因此，社区和社区社会组织在老年人组织和参与方面发挥了重要作用，目前社区志愿者也多是以老年人为主。一方面，社区存在很多老年人自发组织或社区帮助成立的文化娱乐队伍和志愿服务队伍，如歌舞队、棋牌队、巡逻队等；另一方面，社区"两委"和社区志愿者队伍也会关注高龄、孤寡等弱势老年群体，通过节日探望、打电话问询等方式给予关心和帮助。三是专业社会组织快速发展为社区赋能。专业社会组织主要探索社区社会组织孵化、志愿者队伍建设以及社区老年照顾等品牌产品的打造和输出。尤其是地区级、街道级的社区社会组织联合会既有行政资源，也有专业能力，可以对互助型居家社区养老进行组织化、规范化、标准化、品牌化培育。

（四）老龄宜居

近年来，我国老龄房地产业发展势头良好。一方面，许多企业和机构都对老龄地产表示出了极大的兴趣，并开发建设了一些优秀的老龄地产项目，取得了一定的成绩。同时，跨行业的企业例如保险公司也纷纷加入老龄地产开发的浪潮之中，为老龄地产行业注入了资金，提供了新型的融资模式①。另一方面，虽然我国老龄地产市场巨大，但总体上说还处于起步阶段，与一般性住宅地产差异性较大，业界尚没有特别完善的发展模式与合作机制，各产业间跨界合作融合尚需加强②。

（五）老龄健康

我国的老龄健康产业起步较晚，目前仍处于初始发展阶段，但近年来国家出台了一系列扶持政策，市场空间逐渐打开。根据课题组调研，目前

---

① 赵一博：《养老地产市场需求与供给系统研究》，西安建筑科技大学硕士学位论文，2015。
② 刘亮、郭师虹、杨晶晶：《我国养老地产发展现状及对策研究》，《建筑经济》2016年第1期。

我国老龄健康产业的发展趋势主要为：依托各级各类医疗机构增加老年护理床位以及服务向基层递送，在原有养老机构、日间照料中心、社区养老服务中心中设置医疗机构，老年健康服务网络在基层逐步实现落地结合。一是依托医疗机构开展和辐射老年健康照护服务。如上海市以市老年医学中心为引领，老年医学专科和区域老年医疗中心为支撑，基层建设护理院、护理站，社区卫生服务中心增加老年护理床位。调研的徐汇区有10个社区卫生服务中心、31个站点提供老年健康照护服务，其中参观考察的打浦桥街道社区卫生服务中心提供深具特色的老年人血压、血糖、大肠癌等健康自查、中医门诊、康复医学科，设置护理床位50余张。复旦大学附属中山医院徐汇医院开设互联网医院，实现云预约、云挂号、云支付、视频看医生、远程医疗、远程实施会诊等，2021年院外布点已经辐射包括上海市在内的全国20个省市超过800家机构。二是养老机构设置医疗机构。如上海市带有医疗、护理功能的养老机构占45%，养老机构中的医务人员在职称评定、继续教育、全科转岗培训等方面享有同等待遇等。三是增加运动康复、安宁疗护等老年健康服务内容，包括开设安宁疗护服务、运动康复服务等。

（六）老龄文化

老龄文化产业是为老龄消费者提供的满足其精神文化生活需求的产业[①]，低龄、健康老年人的文化娱乐产业正在呈现快速发展态势。此外，老年教育市场也在不断发展[②]，中国老年大学协会的数据显示，从1983年我国第一所老年大学成立至今，国内现有7.6万余所老年学校，包括参与远程教育在内的老龄学员已达1300余万人，终身教育观念逐渐深入人心。

---

① 张艳：《老龄消费趋势与老龄文化产业发展研究》，《财经问题研究》2015年第4期。
② 王莉莉：《新时期我国老龄服务产业发展现状、问题与趋势》，《兰州学刊》2020年第10期。

四 问题与原因分析

(一)问题总结

通过对我国老龄产业的供给和需求现状进行梳理,可以发现,当前老龄产业发展存在的问题主要包括以下几点:首先,从需求角度来看,老龄产业潜在需求旺盛但是现阶段有效需求不足。其次,从供给角度来看,当前老龄产业供给过剩与相对不足并存。再次,从发展现状来看,当前老龄产业发展不平衡,水平较低。这主要体现在两个方面:一是老龄产业空间发展不平衡,即地区发展不平衡和城乡发展不平衡;二是老龄产业中子产业发展不平衡,即为老年人提供的产品与服务不平衡。最后,从外部环境来看,一方面,当前老龄产业制度环境不完善,缺乏顶层设计,相关法律法规不健全;另一方面,当前社会尚未形成利于老龄产业发展的良好的社会文化制度环境。

一是老龄用品产业发展滞后、市场规模小、灵活性低。目前的市场供给实际远远无法满足国内庞大的老龄用品市场需求,但很多小型制造商虽然看到了未来这一领域的巨大机遇,却缺少资金、技术和政策支持,企业规模过小,运作艰难[1]。

二是老龄金融业缺乏互助基础和诚信基础,很多演变为金融诈骗。目前我国老龄金融产品主要集中在银行部分储蓄类产品上,保险类产品近年来虽有增加,但产品较少,无法满足老年人的需求,房地产类产品(如以房养老)仍在酝酿试点,证券类产品相对稀少,基金类和信托类产品几近空白,难以满足人们全生命周期的养老需求。老年人风险防范意识不足,一些异地养老、社区圈子等金融产品缺乏可持续性,风险较高,容易演变为金融

---

[1] 党俊武:《新时代中国老龄产业发展的形势预判与走向前瞻(上)》,《老龄科学研究》2018年第11期。

诈骗。

三是老龄服务供求不平衡，政府救助观念深入人心。从老年人角度而言，多数认为老龄服务是政府责任，但实际政府兜底的只是救助类人群，适度普惠的服务项目仍需要老年人进行消费购买。从老龄服务供给角度而言，目前多数社区居家养老服务还是停留在低水平的文化娱乐活动或零星的售卖辅具、保险、帮助联系家政服务上，缺乏营利点、影响力低，缺乏长期战略规划，如果不进行转型升级，即将面临倒闭困境；护理型机构的制度建设、驿站定位、运营维护等仍在探索之中，驿站规模小、连锁化程度不高，同样需要规范化、标准化、连锁化水平的提升；综合型机构虽然涉及的服务和用品种类全面，但面临的困难在于无法获得老年人的信任，事实上，目前大多数老年人仍是中低龄老人，需要的不是高端的专业护理服务，而只是社会交往、文化娱乐、日常帮扶或生病时的照顾帮扶等，综合型驿站在这些服务上的市场化，不符合老年人的实际支付水平，也难以黏合老年人去购买其他增值服务。①。

四是老年住宅和综合性养老社区开发项目还处在探索发展阶段。虽然不少房地产企业、保险业等纷纷涉足养老地产，但由于养老地产处于初始发展阶段，即使市场巨大，仍面临很多现实的问题，未能形成成熟的开发模式和与市场相匹配的开发规模②。另外，一些房地产企业打着开发"养老地产"的幌子，套取国家优惠政策，以政府划拨或低价转让方式获得土地，实际上在从事普通商品房开发，这种经营模式在很大程度上扰乱了老龄房地产业的健康发展。与其他地产相比，养老地产的特殊之处在于，其核心是"养老"，需要后期配套的各项服务，如医疗、生活、娱乐、学校、社交等各方面的投入。但目前许多养老地产企业只是以养老的名义圈地。

五是我国老年健康产业起步较晚，发展很不完善，产业供需不平。伴随中国老年人口的不断增大，越来越多的高龄、失能、失智和患病老人需要获

---

① 刘妮娜：《自治和共治：互助式养老的体现与诠释》，《中国社会工作》2019年第2期。
② 龚明：《浅析养老地产开发设计》，《建设科技》2016年第8期。

得专业的康复护理服务，但现在我国整体老龄健康产业的发展还远远不能满足这一需求。一方面，养老机构低水平竞争同质化严重。从老年人需求角度来看，老年人需要更多的是医疗和辅具服务，但是大多数养老机构医护能力不足，市场上多种形式的机构并存，价格质量差别较大，部分养老院内设医疗部的医疗费用没法报销，护理机构发展缓慢，辅具产业发展滞后。另一方面，对特殊老年人群和健康教育、预防保健关注不足。对失智老人关注不足，缺乏专门的老年病医院，缺乏中医门诊、安宁疗护、运动康复类服务，老年健康教育和预防保健知识普及严重不足。

六是满足老年人需求的文化产品乏善可陈。老年文化产品类型十分单一，老年人的精神文化需求远被低估，市场有效供给明显不足。与中青年群体相比，我国老年人群并不满足于购物、K歌、跳广场舞、看电视剧等活动，他们对文化的需求更为迫切。然而，目前老年文化消费市场中多为广场舞、书法班、合唱班等司空见惯的几个品类，而影视、文创、演出等热门文化消费类型，却很少针对老年消费群体推出相应的文化消费内容，面临着"想消费，无渠道"的尴尬①。与老龄文化消费达到1125亿元人民币、老年娱乐消费达到1000亿元的日本相比较，我国的老龄文化消费市场尚未打开，相关统计数据匮乏。

（二）原因分析

1. 政府越位与缺位并存

当前，我国老龄产业发展存在众多问题，其根本原因在于发展思路不够清晰，未能厘清政府与市场的关系，从而导致政府在老龄产业发展过程中出现"越位"和"缺位"的问题。"越位"主要体现在：对于一些可以基于市场机制自由竞争的领域，政府往往以直接投资代替。如政府投资建设的大型养老服务机构直接参与市场竞争，其拥有的政策优惠、资金支持以及影响力都不是民办养老机构可以比拟的，在浪费了社会资源的同时，也挤占了其

---

① 王军：《"新老年"快速崛起，文化消费迎来新势力？》，《文化产业评论》2019年第3期。

他私人市场主体的发展空间,造成了老龄服务市场上的不公平竞争,并最终制约了产业健康有序发展。"缺位"主要体现在:老龄产业的相关法律制度不完善,配套措施不健全。一方面,虽然目前我国颁布的《中华人民共和国老年人权益保障法》中有涉及老龄产业的内容,为促进老龄产业发展提供了一定的法律依据,但是该法主要针对老年人权益保护,对于老龄产业发展相关法律法规并未加以明确。另一方面,缺乏统一的市场规范和行业标准。政府对老龄市场监管滞后,老龄市场产品参差不齐、存在掺假销售甚至欺诈等问题,行业监管乏力,造成老龄产业处于无序运行状态[1]。同时,大部分投资集中于养老服务业、老年教育及老年旅游等行业,老龄房地产业、老龄金融与保险业以及老年医疗健康服务业等发展相对滞后[2]。

2. 重市场轻社会

自2000年以来,我国政府出台了一系列关于老龄产业的政策法规。包括2000年《中共中央、国务院关于加强老龄工作的决定》、2001年《国务院关于印发中国老龄事业发展"十五"计划纲要的通知》、2006年《中国老龄事业发展"十一五"规划》、2011年《国务院关于印发中国老龄事业发展"十二五"规划的通知》、2013年《国务院关于加快发展养老服务业的若干意见》、2017年《国务院关于印发"十三五"国家老龄事业发展和养老体系建设规划的通知》等。通过对这些老龄政策进行梳理,可以发现,除了政府必须发挥职能的社会保障领域外,其他部分基本上由政府主导向政府引导转变,开始逐渐强调转变政府职能,充分发挥市场和社会在老龄产业发展过程中的重要作用。然而目前在理论界,学者们普遍认为老龄产业的市场性、营利性决定了其必须要由企业来运行,在实际发展中更是如此,却忽视了社会在发展老龄产业方面的重要潜力。一方面,专业社会组织未能在发展老龄产业中发挥重要作用。以日本的社会组织为例,日本厚生劳动省下设

---

[1] 中国人口与发展研究中心课题组、马力、桂江丰:《中国人口老龄化战略研究》,《经济研究参考》2011年第34期。
[2] 田香兰、王爱兰:《我国老龄产业发展的基本思路与对策建议》,《西北人口》2016年第4期。

立社团为代表的各产业协会在老龄产业中主要发挥着制定实施各种行业标准及规范、为企业提供技术指导和市场信息、开展消费者需求调查、为企业和研究机构提供补助等功能①。而我国的社会组织多依靠于政府购买服务，活动资金有限且自我造血能力较差，大多难以持久运行。另一方面，除专业社会组织以外，社会中还有一些合作社、社区等互助合作组织，这些组织不仅具有一定的社会网络，还可以在合作的基础上降低经营成本。然而目前的焦点多集中在老龄企业，尚未关注到互助合作组织在发展老龄产业方面的优势。

3. 公众认识不足

目前，公众对老龄产业的认识存在不足。一方面，学术界对于老龄产业的认识和界定不够清晰。在称谓方面，存在将"老龄产业""老年产业""养老产业""养老服务业"等混用的情况。在性质方面，存在福利性和市场性之争。而在界定方面，老龄产业尚未有一个统一的概念。而另一方面，社会养老及消费观念的落后制约了老龄产业的发展。大部分老年人受家庭传统养老观念以及计划经济时期形成的"政府来养老"认识误区等的影响，尚未接受市场化、社会化的养老方式，也没有普遍形成"花钱买养老服务"的习惯②。另外，受经济收入及消费观念等因素影响，许多老年人在老龄产品上倾向于勤俭节约，存在隔代消费或利他主义的倾向，在老龄服务上老人的观念是可以花钱看病，却不愿意花钱买服务③，这也对老龄服务需求产生了较强的抑制作用，进而影响了养老服务社会化、产业化的进程。

五 典型案例经验与分析

随着我国社会主义市场经济体制的不断完善和人口老龄化速度的加

---

① 田香兰：《日本老龄产业制度安排及产业发展动向》，《日本问题研究》2015年第6期。
② 陈友华：《中国老龄产业的发展规模及其影响因素研究》，《现代经济探讨》2015年第11期。
③ 刘杰：《中国老龄化社会下养老产业发展研究》，《中国市场》2020年第8期。

快，中国的老龄产业开始出现、日渐兴起并向市场化、产业化迈进。然而，从发达国家老龄产业发展来看，它是互助合作——社会化与竞争——市场化并重的，伴随19世纪以后的互助合作组织的不断发展，政党、政府、社会与市场之间形成了西方特色的制约、平衡与相互促进。中国老龄产业起步于20世纪80年代，提出于20世纪90年代，21世纪后日渐兴起。一方面，"未富先老"的现实国情决定了中国不能走发达国家高福利保障的道路，老龄相关服务和产品供给不能单纯依靠政府。另一方面，受老年人观念、购买能力的限制，市场化服务超过了老年人承受范围。同时，我国作为社会主义大国，能够通过互助合作有序供给部分社会养老服务，也符合维护社会稳定和保证国家长治久安的目的。因此，立足中国国情，发展国家领导、全民参与的互助型和市场型并重的老龄产业是中国特色和中国方向。而这恰是中国老龄产业发展中缺乏的，故这里列举了一些发达国家相互制（合作社性质）老龄产业的典型模式与经验。

案例一：法国相互保险公司

法国的医疗保障制度主要由基本医疗保险和补充医疗保险两部分组成。基本医疗保险属于一种全民均享的社会福利保障制度，但只能报销受保人看病费用的60%~70%。补充医疗保险一般是指自愿参加的补充性保险，主要填补基本医疗保险不能报销的开支部分。因此，80%的法国居民还参加了各种补充医疗保险。法国相互保险公司采用会员制形式，所有参保的会员都是公司的所有者，会员充分参与管理，公司的决策和核心管理团队（董事会以及下属的执行委员会）由会员通过选举产生，实行民主治理、集体决策（法国各地设有地方经办机构，征求参保人员意见）、自我管理，公司则会从医疗保险基金中提取3%作为管理费。公司不以营利为目的，宗旨是谋求所有参保会员的共同利益，给会员提供更好的福利保障。法国的相互保险公司在经办社会医疗保险之外，还为会员提供他们需要也愿意缴纳保费的各种补充性福利保障。法国相互保险公司通过引入现代管理方式，实行市场化管理模式，在提高了工作效率的同时，也实现了成本控制。据统计，2015年，

95.2%的会员在10天内完成入会资格认证,90.9%护理服务费用可48小时报销,且95%的费用总体可控。

MGEN(法国教育系统相互保险联盟)是法国最大的健康保险互助机构,1946年由130余个分散的小学教师互助救济社团自发建立而成。20世纪掀起"去相互化"浪潮后,法国的相互保险机构从1898年11355家减少至2006年1996家,到2008年,法国健康领域的专业相互保险机构不到1000家。2008年初,MGEN启动评估风险管理计划,加强内部监控。随后,MGEN通过开发长期护理项目,实行数据采集、信息分析等更科学的方式降低运营风险。至2015年,MGEN会员达到280万人,担保人340万人,当年支出健康、生育津贴12.3亿欧元。由于参保成员都是管理者,共担责任、互信互惠,因此,MGEN的客户信任度高达96%,退保率仅1%。

案例二:美国村庄模式

村庄运动始于波士顿的比肯山村庄(Beacon Hill Village,BHV),其是由波士顿比肯山社区的十几位希望尽可能长地居家养老的中产阶级老人于2001年开发创建的。所谓"村庄"是一个虚拟的概念,其实质是一个以会员会费支撑组织运行的非营利性会员制志愿者组织,"村庄"是自下而上的会员制互助养老共同体的简称。

从组织方面看,村庄是老年人的会员制组织,由志愿者和有偿工作人员运营,鼓励会员积极参与管理,同时充当志愿者为其他会员提供力所能及的服务。(1)组织结构。村庄一般设有董事会和委员会。董事会负责监督村庄(包括委员会)的各类服务活动和日常运行情况,由村庄会员选举产生,进行自治管理。委员会根据村庄的需要而设,如计划委员会致力于为村庄制定计划和活动,服务委员会负责确定针对会员需求和问题的解决方案。聘用雇员时会员优先,大多数会员雇员作为志愿者无偿兼职。(2)服务供给。委员会首先对会员需求进行问卷调查及访问,并密切关注会员的主动求助信息,以此充分了解会员需求。对于存在缺口的服务项目,便在社区及其周边寻求价廉质优的外部服务商的帮助,以此尽可能地提供多样服务,切实满足会员需求。

从服务方面看，村庄主要由村庄志愿者（包括会员志愿者和非会员志愿者）和外部服务商为会员提供服务。村庄志愿者为会员提供免费或有偿的服务，主要包括四类：一是个人服务，如电话问候、宠物照料、入户拜访等；二是家政服务，如房屋清扫、简单的家具修理等；三是交通服务，如搭载会员就医、商场购物等；四是社交活动，如组织聚会、外出旅游、老年教育等。外部服务商主要提供价格优惠的专业服务，如医疗护理、专业维修、远距离交通运输、家庭卫生及安全评估、理财咨询等服务。会员可选择村庄提供的服务商，获取所需的专业服务。村庄模式下，成员们相互帮助，营造了和谐友善的氛围。在美国的新迦南小镇，三四月份疫情期间，志愿者持续购买食品杂货来确保老年人的安全，恩典农场每周向成员捐赠美味的汤，志愿者会打电话来关心成员，还有成员珍妮从其他成员处筹集了资金，组织了一群志愿者，为150个家庭送去了美丽的花卉、巧克力。这些都充分显现了村庄模式的意义和作用，体现了村庄成员的温度以及疫情也无法影响的成员之间的美好感情。

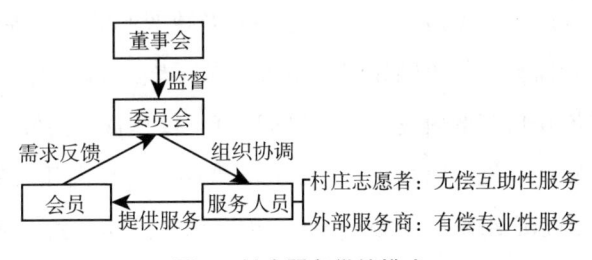

图1 村庄服务供给模式

从支持方面看，首先，村庄的资金主要来源于会员的会费和捐赠，暂未获得美国政府的财政支持。会费根据村庄和会员类型而定，2010年时，个人会员的年费从35美元到900美元不等，中位数为425美元，家庭会员的年费在75美元至1200美元，中位数为625美元，对一些低收入会员有一定的折扣减免。此外，村际网络为村庄提供了重要的组织支持。

美国村庄模式以合作所有制为形式，通过会员自我管理、缴纳会费、互

相服务为村庄的发展提供了人力和财力资源。村庄通过链接外部资源，与诸多企业形成了合作关系，由企业提供价廉质优的专业服务，弥补志愿者（会员）提供的服务专业性不强的缺陷，从而为会员提供多样服务，更好地满足会员需求。美国的村庄模式探索了一种社会与市场的双赢模式，充分利用会员自身的能力和财力，实现自我管理和自我服务，在充分利用社会资源的同时，满足了老年人的精神需要，对我国老龄产业的"社会化+市场化"具有一定的借鉴意义。

六 相关对策建议

（一）厘清政府—市场—社会关系

分析目前老龄产业面临的各种问题，课题组认为，其重要原因就在于没有厘清老龄产业发展过程中政府—市场—社会三者之间的关系。而要厘清三者关系，就要认识到政府、市场、社会三者在老龄产业发展中各自的作用。

政府作为老龄产业发展的主导力量，为老龄产业的发展提供制度供给、产业政策、监管监督。如美国政府主要通过支持老龄保障性住房、鼓励企业科技创新等措施扶持其健康发展[1]。英国政府不仅负责老龄社会政策的制定和实施，为老龄产业提供财政支持，而且要严格监督私人部门提供老龄服务的质量，并支持志愿组织的发展[2]。日本政府积极推动老龄产业发展，除了制定产业政策之外，日本政府还制定了黄金计划21与照护保险制度等，实施"全民皆年金"、"全民皆保险"及"全民皆照护"制度[3]。

市场是老龄产业发展的核心力量，为老龄产业的发展提供动力。老龄企业作为主要市场主体，具有较强的创新性和灵活性，能够满足市场上老人多

---

[1] 李超：《美国老龄产业发展及对我国的启示》，《兰州学刊》2015年第4期。
[2] 杨振轩：《英国老龄产业发展与政府职能界定》，《东岳论丛》2020年第4期。
[3] 崔桂莲、刘文：《韩国老龄亲和产业的经验与不足及对中国的启示》，《社会保障研究》2017年第3期。

样化的养老需求。以健康产业为例,美国雅培公司针对消费者需求开发了不同类型的医疗营养品,目前其消费对象已经延伸至肾脏疾病、糖尿病、呼吸道疾病等患者。雅培比较注重与同类型产业之间的关系,通过产业间的业务往来与学术交流,促使产业的全球发展与合作[①]。

社会,尤其是合作社经济是老龄产业的重要组成,能够有效弥补政府失灵和市场失灵的缺陷,从多渠道为老龄产业发展带来积极变革,对从业企业乃至行业发展起推动作用。

因此,课题组认为,要推动我国老龄产业的发展,一方面,政府要做到不越位。即充分发挥市场和社会的重要作用,退出原本属于市场和社会主体发挥作用的领域。另一方面,政府要不断强化承担自身职责,做到不缺位。积极履行政府职能,为老龄产业的健康发展创造良好的制度及文化环境,并鼓励多元主体参与推动老龄产业的发展。

第一,完善老龄产业发展的制度环境。首先,在明确政府引导,充分发挥市场和社会作用这一原则的基础上,尽快对老龄产业发展进行顶层制度设计,完善其整体战略规划和布局,确保老龄产业规范有序发展。其次,要完善老龄产业的相关法律法规以及实施细则,加强对老龄产业的市场监管,建立统一的市场规范和行业标准,努力营造一个公平竞争的市场环境。最后,老龄产业的发展离不开政策激励,因此,要尽快出台推动老龄产业发展的扶持政策,加大老龄产业的资金投入,促进老龄产业全面健康发展。

第二,为老龄产业发展营造良好的文化氛围。传统的家庭养老观念以及计划经济时期形成的"政府来养老"等认识抑制了老年人对于老龄产品和服务的需求。因此,政府要加大宣传力度,运用广播、电视以及自媒体等多种宣传媒介,加深社会对于老龄产业的理解与认识,在全社会营造市场化、社会化的养老氛围,引导社会逐渐转变养老观念,从而为老龄产业的发展营造良好的文化环境。

---

① 唐鼎:《国外健康产业发展模式对我国的借鉴意义》,《企业改革与管理》2015年5月下。

第三，推动社会多元主体参与老龄产业发展。社会在推动老龄产业发展过程中发挥着无法比拟的作用，因此政府要重视社会的重要力量，鼓励和引导社会各方面力量积极参与，共同发展老龄产业。此外，要特别重视发挥社会中互助小组及互助团体的作用。在经济发展水平相对不高，国家保障能力相对不足的社会主义初级阶段，可以通过互助合作的方式建立互助共同体，增强老人对于互助组织的信任感，降低组织运营成本，解决老年人缺乏购买专业养老服务的能力或购买意愿不足的问题。

（二）促进老龄产业供需平衡

针对我国老龄市场中存在的供需不平衡问题，课题组认为，应立足于我国老龄需求特点和消费偏好，增加老龄产品和服务的有效供给，提高老年群体经济收入，刺激社会产生有效需求。具体而言：第一，应对不同年龄、不同收入的老人需求进行细分，制定和生产与市场需求相适应的策略和产品，从而满足老龄市场中不同等级的消费需求。第二，从供给链理论出发，一方面要在老龄市场中引导消费者需求，另一方面要强化老龄产品和服务供给的多样性，为消费者提供选择空间。第三，要多渠道筹集资金，建立起政府主导的互助照顾保险制度。长期护理保险的一个重要目的在于减轻医疗保险的负担，鼓励长期失能的老年人从医院治疗转向护理院或者家庭的康复治疗，保的是3%~4%的失能老年人的一些技术型的康复护理服务的部分费用，如家务劳动、陪同看病、陪同就医等，体力型的照顾服务，不应在长期护理保险的保障范围之内。而日本、德国的独立运行的长期照护保险（所有失能、半失能老年人的基本包罗全部照顾护理服务的绝大部分费用都由政府买单）可能不适合中国，事实上，德国、日本等实行长期照护保险制度的国家目前也面临巨大的保险压力，福利保障的提高带来的是经济发展速度的减缓。由国家进行信用担保、国有社会组织（互助保险组织）负责运营的多圈层、低成本的社会互助照顾保险可能更适宜中国，是中国老年人照顾服务筹集资金的一条可行路子。互助照顾保险与长期护理保险分别从"养"和"医"的角度为老年人提供保障和服务。

最后，要完善老年人社会参与制度，关注老年人的生产发展需求，为老年人提供发光发热的平台。在部分地区试点建立党政领导的社团性质的互助组织联合会或人民协会/人民合作社/人民联合会，推动互助型社会养老和福利经济的共同发展。上海、深圳等一些城市建立自上而下的四级老年协会，应当出台全国性文件给予其合理定位、政策性支持和稳定的资金拨付，帮助其发展和开展工作，尤其应注意：城市老年协会虽然是老年人组织，但要可持续发展，必须像其他社会组织一样，管理团队专职化，也即由年轻、有技术的专职人员进行管理，而非纯粹的老年人自我管理，并在其他地区推广先进做法（也可从为老服务协会开始设立）。

（三）加快推进老龄产业与新兴科技的有机融合

科技是推动老龄产业发展的根本动力。近年来，"互联网+养老"模式的兴起有力地推动了老龄产业的发展。互联网可以通过海量数据的挖掘分析老年群体的各项需求，提供主动响应和精准服务，实现老龄服务需求和供给的有效对接①。因此，要在推动老龄产业发展过程中主动应用5G、物联网、人工智能、区块链及大数据等新兴技术，推动先进科技与老龄服务的深度融合。例如，可以通过可视、可听诊疗技术，把优质医疗服务资源与老人居家、社区医疗服务联系起来②等。

参考文献

郑志刚、陆杰华：《中国语境下老龄事业和老龄产业相关概念的关系界定》，《老龄科学研究》2017年第1期。

王娜：《沈阳市老龄产业发展研究》，沈阳大学硕士学位论文，2008。

田香兰：《养老事业与养老产业的比较研究——以日本养老事业与养老产业为例》，

---

① 郭骅、屈芳：《智慧养老平台的辨析与构建》，《贵州社会科学》2017年第12期。
② 任国征、徐晓娜：《构建智慧养老服务体系的建议》，《中国国情国力》2020年第10期。

《天津大学学报》（社会科学版）2010年第1期。

郭正模、魏宇菲：《老龄产业的弱质特征与政府对老龄产业的扶持政策探讨》，《天府新论》2014年第3期。

杨立雄：《北京市老龄产业发展研究》，《中国软科学》2017年第3期。

殷俊、杨政怡：《老龄产业与老龄事业协调发展路径研究》，《求索》2015年第6期。

杨宏：《人口老龄化形势下发展中国老龄产业》，《大连海事大学学报》（社会科学版）2006年第2期。

川村匡由：「シルバーサービス論」，『京都：ミネルヴァ書房』2005年第2期。

杨立雄、余舟：《养老服务产业：概念界定与理论构建》，《湖湘论坛》2019年第1期。

张文范：《顺应人口老龄趋势推进老龄产业发展——在中国老龄产业座谈会上的讲话》，《市场与人口分析》1997年第4期。

郭正模、魏宇菲：《我国老年产业的特点分析与统计途径探讨》，《决策咨询》2013年第3期。

管萍、李正龙：《国外老龄产业发展对我国的启示》，《经济导刊》2010年第8期。

邵刚、徐爱军、肖月等：《国外健康产业发展的研究进展》，《中国医药导报》2015年第17期。

范月蕾、毛开云、陈大明等：《我国大健康产业的发展现状及推进建议》，《竞争情报》2017年第3期。

程承坪、吴琛：《健康战略下发达国家发展养老健康产业借鉴研究——以美国、德国、日本为例》，《当代经济管理》2018年第3期。

倪春霞、张晓燕：《从公共产品理论看健康产业的概念与分类》，《卫生经济研究》2016年第6期。

党俊武：《新时代中国老龄产业发展的形势预判与走向前瞻（上）》，《老龄科学研究》2018年第11期。

田杨：《韩国发展老龄产业的经验借鉴与启示》，《社会福利》（理论版）2015年第4期。

陈茗：《日本老龄产业的现状及其相关政策》，《人口学刊》2002年第6期。

刘禹君：《中国老龄产业市场化发展研究》，社会科学文献出版社，2018。

储伶丽、郭江：《老龄产业的性质评价及发展路径分析》，《改革与战略》2016年第2期。

朱国宏、卢元：《中国老龄产业的发展潜力：一个需求方面的分析》，《人口研究》2001年第6期。

陈友华：《中国老龄产业的发展规模及其影响因素研究》，《现代经济探讨》2015年第11期。

张丹萍、李军:《中国区域老龄产业市场潜力测算与分析》,《老龄科学研究》2016年第4期。

原新、李志宏、党俊武等:《中国老龄政策体系框架研究》,《人口学刊》2009年第6期。

曹娟、安芹、陈浩:《ERG理论视角下老年人心理需求的质性研究》,《中国临床心理学杂志》2015年第2期。

田扬:《老龄产业需求群体特征及发展对策研究》,《东岳论丛》2017年第8期。

田立法:《人力资源管理系统影响企业绩效的复杂性机理——基于高新技术企业的实证研究》,《中国管理科学》2014年第12期。

万芊:《城市低龄老年人再就业促进研究——基于上海市的调查》,《社会科学研究》2013年第6期。

宋宝安、于天琪:《城镇老年人再就业对幸福感的影响——基于吉林省长景俊海的调查研究》,《人口学刊》2011年第1期。

王兰英:《老年消费市场特征及企业营销策略选择》,《现代财经·天津财经大学学报》1999年第8期。

刘超、卢泰宏:《21世纪中国老年消费市场解读》,《商业经济与管理》2005年第11期。

张艳、金晓彤:《中国老龄人口消费行为的制约因素分析》,《学术交流》2010年第10期。

陈卫民、施美程:《人口老龄化促进服务业发展的需求效应》,《人口研究》2014年第5期。

王菲:《我国城市老年人消费行为的实证研究》,《人口与发展》2015年第3期。

张兴杰、张开云、李倩:《老龄产业发展:需求评估与问题梳理——基于400份问卷数据的分析》,《浙江学刊》2012年第5期。

姚平、林左鸣:《基于广义虚拟经济的我国老年经济发展研究》,《上海大学学报》(社会科学版)2015年第5期。

张国平、杨青:《老年人居家养老服务的市场化需求及其影响因素研究》,《东吴学术》2019年第1期。

党俊武:《新时代中国老龄产业发展的形势预判与走向前瞻》,《养老金融评论》(2019年第三辑)》,2019。

陆杰华、王伟进、薛伟玲:《中国老龄产业发展的现状、前景与政策支持体系》,《城市观察》2013年第4期。

刘长庚、张磊:《新时代消费发展需推动消费量质齐升》,《消费经济》2018年第4期。

王莉莉、杨晓奇:《我国老龄服务业发展现状、问题及趋势分析》,《老龄科学研究》2015年第7期。

赵一博：《养老地产市场需求与供给系统研究》，西安建筑科技大学硕士学位论文，2015。

刘亮、郭师虹、杨晶晶：《我国养老地产发展现状及对策研究》，《建筑经济》2016年第1期。

张艳：《老龄消费趋势与老龄文化产业发展研究》，《财经问题研究》2015年第4期。

王莉莉：《新时期我国老龄服务产业发展现状、问题与趋势》，《兰州学刊》2020年第10期。

刘妮娜：《自治和共治：互助式养老的体现与诠释》，《中国社会工作》2019年第2期。

龚明：《浅析养老地产开发设计》，《建设科技》2016年第8期。

王军：《"新老年"快速崛起，文化消费迎来新势力？》，《文化产业评论》2019年第3期。

田香兰、王爱兰：《我国老龄产业发展的基本思路与对策建议》，《西北人口》2016年第4期。

中国人口与发展研究中心课题组、马力、桂江丰：《中国人口老龄化战略研究》，《经济研究参考》2011年第34期。

田香兰：《日本老龄产业制度安排及产业发展动向》，《日本问题研究》2015年第6期。

刘杰：《中国老龄化社会下养老产业发展研究》，《中国市场》2020年第8期。

李超：《美国老龄产业发展及对我国的启示》，《兰州学刊》2015年第4期。

杨振轩：《英国老龄产业发展与政府职能界定》，《东岳论丛》2020年第4期。

崔桂莲、刘文：《韩国老龄亲和产业的经验与不足及对中国的启示》，《社会保障研究》2017年第3期。

唐鼎：《国外健康产业发展模式对我国的借鉴意义》，《企业改革与管理》2015年5月下。

郭骅、屈芳：《智慧养老平台的辨析与构建》，《贵州社会科学》2017年第12期。

任国征、徐晓娜：《构建智慧养老服务体系的建议》，《中国国情国力》2020年第10期。

Abstract

As the aging population of China develops rapidly, and the situation in the global economy is increasingly complex, an aging population caused many problems, such as economy, society, culture appeared unceasingly. Since the 18th National Congress of the CPC, the Central Committee has attached great importance to dealing with the aging of the population, made active response to the aging of the population as a national strategy, adhered to the two-wheel drive, gave full play to the decisive role of the market in the allocation of resources, and constantly promoted the rapid development of aging undertakings and industries. Vigorously developing the aging industry is not only a realistic need to ensure people's livelihood and improve their well-being, but also an important part of implementing the national strategy of actively responding to population aging, building a new development pattern, building a unified national market and achieving common prosperity. Since the 18th National Congress of the CPC, under the support and guidance of a series of policies, the industry of the elderly in China has developed rapidly, and the contents of products and services are greatly enriched, which has well met the needs of the elderly and their families in their later life. But compared with the rapid development of population aging process, aging industry development relatively late in our country, obviously lagging policy, institutional and market environment, especially in medium and long-term development, the top design, also lack for the future for a period of aging industry development stage, development goals, development path, and focus on developing the content is not clear enough, To some extent, it restricts the rapid development of aging industry.

This book focus around the long period of aging industry development in our country, analyzes the aging manufacturing industry, aging financial industry, aging service industry, aging health industry, the old habitable, older culture industry and so on several major aging industry sector, major requirements at different stages of the future, and according to the present development status and development trend, Presents the different stages of related industry development goals and focus on developing the content, major think future aging industry development needs including daily life, proper aging products assistive devices, business services, health management and rehabilitation services, slow disease management, health care, long-term care, rehabilitation care, hospice care, proper aging environment, cultural entertainment, such as aging financial product and service requirements. At the same time, according to the current main development status of the aging industry, the prominent problems faced by the aging industry in the development and the new problems faced by the post-epidemic era, increasing economic downward pressure and the more severe situation at home and abroad are put forward. Based on the corresponding policy suggestions, Put forward the medium to long period of time China's aging industry development goals, guiding ideology, development advice, safeguard measures and aging of manufacturing industry technological innovation, the development of elderly health industry, and aging service industry quality improvement, financial support system of aging industry building, old culture industry prosperity, optimal aging environment improvement, aging industry brand building engineering, aging industry layout optimization of engineering, Major projects such as personnel training for aging industries.

Keywords: Ageing Industry; Medium and Long Term Development; Ageing Society

Contents

I General Report

B.1 Medium and Long Term Development Trend and Path of
China's Silver Industry　　　　　　　　　　　*Wang Lili* / 001

Abstract: Accelerating the development of aging industry is an important part of implementing the national strategy of actively coping with population aging, constructing a new development pattern, building a modern production system, realizing common prosperity and promoting people's well-being. This report analyzed the future long-term period of aging industry in China are made in elderly health, aging, old-age service, elderly livable, old-age financial the main demand, old culture, put forward the important opportunities and favorable conditions of aging industry development in China, and points out the aging industry in China are faced with the severe challenges in the outbreak era, The top design, the endogenous power, and the market environment, research and development innovation, system mechanism and so on the existing problems and puts forward the long period of aging industry in the future development goals, safeguard measures and elderly health industry development, old manufacturing industry science and technology innovation, aging service industry quality increase, old culture industry prosperity, aging industry ten major projects such as financial support.

Keywords: Ageing Population; Ageing Industry; Medium and Long Term Development

II Industry Reports

B.2 Medium and Long Term Development Report of Ageing
　　　　Finance Industry　　　　　　　　　　　　*Yang Xiaoqi* / 035

Abstract: To deal with the aged society, we must construct a new financial system and develop the aged finance. This paper analyses the demand environment facing the development of the elderly financial industry, expounds the connotation and classification of the elderly financial industry, introduces the development status of the elderly financial industry in China, analyzes the existing problems, and puts forward the medium-and long-term goals of the development of the elderly financial industry. Finally, the paper puts forward policy suggestions from expanding the scale of middle-income group, making good industrial planning, establishing monitoring system, strengthening scientific and technological innovation, strengthening consumer protection, improving supervision, strengthening personnel training and building industry associations. At the same time, it is proposed to implement the national aging financial quality improvement project, aging financial infrastructure improvement project, aging related insurance development plan and aging finance support aging industry development plan to promote the development of aging finance industry.

Keywords: Ageing Finance; Ageing Population; Financial Innovation

B.3 Medium and Long Term Development Report of Ageing
　　　　Manufacturing Industry　　　　*Wei Yanyan, Duan Hongli* / 053

Abstract: China has entered the aging society, China's economy is also in the structural transformation, is turning to an aging economy. In this context, vigorously developing the aging manufacturing industry, on the one hand, can boost the sustainable economic and social development, on the other hand, is also an important measure to actively deal with the aging of the population. This report classifies the aging manufacturing industry, discusses the major needs and development status of the aging manufacturing industry, analyzes the existing major problems, and puts forward the mid-and long-term development goals and major projects to be implemented in order to build and improve the aging manufacturing industry system.

Keywords: Ageing Manufacturing Industry; Ageing Supplies; Medium and Long Term Planning

B.4 Medium and Long Term Development Report of Ageing Health Industry *Zhang Qiuxia* / 074

Abstract: The aging of population structure has a profound impact on the change of health concept and behavior, and then on the development direction and trend of health industry. Under the background of "actively responding to the aging population" and "healthy China" rising to the national strategic level, it is necessary to make clear how to plan the aging health industry in the medium and long term. Based on the definition, classification scope and industrial structure of the aged health industry, this paper lists the major needs of the aged health industry from 2021 to 2035. China's aging health industry is still in its infancy. At present, there are still some problems, such as the lack of active health awareness of the whole people, unhealthy health concept, over-reliance on medical treatment, lagging construction of talents in aging health industry, imprecise supporting policies for aging health industry, insufficient endogenous motivation for industrial development, and urgent need for the development and support of traditional Chinese medicine. However, the policy dividend is constantly released, the demand for health in old age is strong, various health markets have great potential, all parties' capital is actively pouring in, and new products, new formats, technological progress and consumption upgrades are constantly emerging. It is suggested that, on the basis of innovative ideas, in the promotion of major national health projects, we should improve the legalization of the aging health industry, standardize the market order, vigorously promote the construction of aging health disciplines, and increase the training and encouragement of talents. The aging health industry will become an important engine to promote the development of domestic demand and an important help to healthy aging society.

Keywords: Ageing Population; Ageing Health Industry; Health China

B.5 Medium and Long Term Development Report of Ageing Service Industry *Wang Lili, Xiao Wenyin and Li Qinghe* / 103

Abstract: Aging service industry is the important industry to implement the national strategy of actively coping with population aging, meet the needs of all kinds of people's elderly service, accelerate the optimization and upgrading of industrial structure in China, promote the economic development, is the leading industry of aging industry development, with great development potential and booming development prospects. This report presents an aging service industry industry categories, aging service industry in China is pointed out in the different stages of major requirements, and analyzes the aging service industry in the industrial policy, industrial organization, industrial structure, the development status of market concentration, etc, on aging service industry in China is pointed out in the outbreak era faces severe challenges, And in the top-level design, effective demand, terminal market and industrial innovation and development problems, put forward the future in the medium and long term in the elderly service industry development goals, safeguard measures and elderly service quality improvement project, elderly service technology application project and other major projects.

Keywords: Aged Service Industry; Ageing Social; Medium and Long Term Planning

Contents

B.6 Research on the Medium and Long Term Development of
Livable Industry for the Elderly　　　　　*Qu Jiayao* / 131

Abstract: At present, the social consensus and policy environment for the development of livable industry for the elderly are gradually formed, the development mechanism is gradually improved, the development model is being explored, and the industry organization is developing rapidly. However, it is still in the early stage of development, facing problems such as the urgent need to establish the concept of livable consumption for the elderly, the lagging development of relevant policies, insufficient market development, the lack of effective investment and financing mechanism, the industrial chain has not yet been formed, the relevant norms and standards are not perfect, the aging parts system is not perfect, the ability of risk prevention and control needs to be mature, and the intelligent development faces inadaptability. In order to promote the development of livable industries for the elderly, it is suggested to introduce major industrial policies, build major projects, optimize the institutional environment, increase policy support, open up the industrial chain, and enhance scientific and technological empowerment.

Keywords: Livable Industries for the Elderly; Renewal Industry for the Elderly; Real Estate Industry for the Elderly; Livable Service Industry for the Elderly

B.7 Medium and Long Term Development Report of Ageing
Culture Industry　　　　*Li Jing, Xiao Wenyin* / 153

Abstract: The article introduces the background of the national development of the aging cultural industry, the cultural life of the elderly and the development of the aging cultural industry in China. It points out the main problems in the development of China's aging cultural industry: insufficient total supply and product types, weak market demand, shortage of professionals, and absence of industrial policies. Then the article puts forward the medium and long-term development goals of China's aging cultural industry: adhering to the guidance of socialist core values, accurately connecting the cultural needs of elderly consumers, constantly enriching the supply of cultural products, and striving to build an aging cultural service system. The article further puts forward major policies and projects for the development of the aging cultural industry in the future. The major policies include paying attention to the guidance of financial funds, implementing tax incentives, increasing financial support, doing a good job in industrial land planning, stimulating the cultural consumption demand of the elderly and strengthening infrastructure construction. The major projects include the elderly education project, the elderly sports project, the elderly tourism project and the elderly cultural innovation project. Finally, the article proposes that in order to promote the development of the aging cultural industry, the nation should strengthen the leadership of the party, establish and improve industrial policies, cultivate the aging cultural market, strengthen the supporting function of science and technology, pay attention to the cultivation of the professionals, strengthen the supervision function of the government, and actively mobilize social forces.

Keywords: Cultural Industry; Ageing Culture; Ageing Cultural Industry

Ⅲ Special Reports

B.8 Report on Medium and Long Term Development of
Industrial Policies for Ageing   *Yang Xiaoqi* / 182

Abstract: Industrial policy plays an important role in promoting industrial development. This paper analyzes the problems existing in industrial policies for the elderly, such as the lack of medium-and long-term planning, the imperfect industrial policy system, the insufficient policy effect and the weak operability. This paper argues that several problems should be dealt with well in improving industrial policy, such as the relationship between long-term and short-term, the relationship between urban and rural areas, the relationship between supply and demand, and the problems between domestic and foreign markets. Finally, this paper puts forward some policy suggestions to improve the medium and long term development of China's aging industry.

Keywords: Ageing Industry; Industrial Policy; Support

B.9 Research Progress of Medium and Long Term Development of Ageing Industry *Liu Nina, Liu Xiaofei and Zhu Qianqian /* 202

Abstract: With the building of a moderately prosperous society in an all-round way, China will enter the stage of rapid population aging (2022–2035) and deep population aging (2035–2050). With the rise and strength of China, in the face of the worldwide plague, depression, war (confrontation) and the resulting changes in the world order, in the face of domestic economic slowdown and people's demand for a better life, we should re-examine the important issue of the development of the aging industry with Chinese characteristics—the nature and mode of operation. That is, the relationship between socialization (mutual assistance and cooperation) and marketization, and then relevant theoretical exploration and system design. Society is often placed in a complementary or complementary position to strong governments and markets. Thus socialization also becomes an empty word, representing the meaning of non-family. However, in this way of thinking: The government led construction and the government depends on the market development of the elderly industry has not achieved the expected results, the effective demand of the elderly is insufficient, the elderly care institutions, community (village) elderly care centers and other hardware facilities are complete, but the operation is not good, many institutions do not exceed the expenditure. Products for the elderly, insurance and real estate are also faced with problems such as uneven products, weak industry supervision, lagging development of aging finance and small coverage. Therefore, the research group believes that China should have its own discourse on aging industry with Chinese characteristics. The market under the leadership of the state still plays a decisive role in the allocation of resources, while the society under the leadership of the state plays a fundamental role in the allocation of resources. To develop the aging industry with Chinese characteristics, it relies on partial mutual assistance and cooperation under the leadership of the Party Committee and the responsibility of the government rather than completely relying on the government or marketization.

Keywords: Ageing Industry; Old-age Undertakings; Marketization; Socialization

权威报告·连续出版·独家资源

皮书数据库
ANNUAL REPORT(YEARBOOK) DATABASE

分析解读当下中国发展变迁的高端智库平台

所获荣誉

- 2020年，入选全国新闻出版深度融合发展创新案例
- 2019年，入选国家新闻出版署数字出版精品遴选推荐计划
- 2016年，入选"十三五"国家重点电子出版物出版规划骨干工程
- 2013年，荣获"中国出版政府奖·网络出版物奖"提名奖
- 连续多年荣获中国数字出版博览会"数字出版·优秀品牌"奖

皮书数据库　　"社科数托邦"微信公众号

成为用户

登录网址www.pishu.com.cn访问皮书数据库网站或下载皮书数据库APP，通过手机号码验证或邮箱验证即可成为皮书数据库用户。

用户福利

- 已注册用户购书后可免费获赠100元皮书数据库充值卡。刮开充值卡涂层获取充值密码，登录并进入"会员中心"—"在线充值"—"充值卡充值"，充值成功即可购买和查看数据库内容。
- 用户福利最终解释权归社会科学文献出版社所有。

数据库服务热线：400-008-6695
数据库服务QQ：2475522410
数据库服务邮箱：database@ssap.cn
图书销售热线：010-59367070/7028
图书服务QQ：1265056568
图书服务邮箱：duzhe@ssap.cn

社会科学文献出版社　皮书系列
卡号：439932722337
密码：

S 基本子库
SUB DATABASE

中国社会发展数据库（下设12个专题子库）

紧扣人口、政治、外交、法律、教育、医疗卫生、资源环境等12个社会发展领域的前沿和热点，全面整合专业著作、智库报告、学术资讯、调研数据等类型资源，帮助用户追踪中国社会发展动态、研究社会发展战略与政策、了解社会热点问题、分析社会发展趋势。

中国经济发展数据库（下设12专题子库）

内容涵盖宏观经济、产业经济、工业经济、农业经济、财政金融、房地产经济、城市经济、商业贸易等12个重点经济领域，为把握经济运行态势、洞察经济发展规律、研判经济发展趋势、进行经济调控决策提供参考和依据。

中国行业发展数据库（下设17个专题子库）

以中国国民经济行业分类为依据，覆盖金融业、旅游业、交通运输业、能源矿产业、制造业等100多个行业，跟踪分析国民经济相关行业市场运行状况和政策导向，汇集行业发展前沿资讯，为投资、从业及各种经济决策提供理论支撑和实践指导。

中国区域发展数据库（下设4个专题子库）

对中国特定区域内的经济、社会、文化等领域现状与发展情况进行深度分析和预测，涉及省级行政区、城市群、城市、农村等不同维度，研究层级至县及县以下行政区，为学者研究地方经济社会宏观态势、经验模式、发展案例提供支撑，为地方政府决策提供参考。

中国文化传媒数据库（下设18个专题子库）

内容覆盖文化产业、新闻传播、电影娱乐、文学艺术、群众文化、图书情报等18个重点研究领域，聚焦文化传媒领域发展前沿、热点话题、行业实践，服务用户的教学科研、文化投资、企业规划等需要。

世界经济与国际关系数据库（下设6个专题子库）

整合世界经济、国际政治、世界文化与科技、全球性问题、国际组织与国际法、区域研究6大领域研究成果，对世界经济形势、国际形势进行连续性深度分析，对年度热点问题进行专题解读，为研判全球发展趋势提供事实和数据支持。

法律声明

"皮书系列"(含蓝皮书、绿皮书、黄皮书)之品牌由社会科学文献出版社最早使用并持续至今,现已被中国图书行业所熟知。"皮书系列"的相关商标已在国家商标管理部门商标局注册,包括但不限于LOGO( )、皮书、Pishu、经济蓝皮书、社会蓝皮书等。"皮书系列"图书的注册商标专用权及封面设计、版式设计的著作权均为社会科学文献出版社所有。未经社会科学文献出版社书面授权许可,任何使用与"皮书系列"图书注册商标、封面设计、版式设计相同或者近似的文字、图形或其组合的行为均系侵权行为。

经作者授权,本书的专有出版权及信息网络传播权等为社会科学文献出版社享有。未经社会科学文献出版社书面授权许可,任何就本书内容的复制、发行或以数字形式进行网络传播的行为均系侵权行为。

社会科学文献出版社将通过法律途径追究上述侵权行为的法律责任,维护自身合法权益。

欢迎社会各界人士对侵犯社会科学文献出版社上述权利的侵权行为进行举报。电话:010-59367121,电子邮箱:fawubu@ssap.cn。

社会科学文献出版社